U0670645

高等职业教育路桥工程类专业系列教材

公路养护与管理

GONGLU YANGHU YU GUANLI

主编　周爱成　马运朝　/　副主编　陈海锋　赵海利　/　主审　沈　峰

重庆大学出版社

内容提要

本书就公路养护与管理中路基、路面、桥涵、隧道、沿线设施及绿化的常用养护管理方法、养护环境保护、技术状况评价等内容作了较为全面的介绍。

本书可作为高等职业教育路桥工程类专业及交通运输类专业教材，也可作为公路养护与管理人员及其他相关人员的学习用书。

图书在版编目(CIP)数据

公路养护与管理 / 周爱成，马运朝主编. -- 重庆：
重庆大学出版社，2022.8
高等职业教育路桥工程类专业系列教材
ISBN 978-7-5689-3462-6

Ⅰ.①公… Ⅱ.①周… ②马… Ⅲ.①公路养护—高
等职业教育—教材 Ⅳ.①U418

中国版本图书馆 CIP 数据核字(2022)第 132244 号

公路养护与管理

主　编　周爱成　马运朝
副主编　陈海锋　赵海利
主　审　沈峰
策划编辑:肖乾泉

责任编辑:陈　力　燕智玲　　版式设计:肖乾泉
责任校对:夏　宇　　　　　　责任印制:赵　晟
*
重庆大学出版社出版发行
出版人:饶帮华
社址:重庆市沙坪坝区大学城西路 21 号
邮编:401331
电话:(023) 88617190　88617185(中小学)
传真:(023) 88617186　88617166
网址:http://www.cqup.com.cn
邮箱:fxk@ cqup.com.cn (营销中心)
全国新华书店经销
重庆巍承印务有限公司印刷
*
开本:787mm×1092mm　1/16　印张:11.5　字数:287 千
2022 年 8 月第 1 版　　2022 年 8 月第 1 次印刷
印数:1—2 000
ISBN 978-7-5689-3462-6　定价:36.00 元

前　言

目前,中国路网全球保有量第一,道路桥梁养护需求巨大。根据交通运输部统计数据,截至2020年末,我国公路里程已突破500万km,公路密度也突破50 km/100 km²,公路养护里程达514.40万km,占公路总里程的99.0%,公路行业"十三五"期间养护资金超过1.5万亿元。公路建设运营"三分建、七分养",公路养护与管理工作的重要性日渐凸显。针对"十四五"公路养护与管理面临的新形势,必须加快推进公路养护与管理向现代模式转型,包括推行养护决策科学化,推进养护与管理制度化,实行养护作业标准化,促进养护工程精准化,倡导养护生产绿色化,强化桥隧养护规范化,实现人才队伍专业化。

本书是高等职业教育路桥工程类专业及交通运输类专业课程教材,为适应现代高等职业教育发展的需求,以"实用、够用、能用"为原则,适用于现阶段高等职业教育路桥工程类专业教学需要编写而成。编写过程中,为力求展现当前道路桥梁养护与管理的发展,对高速公路、普通公路和市政道路以及机场道路进行广泛调研,借鉴了国内外最新的道路桥梁养护与管理研究成果,采用现阶段适用的有关道路桥梁养护与管理设计、施工、养护、安全等规范。本书为公路桥梁养护与管理的专业人员提供一定的养护基本知识及管理知识,帮助提高养护与管理者的业务水平。

"公路养护与管理"是"公路施工技术""桥梁施工技术"等主要专业课程的后续专业技术课程,具有较强的针对性和实践性。本书不仅可作为高等职业教育道路桥梁技术专业必修课教材,也可作为交通运输类专业选修课教材,还可作为公路养护与管理者的参考用书。

本书共分为9章,由武汉交通职业学院和湖北交通职业技术学院联合编写而成,由武汉交通职业学院周爱成、湖北交通职业技术学院马运朝担任主编,武汉交通职业学院陈海锋、赵海利担任副主编,湖北省交通投资集团有限公司沈峰教授级高级工程师担任主审。本书编写分工如下:第1、3、4章由周爱成编写,第2、6章由赵海利编写,第5章由马运朝编写,第7—9章由陈海锋编写。

由于时间仓促、编者水平有限,书中难免存在错误及不当之处,请各位读者批评指正,并希望能及时将您的宝贵意见函告编者或出版社,以便及时修正。

编　者
2022年3月

目　录

第 1 章　绪　论

【学习目标】
1.了解公路基本组成；
2.了解我国公路发展；
3.掌握公路养护主要内容。

1.1　公路养护概述

1.1.1　公路基本组成

公路是指按《公路工程技术标准》(JTG B01—2014)修建、经交通主管部门验收认定的城市间、城乡间、乡间主要供汽车行驶的公共道路。公路是国家经济发展和现代化建设的重要基础设施,是为汽车运输服务的线形工程结构物。公路运输是整个交通运输系统中的一个重要组成部分。在国家的现代化建设中,公路是重要的基础设施之一,公路的技术状况直接关系到国民经济的发展、国防建设与人民生活水平的提高,也是衡量国家经济、科学、文化水平的一个重要标志。

公路是由平、纵、横所映射出的一条带状的三维空间实体,是承受行车荷载及自然因素综合影响的交通工程构造物,包括路基、路面、桥涵、特殊构造物、交通安全设施、绿化等。

1) 路基

路基是公路的重要组成部分,它是按照路线位置和一定技术要求修筑的带状构造物,承受由路面传来的荷载,是行车部分的基础。其构造一般有路堤、路堑、填挖结合等形式。路基横断面典型形式如图 1.1 所示。

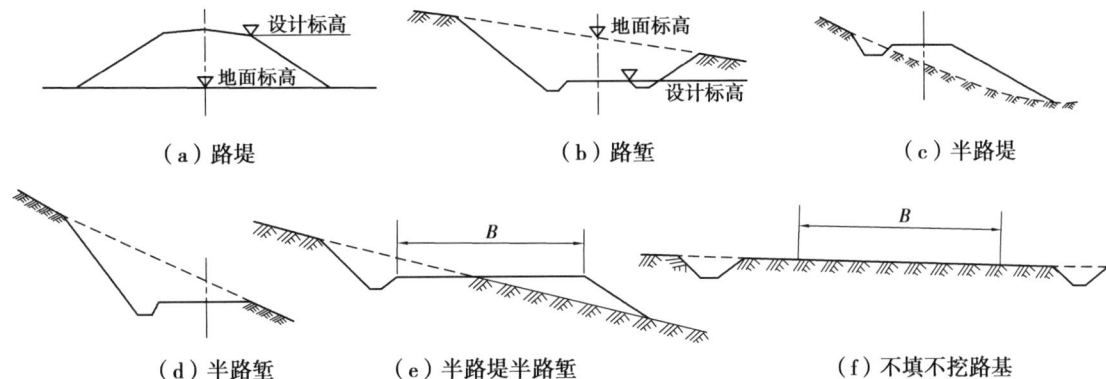

（a）路堤　　　　　　　　（b）路堑　　　　　　　　（c）半路堤

（d）半路堑　　　（e）半路堤半路堑　　　（f）不填不挖路基

图 1.1　路基横断面典型形式

2) 路面

路面是道路的重要工程结构物,它铺筑在路基顶面,是用不同材料或混合料铺筑而成的供车辆行驶的一种层状结构物,通常由面层、垫层、基层等组成,如图 1.2 所示。路面结构直接承受车轮荷载,其质量好坏直接影响道路的使用。

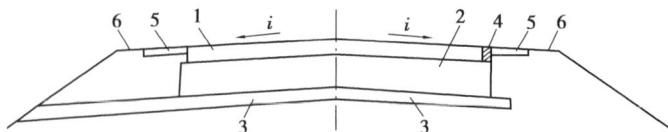

图 1.2 路面结构层示意图

1—面层;2—基层;3—垫层;4—路缘石;5—加固路肩;6—土路肩;
i—路拱横坡度

3) 桥涵

桥涵是桥梁及涵洞的简称,是供铁路、道路、渠道、管线等跨越河流、山谷或其他交通线使用的具有承载能力的人工构造物。

4) 特殊构造物

特殊构造物包括隧道、半山桥(洞)、路台等。隧道是穿越山岭为改善线形、缩短路线里程所修筑的构造物;半山桥(洞)是山区路基悬出一半所修筑的桥梁或所开挖的部分路宽的山洞;路台是在悬崖峭壁上所修筑的悬臂式构造物。

5) 交通安全设施

①照明设施:包括灯柱、弯道反光镜等。

②安全设施:包括护栏、隔离墙、路面标志、交通标志等。交通标志指使驾驶人知道前面路段的情况和特点的设施,有警告标志、禁行标志、指示标志 3 种。

③服务设施:包括加油站、服务区、汽车站等。

④通信、监控、收费设施:包括电话亭、监控器、收费站等。

6) 绿化

植树绿化与美化工程是美化公路环境的必要组成部分,为道路使用者提供一个安全舒适的行车环境。环境绿化有利于净化空气、使人心情舒畅,且可提高行车的安全。

1.1.2 我国公路发展概述

中华人民共和国成立前夕,全国通车里程只有 75 000 km。

1949 年以后,全国从上到下建立了公路管理机构,并建立了设计、施工和养护的专业队伍。国家还颁布了一系列有关公路建设的重要法规,进行了全国公路普查,恢复并改善了原有公路。

1981 年,原国家计划委员会、国家经济委员会和交通部印发的《国家干线公路网(试行方案)》明确,国道由"12 射、2 纵、30 横"共 70 条路线组成,总规模约 11 万 km。

2004 年,国家发展和改革委员会印发的《国家高速公路网规划》明确,国家高速公路网由"7 射、9 纵、18 横"等路线组成,高速公路总规模约 8.5 万 km。

交通运输部统计数据显示,截至 2020 年末,我国公路里程已突破 500 万 km,公路密度也突破 50 km/100 km²,公路养护里程达 514.40 万 km,占公路总里程的 99.0%。根据有关统计,公路行业"十三五"养护资金超过 1.5 万亿元。

公路的发展与国民经济的发展密切相关。要保持好公路的正常运行,就必须对公路进行养护。

1.1.3 公路养护发展概述

目前,中国公路网络已基本形成,大规模建设后必然带来繁重的养护任务,公路养护已由传统的"抢修时代"过渡到"全面养护时代"。2015—2019 年,我国公路养护里程及其在公路总里程中的占比均逐年增长。根据交通运输部数据,截至 2020 年末,我国公路养护里程达 514.40 万 km,在公路总里程中占比 99%,说明目前我国公路养护覆盖水平较高。

从公路养护公共财政支出情况来看,2015—2019 年,我国公路养护财政支出波动变化,到 2019 年公路养护公共财政支出达到 832.98 亿元;从公路养护公共财政支出占全国公路水路运输行业财政总支出的比例来看,2015—2018 年逐年提升,2019 年稍有回落,达到 16.4%。

近年来,国家确立实现公路养护管理可持续发展的战略举措,大力支持科学养护、智能养护的发展,大力支持公路养护科学决策在全国范围内推广。2021 年 7 月 26 日,交通运输部组织召开的全国公路养护管理工作会议强调,强化科学决策,加快推进公路养护专业化。加强公路技术状况检测,提升公路养护科学化决策水平,创新公路养护组织实施模式,全面提升公路安全保障水平,强化养护绿色低碳生产,推动公路养护关键技术攻坚,构建长效稳定的保障体系。政策导向为行业发展提供了有力支撑,随着公路养护科学决策的兴起,行业面临着广阔的市场前景。

目前,我国公路养护发展趋势体现在以下 6 个方面:

1) 路面检测智能化

应路面检测自动化的要求,与之相适应的许多路面检测设备应运而生,如路面综合检测车、横向摩擦力系数检测车、弯沉仪、激光平整度仪等。通过这些检测设备进行路面数据自动采集。

2) 预防养护常态化

从国内目前的养护情况看,基本上都是事后养护,即出现病害后才去处理问题,而真正实行预防养护有个过程,并且取决于智能化数字处理的准确性。

3) 养护设备一体化

如果继续采取传统的修补坑槽、裂缝等方法,耗时长、效果差,影响道路安全畅通,其发展趋势必然是养护施工设备的一体化。

4) 绿色养护技术

综合考虑交通基础设施建设、养护期间的能源消耗量及原材料生产过程中产生的二氧化碳量,在"双碳"背景下,公路养护技术的发展面临重大挑战。我国公路基础设施建设、养护工程消耗的不可再生资源巨大,给生态环境造成了一时难以恢复的破坏,且养护过程中会产生大量废弃物,还有可能诱发地质灾害。沥青路面材料再生利用可以缓解资源压力,有利于保护环境和降低养护成本,受到普遍重视。

5) 智慧管理技术应用

开发公路建设、运营与养护管理一体化的区块链技术;在政府监管部门、业主和各承包商之间构建联盟链,以保证数据的公开透明,对原材料生产、现场施工、验收检测等进行有效监管。推广分布式存储全寿命周期的路况数据、实时进行指定路段的路况评价、预测道路性能和结构性能、进行网级和项目级养护决策和养护投资预算、实现养护施工采购与实施过程监督等功能。

6) 养护施工社会化

在世界范围内,发达国家高速公路管理部门与养护施工单位基本分离,其社会化程度高低取决于养护管理水平、技术能力的高低。我国公路养护与管理也逐渐在朝这个方向转变。

1.2 公路养护内容

公路建成通车后,因承受车轮的磨损和冲击,受到暴雨、洪水、风沙、冰雪、日晒、冰融等自然力的侵蚀和风化,以及人为的破坏和修建时遗留的某些缺陷,公路使用质量会逐渐降低。因此,公路建成通车后必须采取养护维修措施,并不断更新、改善公路的技术指标。

1.2.1 公路养护目的

公路养护目的就是运用先进的技术和科学的管理方法,合理地分配和使用养护资金,通过养护维修使公路在设计使用年限内经常保持完好状态,防止其使用质量下降,并有计划地改善公路的技术指标,以提高公路的服务质量,最大限度地发挥公路的运输经济效益。

1.2.2 公路养护任务

公路养护的基本任务主要包括以下 5 个方面:

①贯彻"预防为主,防治结合"的方针,加强预防养护,提高公路的抗灾害能力,保持公路及其沿线设施良好的技术状况。

②加强公路及其沿线设施的基本状况调查,及时发现和消除隐患。

③保持公路及其沿线设施的良好技术状况,及时修复损坏部分,保障公路行车安全、畅通、舒适。

④坚持和贯彻"科技兴交,科学养路"的方针,大力推广和运用先进的养护技术、机械装备和科学的管理方法。吸收和采用新技术、新工艺、新材料、新设备,采取科学的技术措施,不断提高公路养护工程质量,有效延长公路的使用寿命,降低路桥设施的全寿命周期成本,提高养护资金的使用效益。

⑤加强公路技术改造,以适应公路交通事业的不断发展。公路养护应重视资源节约和环境保护,保护农田、路旁景观和各种文物古迹,推广和运用路面、桥梁、隧道等管理系统,建立数据库,并注意生产安全及养护生产作业安全,减少对通行车辆的影响。

1.2.3 公路养护分类

公路养护按其工程性质、技术复杂程度和规模大小,分为小修保养、中修工程、大修工程、改建工程 4 类。

1) 小修保养

对公路及其沿线设施经常进行维护保养和修补轻微损坏部分的作业称为小修保养。

2) 中修工程

对公路及其沿线设施的一般性损坏部分进行定期的修理加固,以恢复公路原有技术状况的工程称为中修工程。

3) 大修工程

对公路及其沿线设施的较大损坏进行周期性的综合修理,以全面恢复到原技术标准的工程称为大修工程。

4) 改建工程

对公路及其沿线设施因不适应现有交通量增长和荷载需要而进行全线或逐段提高技术等级指标,显著提高其通行能力的较大工程项目称为改建工程。

公路养护工程分类见表1.1。

表 1.1　公路养护工程分类

工程项目	小修保养	中修工程	大修工程	改建工程
路基	保养: ①整理路肩、边坡,修剪路肩、分隔带草木,清除杂物,保持路容整洁。 ②疏通边沟,保持排水系统畅通。 ③清除挡土墙、护坡滋生的有碍设施功能发挥的杂草,修理伸缩缝、疏通泄水孔及松动石块。 ④修理路缘带。 小修: ①小段开挖边沟、截水沟或分期铺砌边沟。 ②清除零星塌方,填补路基缺口,处理轻微沉降翻浆。 ③处理桥头接线或桥头、涵顶跳车。 ④修理挡土墙、护坡、护坡道、泄水槽、护栏和防冰雪设施等。 ⑤局部加固路肩。	①局部加宽、加高路基,改善个别急弯、陡坡的视距。 ②全面修理、接长或个别添建挡土墙、护坡、护坡道、泄水槽、护栏及铺砌边沟。 ③清除较大塌方,处理大面积翻浆、沉降。 ④整段开挖边沟、截水沟或铺砌边沟。 ⑤处理过水路面。 ⑥改善平交道口。 ⑦整段加固路肩。	①在原路技术等级内整段改善线形。 ②拆除、重建或增建较大挡土墙、护坡等防护工程。 ③清除及处理大塌方。	整段加宽路基,改善公路线形,提高技术等级。

续表

工程项目	小修保养	中修工程	大修工程	改建工程
路面	保养： ①清除路面泥土、杂物，保持路面整洁。 ②排除路面积水、积雪、积冰、积砂，铺防滑料、灭尘剂或压实积雪维持交通。 ③砂土路面刮平，修理车辙。 ④碎砾石路面匀扫面砂，添加面砂，洒水润湿，刮平波浪，修补磨耗层。 ⑤处理沥青路面的泛油、壅包、裂缝、松散等病害。 ⑥水泥混凝土路面日常清缝、灌缝及堵塞裂缝。 ⑦修理与刷白路缘石。 小修： ①局部处理砂石路的翻浆变形、添加稳定料。 ②碎砾石路面修补坑槽、沉降，整段修理磨耗层或扫浆铺砂。 ③处理桥头涵顶跳车。 ④沥青路面修补坑槽、沉陷，处理波浪、局部龟裂、啃边等病害。 ⑤局部修理水泥混凝土路面板块。	①砂土路面处理翻浆，调整横坡。 ②碎砾石路面局部路段加厚、加宽，调整路拱，加铺磨耗层，处理严重病害。 ③沥青路面整段封层罩面。 ④处理沥青路面严重病害。 ⑤处理水泥混凝土路面严重病害。 ⑥整段更换水泥混凝土路面接缝材料。 ⑦整段安装、更换路缘石。 ⑧整修桥头搭板或过渡路面。	①整段用稳定材料改善土路。 ②整段加宽、加厚或翻修重铺碎砾石路面。 ③整修或补强重铺，或加宽高级、次高级路面。 ④补强、重铺或加宽高级、次高级路面。	①分段提高公路技术等级，铺筑高级、次高级路面。 ②新铺碎砾石路面。 ③水泥混凝土路面病害处理后，补强或改造为沥青混凝土路面。
交通工程及沿线设施	保养： 标志碑、里程碑、百米桩、界碑、轮廓标等埋置、维护和定期清洗。 小修： ①修理护栏、隔离栅、轮廓标、标志牌、百米桩、防雪栏栅等，油漆或部分添置更换。 ②路面标线的局部补划。	①全线新设或更换永久性标志碑、里程碑、百米桩、轮廓标、界碑等。 ②全面修理更换护栏、隔离栅、防雪栏栅。 ③划设整段路面标线。 ④维修通信、监控设施。	①增设护栏、隔离栅、防雪栏栅。 ②更新通信、监控。	①整段增设防护栏、隔离栅等。 ②整段增设通信设施。
绿化	保养： ①行车道花草的抚育、抹芽、修剪、治虫、施肥。 ②苗圃内幼苗的抚育、灭虫、施肥、除草。 小修： ①补植行道树、花草缺株。 ②行道树冬季刷白。	更新、新植行道树、花草，开辟苗圃。		

1.2.4　公路养护要求

①认真开展路况调查,分析公路技术状况,针对病害产生的原因和后果,采取有效、先进、经济的技术措施。

②加强养护工程的前期工作、各种材料试验及施工质量检验和监理,确保工程质量。

③推广路面、桥梁管理系统,逐步建立公路数据库,实行病害监控,实现决策科学化,使有限的资金发挥最大的经济效益。

④实施公路的科学养护与规范化管理,改变现有公路面貌,提高公路的整体服务水平。

⑤认真做好公路交通情况调查工作,积极开发、采用自动化观测和计算机处理技术,为公路规划、设施、养护、管理、科研及社会各方面提供全面、准确、连续、可靠的交通信息资料。

⑥完善养护生产组织形式,管好、用好现有的养护机具设备,积极引进、改造、研制养护机械,逐步实现养护机械装备标准化、系列化,以保障养护工程质量,提高养护生产效率,降低劳动强度,改善劳动环境。

⑦加强对交通工程设施(包括标志、标线、通信、监控等)、收费设施、服务管理设施等的设置、维护、更新工作,保障公路应有的服务水平。

1.2.5　公路养护原则

①公路养护工作必须贯彻“预防为主,防治结合”的方针。根据积累的技术经济资料和当地具体情况,通过科学分析、预先防范,消除导致公路损毁的因素,增强公路设施的耐久性和抗灾能力,特别要做好雨季的防护工作,以减少水毁损失。

②因地制宜,就地取材,尽量选用当地天然材料和工业废渣;充分利用原有工程材料和原有工程设施,以降低养护成本。

③推广应用先进的养护技术和科学管理方法,改善养护生产手段,提高养护技术水平。

④重视综合治理,保护生态平衡、路旁景观和文物古迹;防止环境污染;注意少占农田。

⑤加强桥梁的检查、维修、加固和改善,逐步消灭危桥。

⑥加强以路面养护为中心的全面养护。

⑦大力推广和发展公路养护机械化。

1.3　公路技术状况评定

【学习目标】

1.了解公路工程技术状况评定标准的适用范围;

2.掌握公路技术状况标准的判定、公路损坏类型;

3.掌握公路技术状况检测与调查;

4.了解公路技术状况评定。

【本章重点】

公路损坏类型、公路技术状况检测与调查。

【本章难点】

公路技术状况评定、综合评定过程。

1.3.1　一般规定

1) 公路工程技术状况评定标准的适用范围

①为加强公路养护管理工作,科学评定公路技术状况和服务水平,促进公路技术状况检测和评定工作的科学化、规范化和制度化,制定公路工程技术状况评定标准。该标准适用于等级公路,等外公路可参照执行。

②公路技术状况评定工作应遵循客观、科学和高效的原则,积极采用先进的检测和评价手段,保证检测与评定结果准确可靠。

③各级交通主管部门和公路管理机构应加强对公路技术状况评定工作的监督,建立和完善相关规章制度,提高公路养护管理工作技术水平。

④各地应根据公路技术状况评定结果,科学编制公路养护规划和计划,积极实施预防性养护。

⑤公路技术状况的检测和评定,除按公路工程技术状况评定标准规定执行外,还应遵守国家和行业其他相关标准、规范的规定。

2) 公路技术状况标准的判定

公路技术状况应采用公路技术状况指数 MQI 和相应分项指标路基技术状况指数 SCI、路面技术状况指数 PQI、桥隧构造物技术状况指数 BCI 和沿线设施技术状况指数 TCI,MQI 和相应分项指标的值域为 0~100。

公路技术状况指标体系如图 1.3 所示。

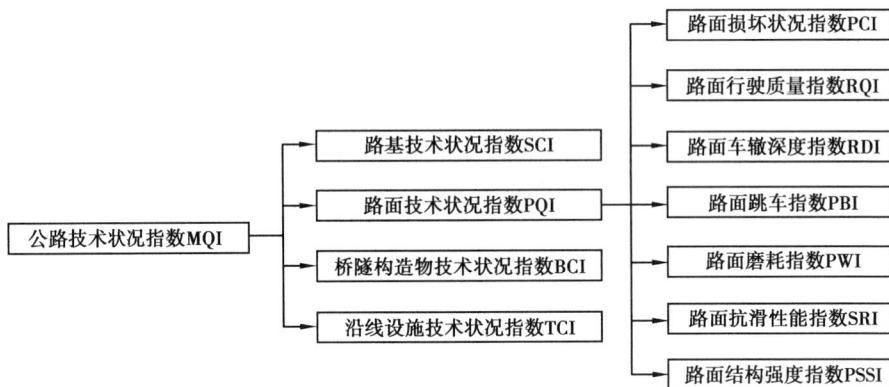

图 1.3　公路技术状况指标体系

公路技术状况分为优、良、中、次、差 5 个等级。公路技术状况等级按表 1.2 规定的标准确定。

表 1.2　公路技术状况等级划分标准

评价等级	优	良	中	次	差
MQI	≥90	≥80,<90	≥70,<80	≥60,<70	<60

公路技术状况分项指标等级划分标准见表 1.3。

表 1.3 公路技术状况分项指标等级划分标准

评定指标	优	良	中	次	差
SCI、PQI、BCI、TCI	≥90	≥80,<90	≥70,<80	≥60,<70	<60
PCI、RQI、RDI、PBI、PWI、SRI、PSSI	≥90	≥80,<90	≥70,<80	≥60,<70	<60

注:①高速公路路面损坏状况指数 PCI 等级划分标准应为"优"大于或等于 92,"良"为 80~92,其他保持不变。

②水泥混凝土路面行驶质量指数 RQI 等级划分标准应为"优"大于或等于 88,"良"为 80~98,其他保持不变。

1.3.2 病害类型

公路技术状况包含路面、路基、桥隧构造物和沿线设施 4 部分的评价内容,其中路面包括沥青路面、水泥混凝土路面和砂石路面。

1) 沥青路面

沥青路面损坏分 11 类:

①龟裂应按面积计算,损坏程度应按以下标准判断:轻度应为主要裂缝块度为 0.2~0.5 m,平均裂缝宽度小于或等于 2 mm;中度应为主要裂缝块度小于 0.2 m,平均裂缝宽度为 2~5 mm;重度应为主要裂缝块度小于 0.2 m,平均裂缝宽度大于 5 mm。

②块状裂缝应按面积计算,损坏程度应按以下标准判断:轻度应为主要裂缝块度大于 1.0 m,平均裂缝宽度为 1~2 mm;重度应为主要裂缝块度在 0.5~1.0 m,平均裂缝宽度大于或等于 2 mm。

③纵向裂缝应是路面上与行车方向基本平行的裂缝,应按长度(m)计算。检测结果应用影响宽度(0.2 m)换算成损坏面积。损坏程度应按以下标准判断:轻度应为主要裂缝宽度小于或等于 3 mm;重度应为主要裂缝宽度大于 3 mm。

④横向裂缝应是路面上与行车方向基本垂直的裂缝,应按长度(m)计算。检测结果应用影响宽度(0.2 m)换算成损坏面积。损坏程度应按以下标准判断:轻度应为主要裂缝宽度小于或等于 3 mm;重度应为主要裂缝宽度大于 3 mm。

⑤沉陷应为路面的局部下沉,应按面积计算。损坏程度应按以下标准判断:轻度应为沉陷深度在 10~25 mm,行车无明显颠簸感;重度应为沉陷深度大于 25 mm,行车有明显颠簸感。

⑥车辙应按长度(m)计算,检测结果应用影响宽度(0.4 m)换算成损坏面积。损坏程度应按以下标准判断:轻度应为车辙深度在 10~15 mm;重度应为车辙深度大于或等于 15 mm。

⑦波浪拥包应按面积计算,损坏程度应按以下标准判断:轻度应为波峰波谷高差在 10~25 mm;重度应为波峰波谷高差大于 25 mm。

⑧坑槽应按面积计算,损坏程度应按以下标准判断:轻度应为坑槽深度小于 25 mm,或面积小于 0.1 m^2;重度应为坑槽深度大于或等于 25 mm,或面积大于或等于 0.1 m^2。

⑨松散应按面积计算,损坏程度应按以下标准判断:轻度应为路面表面细集料散失、脱皮、麻面等;重度应为路面表面粗集料散失、脱皮、麻面、露骨、表面剥落。

⑩泛油应为沥青路面表面出现的薄油层,损坏应按面积计算。

⑪修补应为裂缝、坑槽、松散、沉陷、车辙等损坏的修复。块状修补应按面积计算,条状修补

应按长度(m)乘以影响宽度(0.2 m)计算。长度大于5 m的整车道修复不计为路面修补损坏。修补范围内再次发生的损坏,应按新的损坏类型计算。

2) 水泥混凝土路面

水泥混凝土路面损坏分11类:

①破碎板应按板块面积计算,损坏程度应按以下标准判断:轻度应为板块被裂缝分3块及以上,破碎板未发生松动和沉陷;重度应为板块被裂缝分3块及以上,破碎板有松动、沉陷和唧泥等现象。

②裂缝应为板块上只有一条裂缝的情况,应按长度(m)计算。检测结果应用影响宽度(1.0 m)换算成损坏面积。损坏程度应按以下标准判断:轻度应为裂缝宽度小于3 mm,一般为未贯通裂缝;中度应为裂缝宽度在3~10 mm;重度应为裂缝宽度大于10 mm。

③角断裂应为裂缝与纵横接缝相交,且交点距板角小于或等于板边长度一半的损坏,应按断裂板角的面积计算。损坏程度应按以下标准判断:轻度应为裂缝宽度小于3 mm;中度应为裂缝宽度在3~10 mm;重度应为裂缝宽度大于10 mm。

④错台应为接缝两边出现的高差,应按长度(m)计算。检测结果应用影响宽度(1.0 m)换算成损坏面积。损坏程度应按以下标准判断:轻度应为接缝两侧高差在5~10 mm;重度应为接缝两侧高差大于或等于10 mm。

⑤拱起应为横缝两侧板体高度大于10 mm的抬高,损坏应按拱起及板块的面积计算。

⑥边角剥落应为沿接缝方向板边上出现的碎裂和脱落,裂缝面与板面成一定角度,应按长度(m)计算。检测结果应用影响宽度(1.0 m)换算成损坏面积。损坏程度应按以下标准判断:轻度应为板边上的碎裂和脱落;中度应为板边上的碎裂和脱落,接缝附近水泥混凝土有开裂;重度应为板边上的碎裂和脱落,接缝附近水泥混凝土多处开裂,开裂深度超过接缝槽底部。

⑦接缝料损坏应按长度(m)计算,检测结果应用影响宽度(1.0 m)换算成损坏面积。损坏程度应按以下标准判断:轻度应为填料老化,不密水,尚未剥落脱空,未被砂、石、土等填塞;重度应为1/3以上接缝出现空缝或被砂、石、土填塞。

⑧坑洞应为板面出现直径大于30 mm、深度大于10 mm的坑槽,损坏应按坑洞或坑洞群的包络面积计算。

⑨唧泥应为板块接缝处有基层泥浆涌出,损坏应按长度(m)计算。检测结果应用影响宽度(1.0 m)换算成损坏面积。

⑩露骨应为板块表面细集料散失、粗集料暴露或表层疏松剥落,损坏应按面积计算。

⑪修补应为裂缝、板角断裂、边角剥落和坑洞等损坏的修复。块状修补应按面积计算,裂缝类的条状修补应按长度(m)乘以影响宽度(0.2 m)计算。长度大于5 m的整车道修复不计为路面修补损坏。修补范围内再次发生的损坏,应按新的损坏类型计算。

3) 砂石路面

砂石路面损坏分6类:

①路拱不适。路拱过大或过小——过大将降低行车安全性,过小将使路面雨水不能及时排出。路拱不适程度根据经验确定,损坏按长度计算,检测结果应用影响宽度(3.0 m)换算成面积。

②沉陷。路面表面的局部凹陷按面积计算。

③波浪搓板。峰谷高差大于 30 mm 的搓板状纵向连续起伏,按面积计算。

④车辙。轮迹处深度大于 30 mm 的纵向带状凹槽(辙槽),按长度计算,检测结果应用影响宽度(0.4 m)换算成面积。

⑤坑槽。路面上深度大于 30 mm、直径大于 0.1 m 的坑洞,按面积(m²)计算。

⑥露骨。黏结料和细集料散失、主骨料外露,按面积计算。

4) 路基

路基损坏分为 7 类:

①沥青路面路肩损坏分类应符合沥青路面损坏的规定,水泥混凝土路面路肩损坏分类应符合水泥混凝土路面损坏的规定。所有损坏均应按面积计算,累计面积不足 1 m² 应按 1 m² 计算。损坏程度应按以下标准判断:轻度应包括沥青路面损坏和水泥混凝土路面损坏规定的所有轻度和中度损坏;重度应包括沥青路面损坏和水泥混凝土路面损坏规定的所有重度损坏。

②边坡坍塌应为路堤、路堑边坡表面松散及破碎引起的边坡坡面局部坍塌,按"处"计算。损坏程度应按以下标准判断:轻度应为边坡后塌长度小于或等于 5 m;中度应为边坡坍塌长度为5~10 m;重度应为边坡坍塌长度大于 10 m。

③水毁冲沟应为雨水冲刷形成的冲沟,按"处"计算。损坏程度应按以下标准判断:轻度应为冲沟深度小于或等于 20 cm;中度应为冲沟深度在 20~50 cm;重度应为冲沟深度大于 50 cm。

④路基构造物损坏应为挡墙等坛工体出现的表面、局部和结构等损坏,按"处"计算。损坏程度应按以下标准判断:轻度应为勾缝损坏、沉降缝损坏、表面破损、钢筋外露和锈蚀等,每10 m 计 1 处,不足 10 m 按 1 处计算;中度应为局部基础淘空、墙体脱空、轻度裂缝、鼓肚、下沉等,每10 m 计 1 处,不足 10 m 按 1 处计算;重度应为整体开裂、倾斜、滑移、倒塌等。

⑤路缘石缺损应为路缘石缺失或损坏,按长度(m)计算。

⑥路基沉降应为深度大于 30 mm 的沉降,按"处"计算。损坏程度应按以下标准判断:轻度应为路基沉降长度小于 5 m;中度应为路基沉降长度为 5~10 m;重度应为路基沉降长度大于10 m。

⑦排水不畅应为路基边沟、排水沟、截水沟等排水系统淤塞,按"处"计算。损坏程度应按以下标准判断:轻度应为边沟、排水沟、截水沟等排水系统存在杂物、垃圾,每10 m 计 1 处,不足10 m按 1 处计算;中度应为边沟、排水沟和截水沟等排水系统全截面堵塞,出现衬砌剥落、破损、坛工体破裂、管道损坏等,每10 m 计 1 处,不足 10 m 按 1 处计算;重度应为路基排水系统与外部排水系统不连通。

5) 桥隧构造物

桥隧构造物包括桥梁、隧道和涵洞 3 类:

(1)桥梁技术等级

桥梁技术等级采用《公路桥涵养护规范》(JTG 5120—2021)规定的等级评定方法。规定一、二类桥梁不扣分;三类桥梁每处扣 40 分;四类桥梁每处扣 70 分;五类桥梁每处扣 100 分,同时直接将 MQI 设为最低值。

(2)隧道技术等级

隧道技术等级采用《公路隧道养护技术规范》(JTG H12—2015)规定的等级评定方法。

①公路隧道总体技术状况评定应分为 1 类、2 类、3 类、4 类和 5 类,公路隧道技术状况评定类别分为土建结构和机电结构,其中土建结构分为 1 类~5 类,机电结构分为 1 类~4 类。

②公路隧道总体技术状况评定等级应采用土建结构和机电设施两者中最差的技术状况类别作为总体技术状况的类别。

③机电设施技术状况评定宜采用考虑机电设施各项目权重的评定方法。

（3）涵洞技术等级

涵洞技术等级采用《公路桥涵养护规范》(JTG 5120—2021)规定的等级评定方法。规定好、较好类涵洞不扣分;较差类涵洞每处扣 40 分;差类涵洞每处扣 70 分;危险类涵洞每处扣 100 分,同时直接将 MQI 设为最低值。

6) 沿线设施

沿线设施损坏分 5 类:

①防护设施缺损是指防护设施(防撞护栏、防落网、声屏障、中央分隔带活动护栏和防眩板等)缺失、损坏或损坏修复后达不到技术要求。损坏应按"处"计算,损坏程度应按以下标准判断:轻度应为缺损长度小于或等于 4 m,每缺损一处扣 10 分;重度应为缺损长度大于 4 m,每缺损一处扣 30 分。

②隔离栅损坏应为隔离栅破损或损坏修复后达不到技术要求,损坏应按"处"计算,每缺损一处扣 20 分。

③标志缺损是指各种交通标志(指示标志、警告标志、禁令标志、里程牌、轮廓标、百米标等)残缺、位置不当或尺寸不规范、颜色不鲜明、污染,可变信息板故障等。损坏应按"处"计算,其中,轮廓标和百米标应每 3 个损坏算 1 处,累计损坏不足 3 个按 1 处计算,每处扣 20 分。

④标线缺损应为标线(含凸起路标)缺失或损坏,损坏应按长度(m)计算。每缺损 10 m 扣 1 分,累计长度不足 10 m 应按 10 m 计算,评定时不应考虑车道数量的影响。

⑤绿化管护不善是指树木和花草等枯萎或缺失,绿化带未及时修剪或有杂物,路段应绿化而未绿化。损坏应按长度(m)计算,每 10 m 扣 1 分,累计长度不足 10 m 按 10 m 计算。

1.3.3 病害调查

公路技术状况检测与调查应包括路基路面、桥隧构造物和沿线设施 4 部分内容。路面检测与调查应包括路面损坏、路面平整度、路面车辙、路面跳车、路面磨耗、路面抗滑性能和路面结构强度 7 项内容。这里仅介绍路基、路面相关的检测与调查。

公路技术状况检测与调查应以 1 000 m 路段长度为基本检测(或调查)单元。在路面类型、交通量、路面宽度和养管单位等变化处,检测(或调查)单元的长度可不受此规定限制。公路技术状况检测与调查应按上行(桩号递增方向)和下行(桩号递减方向)两个方向分别实施,二级、三级、四级公路可不分上下行检测与调查。不具备自动化检测条件的路线或路段可采用人工调查方式,人工调查宜采用便携设备。公路技术状况检测与调查的频率应按表 1.4 的规定执行。

表 1.4　公路技术状况检测与调查频率

检测与调查内容		沥青路面		水泥混凝土路面	
		高速、一级公路	二级、三级、四级公路	高速、一级公路	二级、三级、四级公路
路面 PQI	路面损坏	1 年 1 次	1 年 1 次	1 年 1 次	1 年 1 次
	路面平整度	1 年 1 次	1 年 1 次	1 年 1 次	1 年 1 次
	路面车辙	1 年 1 次	—	1 年 1 次	—
	路面跳车	1 年 1 次	—	1 年 1 次	—
	路面磨耗	1 年 1 次	—	2 年 1 次	—
	路面抗滑性能	2 年 1 次	—	—	—
	路面结构强度	抽样检查	抽样检查	—	—
路基 SCI		1 年 1 次			
桥隧构造物 BCI		按现行标准规范的有关规定执行			
沿线设施 TCI		1 年 1 次			

注:①路面结构强度为检测指标抽样检测指标,抽样检测的路线或路段应按路面养护管理需要确定,最低抽样比例不得低
于公路网列养里程的 20%。

②路面磨耗和路面抗滑性能为二选一指标,在检测和调查中可二选一。

1) 路基技术状况检测与调查

①路基技术状况可采用人工调查和自动化检测方式。

②路基技术状况应按《公路技术状况评定标准》(JTG 5210—2018)规定的损坏类调查。

2) 路面技术状况自动化检测

①路面技术状况自动化检测指标应包括路面破损率 DR、国际平整度指数 IRI、路面车辙深度 RD、路面跳车 PB、路面构造深度 MPD、横向力系数 SFC 和路面弯沉 l_0。其中,路面构造深度 MPD 和横向力系数 SFC 应为二选一指标。

②路面技术状况自动化检测应符合《多功能路况快速检测设备》(GB/T 26764—2011) 和《公路路面技术状况自动化检测规程》(JTG/T E61—2014)的规定。

③路面技术状况检测应采用自动化检测设备。每个检测方向应至少检测一个主要行车道。二级、三级、四级公路的路面技术状况检测宜选择技术状况相对较差的方向。

④路面损坏自动化检测应满足下列要求:

a.检测指标应为路面破损率 DR,每 10 m 应计算 1 个统计值。

b.路面损坏应纵向连续检测,横向检测宽度应不小于车道宽度的 70%。检测设备应能分辨约 1 mm 的路面裂缝,检测数据宜采用机器自动识别,识别准确率应达到 90% 以上。

⑤路面平整度自动化检测应满足下列要求:

a.应采用断面类检测设备。

b.检测指标应为国际平整度指数 IRI,每 10 m 应计算 1 个统计值。

c.超出设备有效检测速度或有效减速度范围的数据应为无效数据。

⑥路面车辙自动化检测应满足下列要求:

a.应采用断面类检测设备。

b.检测指标应为路面车辙深度 RD,每 10 m 应计算 1 个统计值。

c.横断面数据出现异常或横断面数据不完整时,该检测断面应为无效数据。

⑦路面跳车自动化检测应满足下列要求:

a.应采用断面类检测设备。

b.检测指标应为路面跳车 PB,每 10 m 应计算 1 个统计值。

⑧路面磨耗自动化检测应满足下列要求:

a.应采用断面类检测设备。

b.检测位置应为车道的左轮迹带、右轮迹带和无磨损的车道中线。

c.检测指标应为路面构造深度 MPD,每 10 m 应计算 1 个统计值。

⑨路面抗滑性能自动化检测应满足下列要求:

a.应采用横向力系数 SFC 检测设备,或其他具有有效相关关系的自动化检测设备,相关系数应不小于 0.95。

b.检测指标应为横向力系数 SFC,每 10 m 应计算 1 个统计值。

⑩路面结构强度自动化检测应满足下列要求:

a.应采用与贝克曼梁具有有效相关关系的高效自动化弯沉检测设备,相关系数应不小于 0.95。

b.检测指标应为路面弯沉 l_0,每 20 m 应计算 1 个统计值。

c.路面弯沉检测应满足《公路路基路面现场测试规程》(JTG 3450—2019)的规定。

3) 路面技术状况人工检测

①路面损坏人工调查应满足下列要求:

a.人工调查的路面损坏类型应满足《公路技术状况评定标准》(JTG 5210—2018)的规定。同一位置存在多类路面损坏时,应计权重最大的损坏。

b.各类路面损坏应以 100 m 为单位,按损坏程度,每 100 m 计 1 个损坏,每一个调查单元计算 1 个累计损坏面积。

c.路面损坏人工调查应包含所有行车道,紧急停车带应按路肩处理。

②路面结构强度人工调查应满足下列要求:

a.应采用贝克曼梁。

b.检测指标应为路面弯沉 l_0。

c.检测方法应满足《公路路基路面现场测试规程》(JTG 3450—2019)的规定。

1.3.4　技术状况评定

公路技术状况评定模型包含公路技术状况(MQI)评定、路基技术状况(SCI)评定、路面技术状况(PQI)评定、桥隧构造物技术状况(BCI)评定以及沿线设施技术状况(TCI)评定,这里仅介绍 MQI、SCI 以及 PQI 相关的内容。

公路技术状况评定应以 1 000 m 路段长度为基本评定单元。在路面类型、交通量、路面宽度和养管单位等变化处,评定单元的长度可不受此规定限制。公路技术状况评定应计算优等路率、优良路率和次差路率 3 项统计指标。

1) 公路技术状况(MQI)评定

①公路技术状况应采用公路技术状况指数 MQI 评定。MQI 应按式(1.1)计算。

$$MQI = \omega_{SCI}SCI + \omega_{PQI}PQI + \omega_{BCI}BCI + \omega_{TCI}TCI \tag{1.1}$$

式中 ω_{SCI}——SCI 在 MQI 中的权重,取值为 0.08;

ω_{PQI}——PQI 在 MQI 中的权重,取值为 0.70;

ω_{BCI}——BCI 在 MQI 中的权重,取值为 0.12;

ω_{TCI}——TCI 在 MQI 中的权重,取值为 0.10。

②对长度小于或大于 1 000 m 的非整千米评定单元,除 PQI 外,SCI、BCI 和 TCI 3 项指标的实际扣分应换算成基本评定单元的扣分[实际扣分×基本评定单元长度(1 000 m)/实际评定单元长度]。桥隧构造物评价结果(BCI)计入桥隧构造物所属评定单元。

③存在 5 类桥梁、5 类隧道、危险涵洞及影响交通安全的重度边坡坍塌的评定单元,MQI 值应取 0。

④路线公路技术状况评定时,应采用路线内所有评定单元 MQI 的算术平均值作为该路线的 MQI。

⑤公路网公路技术状况评定时,应采用公路网内所有路线 MQI 的长度加权平均值作为该公路网的 MQI。

⑥MQI 及各级分项指标评价结果应保留两位小数。

2)路基技术状况(SCI)评定

①路基技术状况应采用路基技术状况指数 SCI 评定。SCI 应按式(1.2)计算。

$$SCI = \sum_{i=1}^{i_0} \omega_i(100 - GD_{iSCI}) \tag{1.2}$$

式中 GD_{iSCI}——第 i 类路基损坏的累计扣分,最高扣分为 100,按表 1.5 的规定计算;

ω_i——第 i 类路基损坏的权重,按表 1.5 的规定取值;

i——路基损坏类型;

i_0——路基损坏类型总数,取 7。

表 1.5 路基损坏扣分标准

类型 i	损坏名称	损坏程度	计量单位	单位扣分	权重 ω_i	备注
1	路肩损坏	轻	m²	1	0.10	—
		重		2		
2	边坡坍塌	轻	处	20	0.25	边坡坍塌为重度且影响交通安全时,该评定单元的 MQI 值应取 0
		中		50		
		重		100		
3	水毁冲沟	轻	处	20	0.15	—
		中		30		
		重		50		
4	路基构造物损坏	轻	处	20	0.10	路基构造物损坏为重度时,该评定单元的 SCI 值应取 0
		中		50		
		重		100		
5	路缘石缺损	—	m	4	0.05	—

续表

类型 i	损坏名称	损坏程度	计量单位	单位扣分	权重 ω_i	备注
6	路基沉降	轻	处	20	0.25	—
		中		30		
		重		50		
7	排水不畅	轻	处	20	0.10	—
		中		50		
		重		100		

3) 路面技术状况(PQI)评定

①沥青路面技术状况评定应包括路面损坏、路面平整度、路面车辙、路面跳车、路面磨耗、路面抗滑性能和路面结构强度 7 项内容。

②水泥混凝土路面技术状况评定应包括路面损坏、路面平整度、路面跳车、路面磨耗和路面抗滑性能 5 项内容。

③路面技术状况应采用路面技术状况指数 PQI 评定。PQI 应按式(1.3)计算。

$$PQI = \omega_{PCI}PCI + \omega_{RQI}RQI + \omega_{RDI}RDI + \omega_{PBI}PBI + \omega_{PWI}PWI + \omega_{SRI}SRI + \omega_{PSSI}PSSI \quad (1.3)$$

式中　ω_{PCI}——PCI 在 PQI 中的权重,按表 1.6 的规定取值;

ω_{RQI}——RQI 在 PQI 中的权重,按表 1.6 的规定取值;

ω_{RDI}——RDI 在 PQI 中的权重,按表 1.6 的规定取值;

ω_{PBI}——PBI 在 PQI 中的权重,按表 1.6 的规定取值;

ω_{PWI}——PWI 在 PQI 中的权重,按表 1.6 的规定取值;

ω_{SRI}——SRI 在 PQI 中的权重,按表 1.6 的规定取值;

ω_{PSSI}——PSSI 在 PQI 中的权重,按表 1.6 的规定取值。

表 1.6　PQI 各分项指标权重

路面类型	权重	高速公路、一级公路	二级、三级、四级公路
沥青路面	ω_{PCI}	0.35	0.60
	ω_{RQI}	0.30	0.40
	ω_{RDI}	0.15	—
	ω_{PBI}	0.10	—
	$\omega_{SRI(PWI)}$	0.10	—
	ω_{PSSI}	—	—
水泥混凝土路面	ω_{PCI}	0.50	0.60
	ω_{RQI}	0.30	0.40
	ω_{PBI}	0.10	—
	$\omega_{SRI(PWI)}$	0.10	—

注:采用式(1.3)计算 PQI 时,路面抗滑性能指数 SRI 和路面磨耗指数 PWI 应二者取一。

④路面结构强度指数 PSSI 不参与 PQI 评定。

⑤路面损坏状况指数 PCI 应按式(1.4)和式(1.5)计算。

$$PCI = 100 - a_0 DR^{a_1} \qquad (1.4)$$

$$DR = 100 \times \frac{\sum\limits_{i=1}^{i_0} \omega_i A_i}{A} \qquad (1.5)$$

式中 DR——路面破损率,%;

　　a_0——沥青路面采用15.00,水泥混凝土路面采用10.66;

　　a_1——沥青路面采用0.412,水泥混凝土路面采用0.461;

　　A_i——第 i 类路面损坏的累计面积,m^2;

　　A——路面检测或调查面积,m^2;

　　ω_i——第 i 类路面损坏的权重或换算系数,见表1.7;

　　i——路面损坏类型,包括损坏程度(轻、中、重);

　　i_0——损坏类型总数,沥青路面取21,水泥混凝土路面取20。

表 1.7 沥青路面损坏类型权重及换算系数

类型 i	损坏名称	损坏程度	计量单位/m^2	权重 ω_i（人工调查）	换算系数 ω_i（自动化检测）
1	龟裂	轻	面积	0.6	1.0
2		中		0.8	
3		重		1.0	
4	块状裂缝	轻	面积	0.6	1.0
5		重		0.8	
6	纵向裂缝	轻	长度×0.2 m	0.6	2.0
7		重		1.0	
8	横向裂缝	轻	长度×0.2 m	0.6	2.0
9		重		1.0	
10	沉陷	轻	面积	0.6	1.0
11		重		1.0	
12	车辙	轻	长度×0.4 m	0.6	—
13		重		1.0	
14	波浪拥包	轻	面积	0.6	1.0
15		重		1.0	
16	坑槽	轻	面积	0.8	1.0
17		重		1.0	
18	松散	轻	面积	0.6	1.0
19		重		1.0	
20	泛油	—	面积	0.2	0.2
21	修补	—	面积或长度×0.2 m	0.1	0.1(0.2)

注:①人工调查时,应将条状修补的调查长度(m)乘以影响宽度(0.2 m)换算成面积。

　　②自动化检测时,块状修补的换算系数 ω_i 为0.1,条状修补的换算系数 ω_i 为0.2。

⑥自动化检测时，A_i 应按式(1.6)计算。

$$A_i = 0.01 \times GN_i \tag{1.6}$$

式中　GN_i——含有第 i 类路面损坏的网格数；

　　　0.01——面积换算系数，一个网格的标准尺寸为 0.1 m×0.1 m。

⑦路面行驶质量指数 RQI 应按式(1.7)计算。

$$RQI = \frac{100}{1 + a_0 e^{a_1 IRI}} \tag{1.7}$$

式中　IRI——国际平整度指数，m/km；

　　　a_0——高速公路和一级公路采用 0.026，其他等级公路采用 0.018 5；

　　　a_1——高速公路和一级公路采用 0.65，其他等级公路采用 0.58。

⑧路面车辙深度指数 RDI 应按式(1.8)计算。

$$RDI = \begin{cases} 100 - a_0 RD(RD \leqslant RD_a) \\ 90 - a_1(RD - RD_a)(RD_a < RD \leqslant RD_b) \\ 0(RD > RD_b) \end{cases} \tag{1.8}$$

式中　RD——车辙深度，mm；

　　　RD_a——车辙深度参数，采用 10.0；

　　　RD_b——车辙深度参数，采用 40.0；

　　　a_0——模型参数，采用 1.0；

　　　a_1——模型参数采用 3.0。

⑨路面跳车指数 PBI 应按式(1.9)计算。

$$PBI = 100 - \sum_{i=1}^{i_0} a_i PB_i \tag{1.9}$$

式中　PB_i——第 i 类程度的路面跳车数。

　　　a_i——第 i 类程度的路面跳车单位扣分，按表 1.8 的规定取值；

　　　i——路面跳车程度；

　　　i_0——路面跳车程度总数，取 3。

表 1.8　路面跳车扣分标准

类型 i	跳车程度	计量单位	单位扣分
1	轻度		0
2	中度	处	25
3	重度		50

⑩路面磨耗指数 PWI 应按式(1.10)和式(1.11)计算。

$$PWI = 100 - a_0 WR^{a_1} \tag{1.10}$$

$$WR = 100 \times \frac{MPD_C - \min\{MPD_L, MPD_R\}}{MPD_C} \tag{1.11}$$

式中　WR——路面磨耗率，%；

　　　a_0——模型参数，采用 1.696；

　　　a_1——模型参数，采用 0.785；

MPD_C——路面构造深度基准值,采用无磨损的车道中线路面构造深度,mm;

MPD_L——左轮迹带的路面构造深度,mm;

MPD_R——右轮迹带的路面构造深度,mm。

⑪路面抗滑性能指数 SRI 应按式(1.12)计算。

$$SRI = \frac{100 - SRI_{min}}{1 + a_0 e^{a_1 SFC}} + SRI_{min} \tag{1.12}$$

式中　SFC——横向力系数;

SRI$_{min}$——标定参数,采用 35.0;

a_0——模型参数,采用 28.6;

a_1——模型参数,采用-0.105。

⑫路面结构强度指数 PSSI 按式(1.13)和式(1.14)计算。

$$PSSI = \frac{100}{1 + a_0 e^{a_1 SSI}} \tag{1.13}$$

$$SSI = \frac{l_d}{l_0} \tag{1.14}$$

式中　PSSI——路面结构强度指数,为路面弯沉标准值与路面实测代表弯沉之比;

l_d——路面弯沉标准值(0.01 mm);

l_0——路面实测代表弯沉(0.01 mm);

a_0——模型参数,采用 15.71;

a_1——模型参数,采用-5.19。

本章小结

随着我国公路建设的发展,公路通车里程快速增长,为了保证公路运输的安全畅通,公路养护与管理就显得尤为重要。为了学好公路养护与管理知识,要求学生从公路养护的目的、公路养护的分类、公路破损产生的原因、公路养护处理措施、公路技术状况的评定标准、评定指标、评定方法、检测与调查等重要方面来理解公路养护与管理的知识内容,以便更好地掌握本章的详细内容。

课后习题

1.1　公路的主要组成部分包括哪些?

1.2　简述公路养护管理的主要内容。

1.3　简述公路养护的任务及其工程分类。

1.4　简述公路养护工作应遵循的原则。

1.5　现行公路养护管理的标准和规范有哪些?

1.6　公路技术状况评价内容包括什么?

1.7　公路路面检测内容主要包括什么?

1.8　公路技术状况等级是如何划分的?

第 2 章　公路路基养护

【学习目标】

1.熟悉路基工程的养护内容与要求;

2.熟悉路基病害类型,了解病害调查及路基状况评价方法;

3.掌握路基日常养护方法;

4.掌握路堤与路床病害处治方法及要求;

5.熟悉边坡病害处治措施及要求;

6.熟悉路基排水设施养护的要求。

【本章重点】

1.路基病害类型、病害调查及路基状况评价方法;

2.路基常见病害及处治方法。

【本章难点】

路堤与路床、边坡病害处治方法及要求。

2.1　路基养护内容与要求

路基是公路的主要结构物,是路面的基础,与路面共同承受车辆荷载。路基的强度和稳定性是保证路面结构稳定、路用性能良好的基本条件。为了保证公路的正常使用品质,必须采取有效措施对其进行养护和维修,以防止发生过大的变形和其他病害,尽可能保证路基良好的技术状况,避免发生严重的病害。

2.1.1　路基养护内容

为了保证路基的坚实和稳定,保证排水性能良好,使各部分尺寸和坡度符合规定,及时消除不稳定因素,并尽可能地提高路基的技术状况,必须对路基进行及时、经常性的养护、维修与改善。路基养护工作的主要内容包括以下 3 点:

①路基养护应包括日常养护和养护工程。日常养护应包括日常巡查、日常保养和日常维修;养护工程应包括预防养护、修复养护、专项养护和应急养护。

②路基养护工作对象应包括公路用地范围内的路肩、路堤与路床、边坡、既有防护及支挡结构物、排水设施、特殊路基等。

③路基养护工作内容应包括路况调查与评定、养护决策、日常养护、养护工程设计、养护工程施工、养护工程质量验收、跟踪观测和技术管理。

路基养护工作应结合公路信息化建设,建立健全路基管理系统,并及时更新路基基础资料、检测评定与定点监测数据、安全性评估结果等信息。定期进行路基病害调查、技术状况检测与评定,并对存在较大病害隐患路基的安全性进行评估,编制路基养护规划与年度计划。路基日常维修、预防养护、修复养护和专项养护应加强质量管理,严格施工过程质量控制,落实日常养护考核和养护工程验收制度,同时进行跟踪观测,综合评判实施效果,并做好技术总结。

路基养护作业安全需要按有关规定布置作业控制区,布设交通安全设施,加强现场养护作业管理,制定并严格执行安全技术措施与操作规程,落实养护作业文明施工制度,保障养护作业与车辆运行安全。

1) 预防养护

目前,公路路基大多采用被动治理的养护方式,一般是在路基出现严重病害,甚至发生灾害后才进行加固维修。路基预防养护的目的主要是防止病害快速发展,延长使用寿命,提高养护投资效益,保障路基安全。

贯彻路基预防养护理念,遵循"预防为主、主动施策"的原则。对路基存在病害隐患的路段应实施定点观测或监测,定点观测或监测分别是采用人工或仪器设备定点采集路基病害发展相关数据。通过及时分析采集的数据,预测病害发展趋势,并根据定点观测或监测结果,确定预防养护时机。在确定预防养护时机的基础上,根据路基病害隐患特点及发展趋势等,确定预防养护措施,为维修加固决策及方案制订提供支持。

2) 修复养护

应及时对路基病害进行维修加固,实施修复养护工程。对路基修复养护工程进行一阶段施工图设计或两阶段设计(技术设计和施工图设计)。

3) 应急养护

突发性灾害是指恶劣气候引起的滑坡、塌方、垮塌、水毁等地质灾害。抢通保通是为尽快恢复交通采取应急抢险措施,并在灾后修复养护工程完成前,及时抢修,保障通畅。灾后修复养护是为全面恢复交通,对损毁路基进行的恢复处治工程。

应遵循快速反应、有效抢险、及时处治、保障安全的原则,制订路基应急抢险预案,建立应急抢险工作机制,合理配备应急抢险队伍、设备、物资等。对存在重大病害隐患的路基,应加强监测,及时预警,并增设相应的交通安全警示标志。对影响交通安全的突发性灾害路段,应启动应急预案,及时开展应急抢通、保通和抢修工作,安排灾后修复养护工程。实施应急养护时,应设置交通安全设施;需中断交通的,应合理采取分流措施。应急抢通、保通和抢修工程的先期临时方案,应与后期修复养护工程方案相结合。

2.1.2　路基养护要求

路基养护的基本要求是通过日常的和定期的检查,发现问题、分析原因,采取适当的养护及修理措施。路基养护的基本要求见表2.1。

表 2.1 路基养护的基本要求

项目	基本要求	说明
路肩	表面密实平整、清洁、无杂物、无杂草;宽度符合设计要求,边缘顺直、无缺损;横坡符合设计要求,与路面衔接平顺,不阻挡路面排水;路缘石完好、无缺损	—
路堤与路床	无明显不均匀沉陷;无开裂滑移;无冻胀、无翻浆	—
边坡	坡面平整,无冲沟、无松散、无杂物;坡度符合设计要求;边坡稳定	—
防护支挡结构物	无沉陷、无开裂、无移位,沉降缝、伸缩缝完好;表面平整、无脱空;排水孔无堵塞、无损坏	包括挡墙、护坡及防冲刷、防雪、防砂设施等
排水设施	无杂物、无淤塞、无冲刷;纵坡适度、排水畅通;进出口状况完好、无积水	包括边沟、截水沟、排水沟及暗沟等

在养护工作中,要特别注意保持路基排水系统处于完好状态,因为水能造成多种路基病害。其次,在各种养护作业中,要保证养护工程质量,并及时总结治理路基失稳成功或失败的经验,针对具体路段,制订出切实有效的预防和维修措施,使日常养护、维修工作系统化、规范化,以逐步提高管养水平。

2.2 路基状况调查

公路网级是指由省(自治区、直辖市)、市、县或各级经营管理单位养护管理范围内的所有等级公路组成的路网,其路基技术状况指数 SCI 来自年度公路网级路况调查与评定数据。其中,路基技术状况指数 SCI 分别由路肩技术状况指数 VSCI、路堤与路床技术状况指数 ESCI、边坡技术状况指数 SSCI、既有防护及支挡结构物技术状况指数 RSCI、排水设施技术状况指数 DSCI 5 个分项指标组成。

根据各地公路养护或日常养护管理办法,以及日常养护考核与评比相关规定,结合路基日常巡查记录和病害定点监测结果,每季度或半年组织一次路基技术状况指数 SCI 定性评价,必要时进行路基技术状况指数 SCI 的定量评定,用于指导日常养护工作安排,以及考核与评比各管养单位的日常养护成效。

2.2.1 路基病害类型

路基病害可分为路肩病害、路堤与路床病害、边坡病害、既有防护及支挡结构物病害、排水设施病害 5 类,见表 2.2。

表 2.2 路基病害类型汇总表

分项	病害名称	病害描述	计量单位
路肩	路肩或路缘石缺损	路肩一侧宽度小于设计宽度 10 cm 及以上,路肩出现 20 cm×10 cm(长度×宽度)以上的缺口,路缘石丢失、损坏、倾倒或路缘石与路面脱离透水等	每 20 m 为一处,不足 20 m 按一处计

续表

分项	病害名称	病害描述	计量单位
路肩	阻挡路面排水	路肩高于路面,从而阻挡路面排水	每20 m为一处,不足20 m按一处计
	路肩不洁	路肩有堆积杂物、未经修剪且高于15 cm的杂草	
路堤与路床	杂物堆积	人为倾倒的垃圾、堆积的秸秆等杂物	每20 m为一处,不足20 m按一处计
	不均匀沉降	路基出现大于4 cm的差异沉降,或大于5 cm/m的局部沉陷	
	开裂滑移	沿道路纵向出现弧形开裂,路基产生侧向滑动趋势	
	冻胀翻浆	季节性冰冻引起的路面隆起、变形,春融或多雨地区的路基在行车荷载作用下造成路面变形、破裂、冒浆等	
边坡	坡面冲刷	由雨水冲刷坡面形成的深度10 cm以上的沟槽(含坡脚缺口)	每20 m为一处,不足20 m按一处计,当边坡高度超过20 m时,扣分加倍。当岩质边坡或黄土路基边坡出现局部碎落崩塌后,坡面形成坑洞、缺陷等,但不影响路基边坡整体稳定和通行安全的,可不扣分
	碎落崩塌	路堑边坡因表层风化等产生的碎石滚落、局部崩塌等	
	局部坍塌	因边坡表面松散破碎或雨水冲刷而引起的坡面滑塌	有滑塌或有明显安全隐患的计为一处,当边坡高度超过20 m时,扣分加倍
	滑坡	边坡发生整体剪切破坏引起的坡体下滑,或有明显水平位移	—
既有防护及支挡结构物	表观破损	勾缝或沉降缝损坏、表面破损、钢筋外露和锈蚀等	每20 m为一处,不足20 m按一处计
	排(泄)水孔淤塞	排(泄)水孔被杂物堵塞,造成排水不畅	以构造物伸缩缝(含沉降缝)为自然段落,30%及以上排水孔出现排水不畅计为一处
	局部损坏	局部出现的基础淘空、墙体脱空、脱落、鼓肚、轻度裂缝、下沉等	每20 m为一处,不足20 m按一处计
	结构失稳	结构物整体出现的开裂、倾斜、滑移、倒塌等	按既有防护及支挡结构物单独评价
排水设施	排水设施堵塞(含涵洞)	排水设施内有杂物、垃圾、淤积等,造成排水不畅或设施堵塞	每20 m为一处,不足20 m按一处计,独立涵洞计为一处
	排水设施损坏(不含涵洞)	排水设施出现勾缝严重脱落,排水沟、截水沟、急流槽等设施破损	

2.2.2 路基病害调查

路基病害调查可采用人工调查与设备检测相结合的方式,采集路基病害信息。以 1 000 m 路段长度为一个基本单元,不足 1 000 m 按一个基本单元计,并对上、下行方向分别调查,与路面病害调查的基本单元划分相一致。应根据路基病害调查结果,按表 2.3 的规定进行扣分。

表 2.3　路基病害扣分标准

序号	分项	病害名称	扣分标准	备注
1	路肩	路肩或路缘石缺损	5	每 20 m 为一处,不足 20 m 按一处计
2		阻挡路面排水	10	
3		路肩不洁	2	
4	路堤与路床	杂物堆积	5	每 20 m 为一处,不足 20 m 按一处计
5		不均匀沉降	20	
6		开裂滑移	50	
7		冻胀翻浆	20	
8	边坡	坡面冲刷	5	每 20 m 为一处,不足 20 m 按一处计,当边坡高度超过 20 m 时,扣分加倍。当岩质边坡或黄土路基边坡出现局部碎落崩塌后,坡面形成坑洞、缺陷等,但不影响路基边坡整体稳定和通行安全的,可不扣分
9		碎落崩塌	20	
10		局部坍塌	50	有滑塌或有明显安全隐患的计为一处;当边坡高度超过 20 m 时,扣分加倍
11		滑坡	100	—
12	既有防护及支挡结构物	表观破损	10	每 20 m 为一处,不足 20 m 按一处计
13		排(泄)水孔淤塞	20	以构造物伸缩缝(含沉降缝)为自然段落,30%及以上排水孔出现排水不畅计为一处
14		局部损坏	20	每 20 m 为一处,不足 20 m 按一处计
15		结构失稳	100	按既有防护及支挡结构物单独评价
16	排水设施	排水设施堵塞(含涵洞)	5	每 20 m 为一处,不足 20 m 按一处计,独立涵洞计为一处
17		排水设施损坏(不含涵洞)	10	
18		排水设施不完善	0	—

注:①按照表中每种病害的单项扣分,同一位置同时存在两种及以上病害时,按各自病害分项分别扣分,扣完100分为止。若路基结构物缺少分项,不扣分。

②表中长度是指沿路线方向的长度,"每20 m为一处,不足20 m按一处计"是指若某种病害在一处计量单元中存在若干不连续的现象,统一按一处计。

③病害为排水设施不完善,在进行路基技术状况评定时不扣分,仅作为安排路基养护计划的依据。

路基病害定点监测应符合下列规定：

①对存在较大病害隐患的路段，应根据需求安设监测设备，采用测量仪器、探测工具等定期采集路基相关数据信息，对路基病害的发生原因和发展趋势进行判断。

②路基病害监测的主要内容应包括路基沉降量、边坡侧向位移量及裂缝宽度、既有防护及支挡结构物的裂缝宽度及位移。

2.2.3　路基技术状况评价

公路路基技术状况应用路基技术状况指数 SCI 及其分项指标表示，路基技术状况指数 SCI 及其分项指标的值域为 0～100。公路路基技术状况应分为"优、良、中、次、差"5 个等级。路基技术状况等级划分标准应符合表 2.4 的规定。

表 2.4　公路路基技术状况等级划分标准

评价指标	评定等级				
	优	良	中	次	差
SCI	≥90	≥80,<90	≥70,<80	≥60,<70	<60
VSCI、ESCI、SSCI、RSCI、DSCI	≥90	≥80,<90	≥70,<80	≥60,<70	<60

根据路基日常巡查记录和病害定点监测结果，宜每季度或半年组织一次用于指导日常养护的路基技术状况指数 SCI 评价，每年组织一次公路网级路基技术状况指数 SCI 调查与评定。

路基技术状况 SCI 评定应以 1 000 m 路段长度为一个基本单元，不足 1 000 m 按一个基本单元计算，与路基病害调查的基本单元划分相一致。

路基技术状况指数 SCI 应按式(2.1)计算。

$$\text{SCI} = \text{VSCI} \times \omega_V + \text{ESCI} \times \omega_E + \text{SSCI} \times \omega_S + \text{RSCI} \times \omega_R + \text{DSCI} \times \omega_D \qquad (2.1)$$

式中　VSCI——路肩技术状况指数；

　　　ESCI——路堤与路床技术状况指数；

　　　SSCI——边坡技术状况指数；

　　　RSCI——既有防护及支挡结构物技术状况指数；

　　　DSCI——排水设施技术状况指数；

　　　ω_V——VSCI 在 SCI 中的权重，取值为 0.1；

　　　ω_E——ESCI 在 SCI 中的权重，取值为 0.2；

　　　ω_S——SSCI 在 SCI 中的权重，取值为 0.25；

　　　ω_R——RSCI 在 SCI 中的权重，取值为 0.25；

　　　ω_D——DSCI 在 SCI 中的权重，取值为 0.2。

路肩技术状况指数 VSCI 应按式(2.2)计算。

$$\text{VSCI} = 100 - \sum (\text{GD}_{iV} \times \omega_{iV}) \qquad (2.2)$$

式中　GD_{iV}——第 i 类路肩病害的总扣分，按表 2.5 的规定执行；

　　　ω_{iV}——第 i 类路肩病害的权重，按表 2.5 的规定取值。

表 2.5　路肩病害权重

病害名称	路肩或路缘石缺损	阻挡路面排水	路肩不洁
权重	0.4	0.4	0.2

路堤与路床技术状况指数 ESCI 应按式(2.3)计算。

$$\text{ESCI} = 100 - \sum (\text{GD}_{iE} \times \omega_{iE}) \tag{2.3}$$

式中　GD_{iE}——第 i 类路堤与路床病害的总扣分,按表 2.6 的规定执行;

　　　ω_{iE}——第 i 类路堤与路床病害的权重,按表 2.6 取值。

表 2.6　路堤与路床病害权重

病害名称	杂物堆积	不均匀沉降	开裂滑移	冻胀翻浆
权重	0.2	0.3	0.3	0.2

边坡技术状况指数 SSCI 应按式(2.4)计算。

$$\text{SSCI} = 100 - \sum (\text{GD}_{iS} \times \omega_{iS}) \tag{2.4}$$

式中　GD_{iS}——第 i 类边坡病害的总扣分,按表 2.7 的规定执行;

　　　ω_{iS}——第 i 类边坡病害的权重,按表 2.7 取值。

表 2.7　边坡病害权重

病害名称	坡面冲刷	碎落崩塌	局部坍塌	滑坡
权重	0.2	0.25	0.25	0.3

既有防护及支挡结构物技术状况指数 RSCI 应按式(2.5)计算。

$$\text{RSCI} = 100 - \sum (\text{GD}_{iR} \times \omega_{iR}) \tag{2.5}$$

式中　GD_{iR}——第 i 类既有防护及支挡结构物病害的总扣分,按表 2.8 的规定执行;

　　　ω_{iR}——第 i 类既有防护及支挡结构物病害的权重,按表 2.8 取值。

表 2.8　既有防护及支挡结构物病害权重

病害名称	表观破损	排(泄)水孔淤塞	局部损坏	结构失稳
权重	0.1	0.2	0.3	0.4

排水设施技术状况指数 DSCI 应按式(2.6)计算。

$$\text{DSCI} = 100 - \sum (\text{GD}_{iD} \times \omega_{iD}) \tag{2.6}$$

式中　GD_{iD}——第 i 类排水设施病害的总扣分,按表 2.9 的规定执行;

　　　ω_{iD}——第 i 类排水设施病害的权重,按表 2.9 取值。

表 2.9　排水设施病害权重

病害名称	排水设施不完善	排水设施堵塞	排水设施损坏
权重	0	0.5	0.5

高速公路、一级公路的路面技术状况评定是按照上、下行方向分别评定,其路基的技术状况评定与路面保持一致。对于二级及以下公路的路基技术状况评定,按上、下行方向分别评分,并以较低的得分值计算路基技术状况指数 SCI,但需要将该评定路段上、下行方向的病害进行累计,评定结果用于指导路基的养护计划安排。

2.3　路基日常养护

路基日常养护应编制年度计划,并根据养护质量要求及路基状况调查结果确定日常养护工作内容。路基日常养护应及时做好工作记录,包括作业时间、作业内容、作业人员、完成的工作量等内容,提倡和鼓励使用机械设备开展养护作业,提升路基日常养护机械化水平。

2.3.1　日常巡查

在公路养护日常巡查工作制度中明确路基日常巡查工作内容。路基的日常巡查可分为一般巡查和专项巡查。

1) 一般巡查

路基的一般巡查频率每周不宜少于一次,遇特殊气候、突发灾害等情况,应适当增加巡查频率。一般巡查可用目测方式,也可用目测与量测相结合的方式,应包括下列主要工作内容:

①检查路肩是否存在缺损、阻挡排水,是否存在杂草、杂物。

②检查路堤是否存在杂物堆积,是否存在沉陷、冻胀翻浆。

③目测边坡是否存在冲刷、缺口,坡面是否存在杂草、杂物,坡体是否存在松动、碎落崩塌、局部坍塌。

④检查既有防护及支挡结构物是否存在表面破损、勾缝脱落、杂草、杂物,是否存在排(泄)水孔堵塞,是否存在局部损坏。

⑤查看排水设施是否存在堵塞、破损等。

2) 专项巡查

路基的专项巡查应主要对高边坡、既有防护及支挡结构物、排水设施等的病害进行实地察看与量测,做好路基专项巡查记录,并应符合下列规定:

①路基的专项巡查应在年度公路网级的路基技术状况调查基础上,每半年进行一次。

②对最近一次路基技术状况指数 SCI 或任一分项指标评定为“次、差”的路段,其专项巡查频率每月不得少于一次。

路基专项巡查应包括下列主要工作内容:

①查看边坡坡顶和坡面是否存在裂缝以及裂缝的发展情况;边坡坡面是否存在岩体风化松散、局部坍塌、滑坡。

②检查既有防护及支挡结构物是否存在结构变形、滑移、开裂;基础是否存在积水、冲刷、空洞等。

③查看排水设施的排水是否通畅、有效,是否损坏、不完善。

2.3.2　日常保养

路基日常保养应包括下列主要工作内容:

①整理路肩,修剪路肩杂草,清除路肩杂物。

②整理坡面,缺口培土,修剪坡面杂草,清除坡面杂物。

③清除护坡、支挡结构物上的杂物,疏通排(泄)水孔。

④清理绿化平台、碎落台上的杂物。

⑤疏通边沟、截水沟、集水井、泄水槽等排水设施。

⑥修整中央分隔带路缘石,清除杂物、杂草,清理排水通道。

2.3.3 日常维修

根据路基技术状况评定与日常巡查记录结果,按月度或季度编制日常维修工作计划。

日常维修应包括下列主要工作内容:

①修补路基缺口,整修路缘石,修整路肩坡度,处理路肩的轻微病害。

②清理边坡零星塌方,修补坡面冲沟,修理砌石护坡、防护网、绿植等坡面防护工程的局部损坏。

③修理既有防护及支挡结构物的表观破损和轻微的局部损坏。

④整修绿化平台、碎落台。

⑤局部开挖边沟、截水沟等,铺砌、修复排水设施等。

2.4 路堤与路床病害处治

路堤与路床病害处治范围应包括填方和半填半挖路基、挖方段的路床区及地基。

路堤与路床病害类型包含不均匀沉降、开裂滑移、冻胀翻浆。其中,不均匀沉降包括路堤沉降和地基沉降,路堤沉降的主要成因为填料使用不当、填筑方法不合理、压实度不足、外界水渗入等,地基沉降的主要成因为软弱地基未处理或处理效果不良等。开裂滑移的主要成因为地质条件不良、路基抗剪强度不足、排水设施不合理及其他特殊情况。冻胀翻浆的主要成因为路堤含水量过高、填料使用不当、排水不畅等。

当出现不均匀沉降、开裂滑移、冻胀翻浆等病害时,应及时采取相应的技术措施进行维修加固。应根据路堤与路床的土质条件、地下水类型及埋藏深度、降水量、加固材料来源、施工可行性等,经比选后确定合理的养护技术。常用处治措施可参照表2.10选用。

表2.10 路堤与路床病害处治措施

病害类型	处治措施						
	换填改良	注浆	复合地基	钢管抗滑桩	增加综合排水设施	设置土工合成材料	加铺罩面
不均匀沉降	△	√	√	×	△	△	△
开裂滑移	×	√	△	√	△	△	×
冻胀翻浆	√	×	×	×	√	×	△

注:√——推荐;△——可选;×——不推荐。

上述路堤与路床病害处治措施中,增加综合排水设施、设置土工合成材料、加铺罩面为辅助处治措施。其中,增加综合排水设施适用于路床区易遭受水损坏的路段、冻胀翻浆路段,维修加固时需开挖路槽,增设排水渗沟或暗沟,加大加深边沟。设置土工合成材料适用于半填半挖路基;当挖方区为土质时,优先选用渗水性好的材料填筑,对挖方区路床范围内土质进行超挖回填碾压,并在填挖交界处的路床范围内铺设土工合成材料。加铺罩面适用于路床强度不足,路基沉降变形较小且路基、路面未出现破损的情况;选用该方案时,综合考虑路面加铺对交通运行、路面上部净空等的影响。

2.4.1　换填改良

换填改良是将不良土质清除并用稳定性好的土、石、工业废渣、建筑垃圾等材料进行回填并压实,或对原状土掺入石灰、水泥等化学改良剂进行土质改良。

换填改良可适用于填料不良引起的强度不足、沉陷、翻浆等病害处治或地基沉降路段的局部处理。换填材料宜采用级配较好的砾类土、砂类土等粗粒土,填料最大粒径应小于 100 mm,填料的 CBR 值应符合《公路路基施工技术规范》(JTG/T 3610—2019)的相关要求。不得采用含草皮、生活垃圾、树根、腐殖质的土,以及泥炭、淤泥、冻土、强膨胀土、有机质土和易溶盐超过允许含量的土,材料的配合比应通过试验确定。

换填区与相邻路基衔接处应开挖成台阶状,换填施工应符合《公路路基施工技术规范》(JTG/T 3610—2019)的有关规定。换填施工应减少对老路基的扰动,及时做好开挖回填及防排水工作;采用透水性材料作为回填材料时,应做好与既有排水设施的衔接。

2.4.2　地基注浆

注浆是钻孔植入注浆管,通过一定的注浆压力将浆液挤压入土体,对周围土体实施填充或压缩,提高土体密实度和承载能力。注浆技术可用于路堤或路床压实度不足、局部稳定性不满足要求或桥头跳车等路段。

进行注浆加固前,应收集路基主体基本情况,原设计文件、交竣工资料、养护历史信息和当地病害防治经验等详细数据,定期检测、技术状况评定、定点监测与评价获得的相关数据,不同病害类型的数量、位置、程度等,通过现场测试和室内试验采集到的相关物理、力学指标参数等专项检测数据,以及补充收集路面弯沉或回弹模量等检测资料,用于评价注浆加固的效果。

根据处治目的和要求以及材料的性能、适用范围和固结体的特性,选用水泥浆液、水泥—粉煤灰浆液或其他注浆材料。早期强度要求较高时,可掺入适量水玻璃以达到速凝效果。注浆施工前,应进行浆液配合比设计,并进行现场试验性注浆,验证浆液配合比,确定注浆压力。

常用的注浆技术可分为压密注浆和袖阀管注浆两类。

1) 压密注浆

压密注浆指在路基中钻孔后插入注浆管,待封孔达到强度后进行加压注浆。若土质较差易塌孔时,可在孔内植入带孔的硬质 UPVC 管进行压密注浆(图 2.1)。

2) 袖阀管注浆

袖阀管注浆同样是在路基中钻孔后插入注浆管进行加压注浆,但注浆管包括注浆外管和注浆内管两种。其中,注浆外管每隔一定间距预留出浆口,并在出浆口处加设截止阀,注浆完成后外管将永久留在土体中。注浆时,将带封堵装置的注浆内管置入注浆外管内,对需要注浆部分进行注浆,在土体中形成以钻孔为核心的桩体,且在桩体外围土体裂隙中形成抗剪能力强的树根网状浆脉复合体。袖阀管注浆示意图见图 2.2。

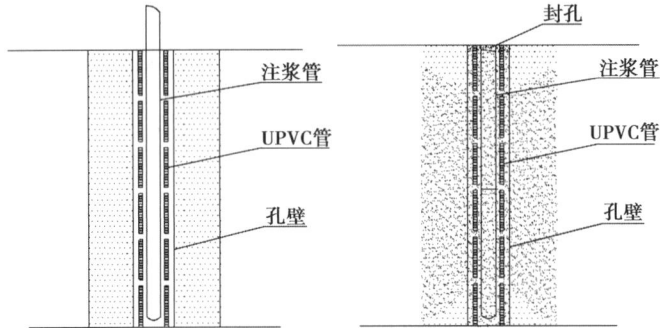

图 2.1　压密注浆示意图

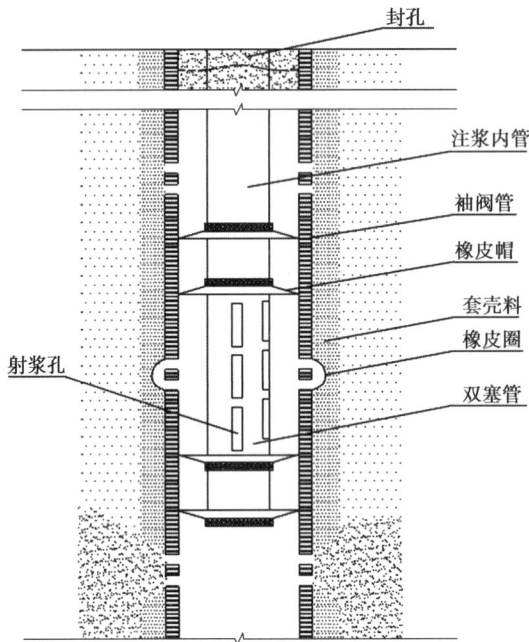

图 2.2　袖阀管注浆示意图

套壳料又称封闭泥浆,套壳料的基本功能为:封闭袖阀管与孔壁之间的环状空间,防止灌浆时浆液到处流窜,在橡皮袖阀管和封孔塞的配合下,迫使浆液只在一个灌段范围开环(即挤破套壳料)而进入地层。套壳料要求收缩性小,脆性较高,黏度较低,析水率较小,稳定性高,早期强度高。套壳料的主要材料为水泥与膨润土,水泥一般采用 32.5 级普通硅酸盐水泥或矿渣硅酸盐水泥。为提高套壳料的脆性,建议掺入细砂或粉煤灰等。

注浆施工应符合下列规定:

①注浆时,应控制好浆液的搅拌时间及注浆压力,连续注浆,中途不得中断。

②注浆应遵循逐渐加密的原则,多排孔注浆时,宜先注边排后注中间排。边排孔宜限制注浆量,中排孔注至不吃浆为止。

③应加强注浆过程控制,做好注浆记录,动态调整注浆压力、注浆量及注浆时间,防止对路面结构及周边土体或结构物造成破坏。

④注浆完成后,应及时做好封孔处理,并进行跟踪观测评价注浆效果。注浆效果的检验宜在注浆结束后 28 d 进行,对检验不合格的注浆区应进行重复注浆。

由于浆液水分的浸湿作用,注浆后初期会引起路基强度临时降低,故不建议过早开放交通。建议根据工程实际情况,合理确定注浆养护时间。现有工程实践及试验表明,注浆 3 d 后路基强度基本达到原路基的强度水平,粉土和黏土养护时间不宜少于 3 d,砂土养护时间不宜少于 5 d。

2.4.3 钢管抗滑桩

钢管抗滑桩是指在钻孔中植入直径不大于 30 cm 的空心钢管后,向管内灌入强度等级不低于 C25 的混凝土,管外灌注水泥砂浆,使桩周一定范围内的土体得到加固,形成钢管+水泥砂浆复合体的钢管抗滑桩(图 2.3)。钢管抗滑桩具有抗弯拉强度较高、抗剪能力较强、施工简单、速度快、造价低等优点,在处治路堤浅层滑移中应用广泛,也可作为削坡减载、支挡结构物的基础支护或抗滑桩开挖的一种辅助性加固措施。

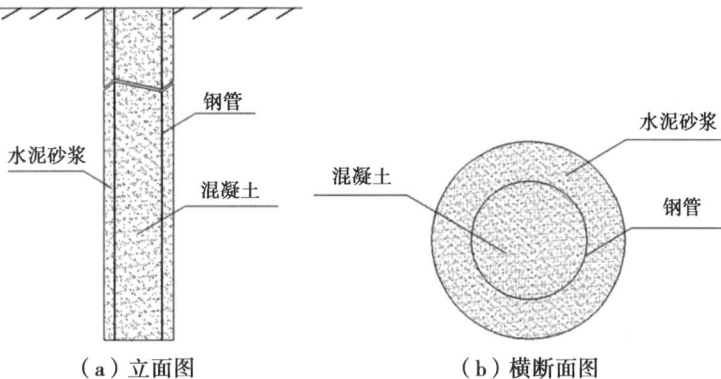

（a）立面图   （b）横断面图

图 2.3 钢管抗滑桩加固示意图

钢管宜采用无缝普通钢管,直径宜为 180~250 mm。管内灌注材料宜采用强度等级不低于 C25 的自密实混凝土,管外注浆材料应采用强度等级不低于 M30 的水泥砂浆,砂浆宜采用细砂配制。

钢管抗滑桩宜采用钻孔植入法施工,路基钻孔应采取干钻方式,布置在路基边坡顶部或坡脚,间距不宜大于 3 m,钻孔直径宜为 250~320 mm,抗滑桩应穿过滑移面不少于 2 m 且其深度满足路基边坡稳定性验算要求,坡脚位置处宜适当增大穿过滑移面的深度。在路基边坡组合设置斜向注浆锚杆,并辅以水平横梁或锚墩连接。抗滑桩顶部宜设置联系梁,联系梁的高度不宜小于 300 mm,宽度不宜小于抗滑桩管径,混凝土的强度等级不应低于 C25,纵向钢筋的截面积不应少于联系梁截面积的 0.15%;箍筋直径不应小于 8 mm,其间距不应大于 400 mm。抗滑桩伸入联系梁内不应少于 50 mm,并与联系梁主筋焊接。

钢管抗滑桩施工应符合下列规定:

①钻孔孔径不得小于设计值,且应大于钢管外径 70 mm 以上。

②无缝钢管应垂直插入钻孔并对中,钢管连接宜采用套管焊接方式。

③当管外充填注浆难以达到要求时,可采用压力注浆。

④应保证管外和管内桩长范围内完全注满。

⑤注浆泵与注浆孔口距离不宜大于 30 m,以减小注浆管路系统阻力,保证实际的注浆压力。

2.4.4 复合地基

复合地基常用技术分为碎石桩、水泥搅拌桩、CFG桩(水泥粉煤灰碎石桩)和预制管桩。碎石桩是以碎石(卵石)等为主要材料,通过振动密实制成的复合地基加固桩;水泥搅拌桩是利用水泥作为固化剂的主剂,采用搅拌桩机将水泥粉(浆)喷入土体并充分搅拌,使水泥与土发生一系列物理化学反应,从而提高地基强度;CFG桩是通过振动成孔,将水泥、粉煤灰、碎石、石屑或砂加水拌和形成的高黏结强度桩,和桩间土、褥垫层共同形成复合地基。

复合地基可用于处治地基沉降变形大、承载力低的软弱路基,以及差异变形大的拓宽路段。常用技术及适用条件可参照表2.11选用。

表2.11 复合地基法常用技术类型及适用条件

适用条件	养护处治技术			
	碎石桩	水泥搅拌桩	CFG桩	预制管桩
地基沉降变形大的路基	△	√	√	△
承载力低的软弱路基	△	√	√	×
开裂滑移的路基	×	△	△	√

注:√——推荐;△——可选;×——不推荐。

碎石桩、加固土桩、CFG桩施工前应做成桩试验,并对复合地基承载力进行检测。检测方法可采用平板载荷试验。

复合地基施工应符合下列规定:

①成孔桩长允许偏差≤100 mm,桩径允许偏差≤20 mm,垂直度允许偏差≤1%。

②路堤部分宜采取振动小的干钻方式进行预成孔,并及时清运钻孔取土。钻孔过程中,应避免多台设备在同一断面同时施工,以减少对老路基的振动扰动。

③碎石桩和预制管桩施工时,应进行间隔跳打。

④对于桩顶高程以上的路基内桩孔,应进行封孔回填处理。

⑤应对单桩的桩体质量进行检测,检测方法可参照表2.12选用。

表2.12 被检体与检测方法对应关系

被检体	钻芯法	标准贯入试验	圆锥动力触探	低应变法	高应变法
碎石桩	×	×	√	×	×
水泥搅拌桩	√	√	√	△	×
CFG桩	√	×	×	△	△
管桩	×	×	×	△	△

注:√——推荐;△——可选;×——不推荐。

2.5　边坡病害处治

2.5.1　基本要求

边坡病害处治应保证坡面与坡体稳定,并应根据实际情况计算确定原支护结构的有效抗力。当出现坡面冲刷、岩体碎落崩塌、边坡局部滑塌、滑坡等病害时,应及时采取相应的技术措施进行维修加固。应根据边坡岩土体条件、病害类型及严重程度、地下水类型及埋藏深度、降水量、施工可行性,经比选后确定合理的养护技术,常用处治措施可参照表2.13选用。

表 2.13　边坡养护处治措施

边坡病害类型	处治措施							
	坡面防护	沿河路基冲刷防护	挡土墙	锚固	抗滑桩	削方减载	堆载反压	棚洞
冲刷	√	√	×	×	×	×	×	×
碎落崩塌	√	×	△	×	×	×	×	√
局部坍塌	△	△	√	×	×	√	×	×
滑坡	△	×	√	√	√	△	△	×

注:√——推荐,△——可选,×——不推荐。

表2.13中"棚洞"是指明挖路堑后,构筑顶棚架并回填形成的洞身,可以提高路堑稳定性。

进行边坡维修加固时,需要根据边坡病害类型及产生机理,选用推荐的一种或多种技术组合,也可辅以其他措施。对边坡进行维修加固时,应完善排水设施。

2.5.2　坡面防护

坡面防护包括植物防护、工程防护及其二者结合的综合防护。植物防护是通过创造植物生长环境,恢复受损边坡的生态系统,保护生态环境,提高水土保持能力;工程防护是通过支挡、压重、挂网防护等方式,提高边坡的抗冲蚀、抗风化性能,加强边坡稳定性,防止岩体崩塌、碎落;综合防护是利用植物防护、工程防护二者的各自优势形成的兼顾边坡稳定性与生态环境保护等功能的防护措施,其主要形式为骨架植物防护。

坡面防护可用于处治边坡坡面冲刷、风化、碎落崩塌等病害。坡面防护主要类型及适用条件宜符合表2.14的规定。

表 2.14　坡面防护主要类型及适用条件

防护类型	亚类	适用条件
植物防护	植草或喷播植草	可同于坡率不陡于1:1的土质边坡防护。当边坡较高时,植草可与土工网、土工网垫结合防护
	铺草皮	可用于坡率不陡于1:1的土质边坡或全风化、强风化的岩石边坡防护
	种植灌木	可用于坡率不陡于1:0.75的土质、软质岩石和全风化岩石边坡防护
	喷混植生	可用于坡率不陡于1:0.75的砂土、碎石土、粗粒土、巨粒土及风化岩石边坡防护,边坡高度不宜大于10 m

续表

防护类型	亚类	适用条件
工程防护	喷护	可用于坡率不陡于1:0.5的易风化但未遭强风化的岩石边坡防护
	挂网喷护	可用于坡率不陡于1:0.5的易风化、破碎的岩石边坡防护,高速公路、一级公路和环境景观要求高的公路不宜采用
	干砌片石护坡	可用于坡率不陡于1:1.25的土质边坡或岩石边坡防护
	浆砌片石护坡	可用于坡率不陡于1:1的易风化的岩石和土质边坡防护
	护面墙	可用于坡率不陡于1:0.5的土质和易风化剥落的岩石边坡防护
综合防护	骨架植物防护	可用于坡率不陡于1:0.75的土质和全风化、强风化的岩石边坡防护

边坡坡脚宜设置碎落台,碎落台是在路堑边坡坡脚与边沟外侧边缘之间或边坡上,为防止碎落物落入边沟而设置的有一定宽度的纵向平台。对于石质边坡,主要功能为防止碎石塌落。对于土质边坡,主要功能为防止边坡、边沟冲蚀淤积及种植植物。碎落台宽度可根据边坡高度和土质进行确定,一般为1.0~1.5 m,如兼有护坡作用可适当放宽,碎落台上的堆积物需要定期清理。

2.5.3 挡土墙

挡土墙是在边坡坡脚设置一系列挡土结构物,增强边坡抗滑力,并对坡脚起到压重作用,保证边坡稳定。用于路基养护的常用挡土墙类型分为重力式挡土墙、锚杆挡土墙、桩板式挡土墙等。

挡土墙可用于支承路基填土或山坡土体,防止填土或土体变形失稳,主要类型及适用条件宜符合表2.15的规定。

表2.15 挡土墙主要类型及适用条件

挡土墙类型	适用条件
重力式挡土墙	一般地区、浸水地区和地震地区的路肩、路堤与路堑边坡坡脚等支挡工程
锚杆挡土墙	墙高较大的岩石路堑地段,可采用肋柱式或板壁式单级墙或多级墙,每级墙高不宜大于8 m,多级墙的上、下级墙体之间应设置宽度不小于2 m的平台
桩板式挡土墙	表土及强风化层较薄的均质岩石地基,也可用于地震区的路堑、路堤支挡或滑坡等特殊地段的治理

挡土墙施工应进行施工组织设计,基底开挖前应做好地面排水设施,开挖时应将基底表面风化、松软土石清除,加强基槽开挖、回填阶段的防排水,验算基槽开挖对边坡稳定性的影响,必要时应进行临时边坡加固。

路堑挡土墙采用分段跳槽开挖法,宜采用自上而下、分层开挖。锚杆挡土墙应采用逆施工法,先施工锚杆、做好坡体临时支护及锚固段施工,然后开挖基础,并及时砌筑墙身。

挡土墙施工应加强排水设计,挡土墙墙背填料宜采用渗水性强的砂土、砂砾、碎(砾)石、粉煤灰等材料,不宜采用黏土作为填料,严禁采用淤泥、腐殖土、膨胀土。在季节性冻土地区,不得采用冻胀性材料作填料。

2.5.4　锚固

锚固是将锚杆、锚索等抗拉杆件的一端锚固在可靠的地层中,使其提供可靠的拉力和剪力,用来平衡土压力,增强坡体抗滑力,提高岩土体自身的强度及自稳能力。

锚固分为预应力锚固和非预应力锚固,适用于岩层、稳定土层或可提供足够锚固力的构筑层的边坡加固治理。预应力锚固在土层中应用时,应进行特殊工艺处理以提供足够的锚固力。预应力锚索(杆)宜采用易于调整预应力值的无黏结钢绞线、精轧螺纹钢筋等;非预应力锚杆宜采用 HRB400 钢筋,钢筋直径宜为 16~32 mm。

锚固法施工应符合下列规定:

①钻孔、清孔宜采用高压空气反循环工艺,严禁使用泥浆循环清孔。

②锚索(杆)长度应符合设计要求,以保证锚固段和张拉段有足够的长度。

③锚索(杆)安装应沿杆身每隔 1.5 m 设置对中定位支架,以保证钢筋有足够的混凝土保护层厚度。

④锚索(杆)张拉待锚固砂浆强度达到设计强度的 80% 后方可进行。锚杆正式张拉前应采用 10%~20% 的轴向拉力设计值(N_t)进行预张拉。

⑤锚杆预应力施加时应分级张拉,并进行位移观测,做好记录。锚杆张拉至($1.05~1.10$)N_t时,对岩层、砂土层保持 10 min,对黏土层保持 15 min,然后卸荷至锁定荷载设计值进行锁定。锚杆张拉荷载的分级和位移观测时间应符合表 2.16 的规定。

表 2.16　锚杆张拉荷载的分级和位移观测时间

荷载分级	位移观测时间/min		加荷速率/(kN·min^{-1})
	岩层、砂土层	黏土层	
($0.10~0.20$)N_t	2	2	不大于 100
$0.50\ N_t$	5	5	
$0.75\ N_t$	5	5	
$1.00\ N_t$	5	10	不大于 50
($1.05~1.10$)N_t	10	15	

锚索(杆)张拉采用张拉力和伸长值进行控制,用伸长值校核应力。当实际伸长值大于计算伸长值的 10% 或小于计算伸长值的 5% 时,应暂停张拉,待查明原因并处理后,可继续张拉。

2.5.5　钢筋混凝土抗滑桩

钢筋混凝土抗滑桩是穿过滑坡体深入滑床的桩柱,其作用是利用抗滑桩插入滑动面以下的稳定地层后产生的对桩的抗力(锚固力)来平衡滑动体的推力,增加其稳定性。钢筋混凝土抗滑桩适用于浅层和中厚层的滑坡,加固不稳定山体及其他特殊路基,是一种抗滑处理的主要措施。

抗滑桩宜选择设置在滑坡厚度较薄、推力较小、锚固段地基强度较高的位置。抗滑桩宜与预应力锚索(杆)联合使用。对易发生局部塌方的破碎岩体段,宜设置挡土板。

抗滑桩施工应符合下列规定:

①抗滑桩施工应采取相应措施保障坡脚稳定,并做好场地排水。稳定性较差的边坡工程应避免雨期施工,必要时宜采取堆载反压等增强边坡稳定性的措施,防止变形加大。

②抗滑桩施工应分段间隔开挖,宜从边坡工程两端向主轴方向进行。

③滑坡区施工开挖的弃渣不得随意堆放,且施工时应减少对边坡的影响,以免引起新的滑坡。

④桩纵向钢筋的接头不得设在土石分界处和滑动面处。

⑤桩间支挡结构及与桩相邻的挡土、排水设施等,均应按设计要求与抗滑桩正确连接,配套完成。

当抗滑桩悬臂长度较大或桩顶位移控制严格时,建议在桩顶附近增设预应力锚索(杆),改善桩的受力状况,能显著减小桩身配筋和桩顶位移。抗滑桩与预应力锚索(杆)结合,可以充分发挥桩身强度和锚索(杆)抗拉能力强的优点。通过在坡体施加预应力锚索(杆),可以增强坡体整体稳定性,充分发挥抗滑桩的作用。

2.5.6 削方减载

削方减载是在滑坡后缘采取减重措施以降低滑坡推力,以保证边坡处于稳定状态,可用于地下水位较低的山区公路滑坡后缘减载,且不应引起次生病害的发生。

削方应与邻近建筑物基础有一定的安全间距,不得危及邻近建筑物、管线和道路等的安全及正常使用。施工时,应做好工程防护及交通引导措施,减少对交通的干扰。削方减载后应根据实际需要设置防护工程。

削方减载施工应符合下列规定:

①削方减载施工应根据现场情况,确定分段施工长度,做好临时排水措施,保证施工作业面不积水,并进行隔段施工。

②开挖应先上后下、先高后低、均匀减载。开挖后的坡面应及时进行防护及排水处理。开挖的土体应及时运出,不得对邻近边坡形成堆载或因临时堆载造成新的不稳定边坡。

③坡顶应设置截水沟,坡面应增设急流槽,坡脚宜设置护脚墙及排水沟。

2.5.7 堆载反压

堆载反压通过在路基坡脚或滑坡前缘进行堆载,提高边坡的抗滑稳定性,使加固后的既有边坡满足预定功能。

堆载反压可用于软土地区路基护坡道,以及应急抢险时的滑坡前缘反压。不应危及邻近建筑物、管线和道路等的安全及正常使用,不应对邻近的边坡带来不利影响。

堆载反压施工应符合下列规定:

①应根据拟加固边坡的整体稳定性,验算确定堆载反压量。

②反压位置应设置在阻滑段。

③堆载反压加固材料宜就地取材、便于施工,不得阻塞滑坡前缘的地下排水通道。

④堆载反压体应设置在滑坡体前缘,以保证能提供有效的抗力;当进行软土地基护坡道堆载反压施工时,土体应堆填密实,密实度不宜低于90%。

2.6 路基排水设施养护

春融特别是汛前,需要对排水设施进行全面检查、疏浚、及时排除堵塞物,疏导水流,保证排水设施功能完好、排水畅通。暴雨后也要重点检查,如有冲刷、损坏,及时维修加固。

根据实际情况,做好路基排水设施与路面、桥隧等排水设施的衔接,形成较完善的排水体系。排水设施不能满足使用要求时,应适时增设完善。

排水设施设置需要兼顾排水与行车安全。边沟横断面形式可采用三角形、浅碟形、梯形或矩形等。穿村镇、弯道、路堑边坡等路段的排水沟可设置盖板,其他路段的宽深边沟可增设护栏、示警桩等设施。在保证边沟排水的前提下,可采取改进断面形式、增设盖板等措施提高路侧安全性。沿河路段应增设导水、拦水设施,减小河水对路基的影响。在有路面水集中冲刷边坡的路段,可增设集中排水设施。对于低填、浅挖路基以及排水困难地段,应采取防、排、截相结合的综合排水措施,拦截进入路界的地表水,排除路基内自由水。

2.6.1 地表排水设施养护

地表排水设施包括边沟、截水沟、排水沟、涵洞、跌水、急流槽、蒸发池、油水分离池、检查井、排水泵站等。

对于各类地表排水沟渠,应保证设计断面形状、尺寸和纵坡满足排水要求。沟内有淤积、沟壁损坏、边坡松散滑塌,造成沟渠断面形状改变时,应及时清淤和修复。

对边沟、截水沟、排水沟等进行冲刷防护、防渗加固时,应符合下列规定:

①土质边沟受水流冲刷造成纵坡大于3%时,宜采用混凝土、浆砌或干砌片(块)石铺砌;冰冻较轻地区可采用稳定土加固。边沟连续长度过长时,宜分段设置横向排水沟将水流引离路基,其分段长度在一般地区不超过500 m,在多雨地区不超过300 m。

②对于滑坡、膨胀土、高液限土、湿陷性黄土地段,截水沟、边沟、排水沟等产生渗漏时,应采取铺设防渗土工布、浆砌石等防渗措施。

③雨季前,应及时清理盖板边沟、更换破损的盖板,盖板设置不得影响路面的排水功能。

④对于地下水丰富路段,由于路面加铺导致边沟加深时,应保证原沟底高程不变。

跌水和急流槽病害处治应符合下列规定:

①进出口冲刷现象严重时,进水口应进行防护加固,出水口应进行加固或设置消力池。

②基底不稳定时,急流槽底可设置防滑平台,或设置凸榫嵌入基底中。

③急流槽较长时,应分段铺砌,且每段长度不宜超过10 m。连接处应用防水材料填塞,密实无空隙。

泄水槽损坏时应及时修复,防止水集中冲刷涵洞。对于超高路段,排水设施应及时疏通,避免水下渗至路基。蒸发池的隔离栅或安全警示牌出现缺失或破损时,应及时修复。积雪融化造成的蒸发池积水应及时排出。油水分离池、检查井出入口出现淤塞时,应及时进行清掏。安全警示设施缺失时,应及时补设。应定期检查维修排水泵站,及时排除设备故障。检查维修时,应采取相应措施,保证维修作业人员的安全。

2.6.2 地下排水设施养护

地下排水设施包括排水暗管、渗沟、渗井、渗水隧洞等,当发现排水口的流量变化有异常,或路面出现裂缝或凹凸时,需要及时检查地下排水设施,发现破坏需要进行维修或重修。

对排水暗管进行疏通、改建时,应符合下列规定:

①暗管堵塞时,宜采用刮擦法、冲洗法、真空吸附法等方法进行疏通。

②应定期清除暗管排水进出口杂草和淤积物。应盖严检查井和竖井式暗管门,发现损坏或丢失应及时换补。

③暗管排水量达不到排水要求时,应进行改建,暗管的直径应根据排水量确定。

④边沟排水暗管由于边坡位移等原因发生变形开裂时,应及时采取加固或更换措施。

⑤反滤层和顶部封闭层失效时,应及时翻修。

渗井、渗水隧洞病害处治应符合下列规定:

①应加强渗井、渗水隧洞出水口的除草、清淤和坑洼填平等工作。寒冷地区保温设施失效时,应及时更换或维修。

②渗井周围路基发生渗漏时,应进行防渗处理,井内的淤泥应及时清除。发现渗井设置不合理或功能失效时,应及时改造。

③宜对渗水隧洞内部进行人工检查,及时排除淤堵,保证排水畅通。

本章小结

路基是路面的基础,其强度和稳定性是保证路面结构稳定、路用性能良好的基本条件。养护时主要做好路肩、排水设施、防护工程等维修养护工作。特殊地区路基受当地条件的限制和影响,必须采取行之有效的具体维修保养方法。本章介绍了路基的主要内容和养护要求;其次,介绍了路基病害类型并分析了成因;阐述了路基日常养护相关知识。从换填改良、地基注浆、钢管抗滑桩、复合地基等方面介绍了路堤与路床病害处理的养护工艺。从挡土墙、锚固、钢筋混凝土抗滑桩、削方减载、堆载反压等方面详细介绍了边坡病害处理的养护工艺。从地表排水设施养护、地下排水设施养护等方面详细介绍了路基排水设施养护。通过本章学习应能合理把握养护原则、选择合适养护方式、施工方法以及准确实施质量控制。

课后习题

2.1 简述路基养护工作的内容和要求。

2.2 简述路基日常养护的方法。

2.3 简述路基排水系统养护的基本方法。

2.4 简述路基常见病害及防治方法。

2.5 简述公路路基病害维修常用技术。

2.6 简述路基防护、加固工程的分类。

2.7 简述路基翻浆的原因及治理措施。

2.8 实训:对一段重力式挡土墙的病害进行调查,并完成调查报告,提出初步养护对策。

第 3 章 沥青路面养护

【学习目标】
1.掌握沥青路面养护的内容和要求;
2.了解沥青路面病害类型;
3.了解沥青路面病害调查分析方法;
4.掌握沥青路面小修保养措施;
5.熟悉沥青路面预防养护方案及工艺;
6.熟悉沥青路面大中修方案及工艺。

【本章重点】
1.沥青路面预防养护的基本方法;
2.沥青路面主要病害的处治方法。

3.1 沥青路面养护的内容与要求

3.1.1 沥青路面养护内容

沥青路面养护分为日常养护和养护工程。

日常养护包括日常巡查、日常保养和日常维修。

养护工程包括预防养护、修复养护、专项养护和应急养护。预防养护即沥青路面整体性能良好但存在病害隐患或有轻微病害,为延缓路面性能过快衰减、延长使用寿命而预先采取养护工程。修复养护即沥青路面出现明显病害或者部分丧失服务功能,为恢复路面技术状况而进行的功能性或结构性修复养护工程。专项养护即为恢复、保持或提升沥青路面服务功能而集中实施的路面改造、局部加宽、专项处治、灾后恢复等养护工程。应急养护即突发情况下造成沥青路面损毁、中断、产生重大安全隐患等,为较快恢复路面安全通行能力而实施的应急性抢通、保通和抢修养护工程。

3.1.2 沥青路面养护要求

①沥青路面养护工作内容包括路况调查与评价、养护决策、日常养护、养护工程设计、养护工程施工、养护工程质量验收、跟踪观测和技术管理。

②沥青路面路况调查与评价包括损坏调查、技术状况检测和技术状况评价,应定期进行技术状况检测与评价,及时更新公路路面技术状况数据信息。

③公路网级沥青路面技术状况指数(PQI)应满足表 3.1 的要求。公路网级沥青路面技术状

况指数(PQI)不满足表 3.1 的要求时,应合理安排养护计划,并采取综合养护措施,达到沥青路面技术状况要求。

表 3.1　公路网级沥青路面技术状况

路况指标	高速公路	一级及二级公路	三级及四级公路
PQI	≥90	≥85	≥80

④每个基本单元沥青路面技术状况指数(PQI)及其分项指标应满足表 3.2 的要求。每个基本单元沥青路面技术状况指数(PQI)及其分项指标不满足表 3.2 的要求时,应安排日常维修、养护工程或改扩建工程,恢复沥青路面技术状况。

表 3.2　每个基本单元沥青路面技术状况

路况指标	高速公路	一级及二级公路	三级及四级公路
PQI	≥80	≥75	≥70
PCI	≥80	≥75	≥70
RQI	≥80	≥75	≥70
RDI	≥75	≥70	—
SRI	≥75	≥70	—

3.2　沥青路面状况调查与评价

3.2.1　沥青路面病害类型

沥青路面损坏可分为裂缝、变形及其他 3 类共 11 种,裂缝类包括龟裂、块状裂缝、纵向裂缝、横向裂缝;变形类包括车辙、沉陷、波浪拥包;其他类包括坑槽、松散、泛油、修补不良。

1)沥青路面主要病害产生的原因

从外观表现形式上,沥青路面的损坏类型及原因主要有以下 15 种。

(1)横向裂缝(图 3.1)

图 3.1　横向裂缝

①施工缝未处理好,接缝不紧密,结合不良。

②沥青等级未达到使用要求的质量标准或不适合本地区气候条件。

③半刚性基层收缩裂缝引起反射裂缝。

④桥梁、涵洞或通道两侧的填土产生固结或地基沉降。

(2)纵向裂缝(图 3.2)

①先后摊铺幅相接处的冷接缝,未按有关规范要求认真处理,结合不紧密而脱开。

②纵向沟槽回填土压实度不足而发生沉陷。

③拓宽路段的新老路面交界处沉降不一。

图 3.2　纵向裂缝

(3)反射裂缝(图 3.3)

①半刚性基层收缩裂缝引起反射裂缝。

②在旧路面上做沥青罩面前原路面已有裂缝,反射到新沥青面层表面。

③在水泥混凝土路面上做沥青面层,水泥混凝土路面的接缝或裂缝反射到沥青面层表面。

(4)网裂(图 3.4)

①路面结构中夹有软弱隔层或泥灰层,粒料层松动,水稳性差。

②沥青与沥青混合料质量差,延度低、抗裂性差;石料含泥量大,油石比不当。

③沥青层厚度不足,层间黏结差,水分渗入,加速裂缝形成。

图 3.3　反射裂缝

图 3.4　网裂

(5)龟裂(图 3.5)

①土基和路面基层的病害或强度不足,在行车作用下产生龟裂现象。

②沥青性能不好或路龄较长,产生较大面积龟裂。

(6)翻浆(图3.6)

①基层用料不当或拌和不匀,细料过多,由于水稳性差,遇水后软化,在行车作用下,浆水上冒。

②低温季节施工的半刚性基层,强度增长缓慢,而路面开放交通过早,在行车与水的作用下,使基层表面粉化,形成浆水。

③冰冻地区的基层,冬季水分积聚成冰,春天解冻时翻浆。

④沥青面层厚度较薄,空隙率较大,未设置下封层和没有采取结构层内排水措施,雨水下渗,形成翻浆。

⑤沥青表面处治和贯入式面层竣工初期,由于行车作用次数不多,结构层尚未达到应有密实度就遇到降雨,渗入水增多,基层翻浆。

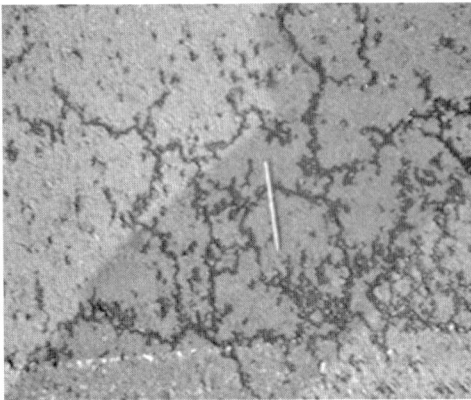

图 3.5 龟裂

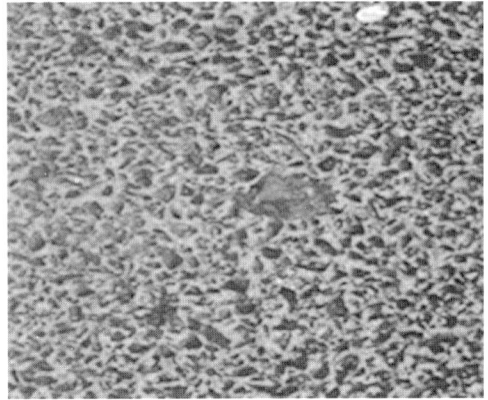

图 3.6 翻浆

(7)沉陷(图3.7)

①沥青混合料在摊铺时因厚度不均或粗细料不匀引起面层轻微下沉。

②土基或基层局部强度薄弱,经雨水侵蚀,行车作用其结构遭到破坏,引起路面沉陷。

③桥头路面沉陷是因土质不好或含水量大;桥涵施工与路基开挖未同步进行。

(8)拥包(图3.8)

①沥青混合料的油石比油量偏高或细料偏多,热稳性不好,夏季气温较高时,路面不足以抵抗行车引起的水平力。

图 3.7 沉陷

图 3.8 拥包

②沥青面层摊铺时,底层未清扫或未喷洒黏层沥青,致使路面上下层黏结不好;沥青混合料摊铺不匀,局部细料集中。

③基层或下面层未经充分压实,强度不足,发生变形位移。

④路面在日常养护时,如局部路段罩面,挖补用油量偏大,集料偏细或摊铺不匀;或混合料碾压后未充分冷却,行车在上面制动、起步等。

⑤对于陡坡或平整度较差路段,沥青面层混合料易在行车作用下向低处聚积而形成拥包。

(9)波浪(搓板)(图3.9)

①沥青混合料的矿料级配偏细,沥青用量偏高,高温季节时,面层在车辆水平力作用下,发生位移变形。

②铺筑沥青面层前,未将下层表面清扫干净或未喷洒黏层沥青,致使上下层黏结不良,产生滑移。

③旧路面上原有的波浪(搓板)病害未彻底处理,即在其上铺筑面层。

(10)泛油(图3.10)

①沥青表面处治、贯入式等施工时,使用沥青等级不当,针入度过大。

②混合料级配不当,油量过大,集料过少。

③冬季施工,面层成型慢,集料散失过多。

图 3.9　波浪(搓板)

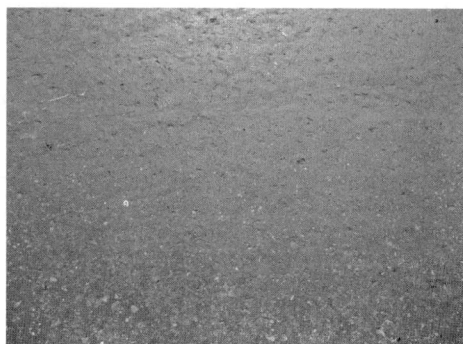

图 3.10　泛油

(11)啃边

①路边缘积水,使集料与沥青剥离、松散。

②路面边缘碾压不足,而密实度较差。

③路面边缘基层松软,强度不足,承载力差。

④土路肩长时间积水,水浸入基层,减弱其强度。

(12)脱皮(图3.11)

①摊铺时,下层表面潮湿或有泥土、灰尘等。

②旧路面上加罩沥青面层时,原路表面未凿毛,未喷洒黏层沥青,使新面层与原路面黏结不良。

③面层偏薄,厚度小于混合料集料最大粒径的2倍,难以碾压成型。

④摊铺时,混合料温度过低,未及时碾压,雨水渗入下层,上下层黏结不好。

(13)松散(图3.12)

①沥青混合料低于摊铺和碾压温度,或碾压不及时,沥青结合料失去黏结力。

②沥青混合料炒制过火,即沥青老化,其结合料失去黏结力。

③沥青混合料潮湿,矿料与沥青黏结不牢;或冒雨摊铺,沥青黏结力下降,造成松散。

④沥青混合料油石比偏大,细料少,人工摊铺整平时粗集料集中,造成黏结力下降。

⑤低温施工,路面成型慢,在行车作用下,嵌缝料脱落,重者造成松散。

图 3.11　脱皮

图 3.12　松散

(14)坑槽(图 3.13)

①路面在水和车辆荷载的作用下,出现小面积松散或裂缝等病害,未能及时修补。

②基层强度不够,稳定性不好,面层裂缝,水浸入基层,在车辆荷载作用下使病害扩大,出现坑槽。

③路面尚未成型,受到机动车紧急制动出现坑槽或受外力冲击,如机械碰撞、路面遭到破坏。

④沥青混合料级配不佳、拌和不均匀、局部离析、沥青用量少,在行车作用下,主骨料散失等。

(15)车辙(图 3.14)

①施工技术和质量控制差,使混合料压实不足。

②混合料组成材料和组成设计差,使混合料的稳定性不足。

③轮迹带处的路面材料和路基,在荷载的反复作用下出现固结变形和侧向剪切位移。

图 3.13　坑槽

图 3.14　车辙

3.2.2　沥青路面病害调查

公路网级沥青路面技术状况调查与检测应按上行方向、下行方向或上下行一个方向,以连续桩号 1 000 m 路段为一个基本单元(不足 1 000 m 按一个基本单元计算)进行调查和评定,调查与评定方法应按《公路技术状况评定标准》(JTG 5210—2018)的有关规定执行。

3.2.3　沥青路面路况评价

沥青路面技术状况用沥青路面技术状况指数(PQI)及其分项指标表示,PQI 及其分项指标的值域为 0~100。

沥青路面技术状况可分为"优、良、中、次、差"5 个等级,沥青路面技术状况等级划分标准应符合《公路技术状况评定标准》(JTG 5210—2018)的有关规定。

3.3　沥青路面日常养护

3.3.1　日常巡查

日常巡查主要检查沥青路面病害,以及诱发路面病害或影响通行的积水、积雪、积冰、污染物、散落物、路障等情况。

3.3.2　日常保养

日常保养主要工作内容包括以下 4 项:
①清除路面泥土杂物、污染物、散落物等;
②排除路面积水,疏通路面排水;
③清除路面积雪、积冰、积沙等;
④实施路面夏季洒水降温作业。

3.3.3　日常维修

对沥青路面进行的日常维修,包括清扫路面、绿化及处理路面上的裂缝、变形、坑槽、泛油等局部病害。

1) 裂缝处治

(1) 裂缝不开槽处理方法

对于沥青路面上出现的轻微裂缝,可不开槽直接灌注沥青进行处理。对缝宽在 5 mm 以内的裂缝,首先清除缝中的杂物及灰尘,然后将稠度较低的热沥青灌入缝内,灌入深度约为缝深的 2/3,填入干净的石屑或粗砂捣实,最后将溢出缝外的沥青及石屑、砂清除;对于缝宽在 5 mm 以上的裂缝,首先除去已松动的裂缝边缘,然后用热拌沥青混合料填入缝中,捣实。缝内潮湿时,可采用乳化沥青混合料。

(2) 裂缝开槽处理方法

①开槽:将开槽机的锯片调整到适当高度,确保切入深度为 1.5~2 cm,开槽时必须沿着裂缝的走向进行切缝,槽口应保持规则形状。

②清槽:开槽扩缝后进行清缝处理,使用鼓风机并配合钢丝刷将槽口内的灰尘和松散的碎料清理干净,以提高黏结力。

③备料:密封胶的加热温度控制为200~210 ℃,出料温度高于180℃,温度过高或过低均对处理效果不利。

④灌胶:胶体灌入时,控制好灌缝机的走向,在灌好第一遍的5 min后再进行一次找平灌缝,并使裂缝表面形成T形密封层。注意控制灌入胶体的高度,如在气温相对较高的季节,胶体应该略高于路面(高出0.5~1 mm);在气温低的季节,胶体应该略低于路面(0.5~1 mm)。

2) 坑槽处治

按照"圆洞方补,斜洞正补"的原则,画出所需修补坑槽的轮廓线,然后用切割机将坑槽范围内的油层剔除,视基层破损情况,若基层没有破损但存在裂缝,则先将基层表面清理干净,然后均匀涂刷一层乳化沥青,最后用粗粒式沥青混凝土找补至老路顶标高;若基层有破损,将破碎部分剔除,用人工、高压空压机清理干净,如基层潮湿应晾干后进行施工,然后用粗粒式沥青混凝土将破损部分补齐,进行夯实。沥青铺筑时,应调整好松铺系数,确保碾压密实后的沥青混凝土应略高于老路面,边角要单独压实,并做防水处理。

3) 车辙处治

局部车辙处治可采用微表处填充,也可采用坑槽等病害综合热修补车进行现场加热、耙松、补料与压实处理,还可以采用局部铣刨重铺措施。

桥头及涵洞两侧路基不均匀沉降引起局部路面沉陷,视沉陷量大小及基层破损情况进行处理:沉陷量较小的路段,基层一般无明显变形,用沥青混凝土找平至老路标高;沉陷量较大的路段,基层变形较明显,将油层和基层剔除后,做5 cm厚C15水泥混凝土+6 cm沥青混凝土至老路标高。

4) 拥包处治

对于微小的拥包,应将拥包用机械铣刨或人工挖除。如果除去拥包后,路面不够平整,应予以处治。对于较大的拥包,则应用机械或人工将拥包全部除去,并降低于路表面约10 mm,扫尽碎屑、杂物及粉尘后热沥青混合料重做面层。

5) 车辙处治

车道表面由于车辆行驶推移而产生的车辙,应将出现的面层切削或铣刨清除,然后重铺沥青面层。

6) 麻面与松散

因嵌缝料散失出现轻微麻面,沥青面层不贫油时,可在高温季节撒适量嵌缝料,并用扫帚扫匀,使嵌缝料填充到石料的空隙中。大面积麻面应喷洒稠度较高的沥青,并撒适当粒径的嵌缝料,应使麻面部分中部的嵌缝料稍厚,周围与原路面接口要稍薄,定型要整齐,并碾压成型。对于因油温过高、沥青老化失去黏结性而造成的松散,应将松散部分全部挖除后重做铺面层。

7) 泛油

对于只有轻微泛油的路段,可撒上3~5 mm粒径的石屑或粗砂,并用压路机或控制行车碾压。泛油较重的路段,可先撒5~10 mm粒径的碎石,用压路机碾压,等稳定后再撒3~5 mm粒径的石屑或粗砂,并用压路机或控制行车碾压。

3.4 沥青路面预防养护

沥青路面使用性能不是直线下降的,在使用初期,其服务能力下降较缓慢,但当损坏状况超过某一限值时,路面的服务能力就开始急剧下降,病害急剧增多。若在此限值达到之前就采取预防养护措施,则可及时阻止病害的继续发展,从而使路面始终维持较好的服务状况,可以有效地延长路面寿命,减少改正性养护的次数。所以,沥青路面预防养护是为防止病害发生或轻微病害扩展、减缓路面使用性能衰减、提升服务功能而预先主动采取的路面养护措施,通过养护措施的实施使轻微病害得到维修,避免路面性能加速恶化,从而延长路面寿命。沥青路面预防养护实施后应达到下列效果:

①封闭路面表面细小裂缝与裂隙,提高路面的防水性能。

②防止路面表面松散,延缓路面的老化。

③提供表面磨耗层,提高路面的耐磨性能。

④保持或提高路面的抗滑性能。

目前,沥青路面主要预防养护措施包括雾封层、微表处、碎石封层、复合封层 4 种。

3.4.1　雾封层

雾封层是在沥青面层上喷洒一层薄薄的、高渗透性的特殊沥青,以形成一层严密的防水层将路面封闭,起到隔水防渗、保护路面的作用,最大限度地减少路面的水破坏,增大路面集料间的黏结力,延长路面使用寿命。

1)雾封层的功能

①具有良好的防水性,可以减少路面的水损害。

②具有良好的渗透性,可以填补路面细微裂缝和表面空隙。

③增强沥青表面层集料间的黏结力,起到沥青再生剂作用并可保护旧沥青路面。

④雾封后可使路面黑色化,能增加路面色彩对比度,增强驾驶员的视觉舒适度。

⑤对 0.3 mm 以下的裂缝起到自动愈合的作用。

⑥大幅提高道路的使用寿命和降低维护成本,雾封层能延迟病害 2~4 年出现,提高了道路的使用寿命。

2)雾封层的适用范围

雾封层是适用范围较广的预防养护方式,主要用于轻度到中度细料损失或松散、路面渗水、沥青老化的沥青路面。沥青路面出现松散时,雾封层可有效解决,如老化麻面的密级配沥青混合料表面、碎石封层表面、开级配沥青混合料表面等。但当路面结构强度(弯沉)较差时,不适合采用雾封层技术进行养护,因此,确保路面结构性能良好是进行路面预防养护的前提条件。

雾封层适用的各等级公路路况水平宜符合表 3.3 的规定。

表 3.3　雾封层适用的各等级公路路况水平

路况指数	高速公路	一级及二级公路	三级及四级公路
PCI、RQI、RDI	≥93	≥90	≥85
SRI	≥80	≥80	—

3)雾封层养护时机

沥青路面大多数在使用的前 2~4 年老化速率较快,导致路表 1 cm 左右的沥青变脆,从而引起路表的早期裂缝、松散等破坏,路面出现早期水损害病害,因此沥青路面通车后 2~4 年后是进行雾封层养护的最佳时机。应根据路面典型结构性和功能性病害的调查、路面状况指数

PCI、国际平整度指数 IRI、构造深度、磨损状况等因素具体确定。

雾封层适宜的路面如图 3.15 所示。

图 3.15　雾封层适宜的路面

4）雾封层的材料要求

雾封层用乳化沥青性能应满足《公路沥青路面施工技术规范》（JTG F40—2004）的要求。喷洒前需稀释的,材料在喷洒过程应能保持性能稳定。

5）雾封层的施工

由于水稀释型乳化沥青较稀,一般采用机械式洒布车洒布的方式;溶剂稀释型特殊沥青较稠,大面积施工应使用符合雾化效果的洒布车洒布,小范围施工可以采用橡胶推板或人工滚刷涂抹。两种材料施工工艺基本相同,不同之处由材料的特性决定。

（1）施工前的准备

采用雾封层技术施工时,路表温度应在 15 ℃ 以上,以取得较好的使用效果。

①路面病害修补。路面上的坑洞、大于 3 mm 的裂缝以及原路面接缝不规则处等可能影响雾封层处治质量的地方均须按照《公路养护技术规范》（JTG H10—2019）的相关要求进行处理。

②确保路面洁净、干燥。为确保雾封层施工质量,雾封层施工时,路面必须处于洁净、干燥状态。雾封层施工前,需彻底清除原路面上的松散石料、水泥块以及泥垢、灰尘、残留物等杂质。可用道路清扫机、电动扫帚清扫,也可以用水冲洗。用水冲洗时,必须在施工前 24 小时内完成,以给路面足够的时间达到干燥状态。

③提供足够的施工安全性。雾封层施工一般在未完全封闭道路的情况下进行,施工中应严格贯彻"安全第一"的原则。施工前,应做好安全布控与交通管制工作以及人员的安全防护工作。

④保护道路标线。用塑料胶带纸或 PVC 管保护道路标线,防止喷洒到标线上,施工完毕待路面完全干燥后揭去胶带纸或移除 PVC 管。

⑤原路面指标检测。为对比雾封层前后的效果,需对原路面进行各项指标的检测,检测的频率和位置应与雾封层完工后的检测频率和位置一致。主要检测指标为渗水、构造深度和摩擦系数。

（2）施工设备及工具要求

雾封层施工采用全自动沥青喷洒车进行机械化施工,设备应配置计算机控制系统,独立地操作油泵、速率计、压力表、计量器、材料测温计等装置,技术先进,性能可靠,可根据施工需要控制洒布量,调节洒布宽度。人工涂抹时,需检查确认施工所需的橡胶推板、滚刷等工具。

（3）洒布量的确定

最佳洒布量的确定原则是:雾封层施工后,路面沥青膜厚度均匀,可在规定的时间内完全干燥,具有符合要求的路用性能。

①水稀释型乳化沥青洒布量的确定。水稀释型乳化沥青的洒布量一般为 $0.5 \sim 0.7 \text{ kg/m}^2$,洒布量过多,雾封层破乳后将造成路表面油量过多,路表滑溜,造成行车不便;洒布量过少,将起不到雾封层应有的效果。对局部洒布量过多的部位,可采取洒布约 1 kg/m^2 的 $0.3 \sim 0.6 \text{ mm}$ 细砂进行处理。

雾封层的洒布量可事先通过试验确定,具体可采用以下方法:取一定体积(可为 1 L)雾封层乳液均匀倒在 1 m^2 的面积上,此时的洒布量即为 1 L/m^2。如果乳液在 $2 \sim 3 \text{ min}$ 还不能渗入路表中,则应该适当降低洒布量继续做上述试验,直到找到一个合适的洒布量为止。如果第一次试验之后,路表看起来还能吸收更多的乳液,则可以提高洒布量重复上述试验,直到找到合适的洒布量为止。

②溶剂稀释型特殊沥青洒布量的确定。溶剂稀释型特殊沥青洒布量一般为 $0.4 \sim 0.6 \text{ L/m}^2$,具体根据路面实际情况试验确定。确定方法与水稀释型乳化沥青洒布量的确定方法基本相同,不同的是需使沥青表面完全干燥(约需 1 h),以完全干燥后的路面状况来确定洒布量的大小。

（4）施工工艺

应保证施工起点和终点位置的喷洒边缘整齐,宜在起点和终点位置预铺油毛毡。根据材料的品种和气候条件确定雾封层的养生时间,干燥成型后方可开放交通。雾封层洒布施工见图3.16。

图 3.16 雾封层洒布施工

6) 施工质量控制措施

①路面清理是很重要的一道工序,清理的干净程度直接影响沥青膜的黏结力和防水性能。

②洒布量的确定应根据路面的具体情况经试验确定,行车道和超车道可能不同,严禁整个路段采用同一个洒布量。

③根据预先选定的施工方案,在正式洒布前,用洒布车进行试洒,标定洒布设备的计量系统,确保计量准确无误。洒布车在整个洒布过程中应保持匀速行进,采用标定后的控制参数进行均匀洒布。

④雾封层施工后,须待路面干燥后才能开放交通。雾封层养护期间,须严禁任何车辆和行人进入,否则将影响雾封层的成型效果。

⑤雾封层施工环境温度应高于 10 ℃,宜高于 15 ℃,风速宜小于 5 m/s。

⑥雾封层施工前后 24 h 不得下雨,确保路面和封层材料的完全干燥。

⑦使用溶剂稀释型特殊沥青时,若洒布车原来喷洒过乳化沥青,应将洒布车内残留乳化沥青彻底清除干净,不得残留水分。

7) 施工注意事项

①施工时,须特别注意环境保护,避免因施工对环境造成污染。对道路沿线护栏、路缘石等附属设施应进行遮盖保护。

②施工中产生的废弃物应及时清理,避免产生污染,尤其避免污染相邻车道路面。

③使用溶剂稀释型特殊沥青时,施工现场要严禁烟火,任何人不得吸烟。

④采用人工涂抹方式施工时,应为施工人员提供必要的防护措施,主要是防止沥青进入眼睛,如不慎入眼,应即刻用清水冲洗。

8) 完工路面的检测指标

对完工路面进行相应的检测以评价雾封层施工后路面的使用性能,一般施工时要目测外观质量,异常时及时处理,完工后主要进行渗水、构造深度、摩擦系数等指标的检测。

①外观检查。采用目测定性评价,要求完成雾封层施工后的路面色泽乌黑、均匀,如新建沥青路面。

②渗水检测。这是雾封层最主要的检测指标,要求雾封层后沥青路面处于基本不透水的状态。

③构造深度检测。雾封层后路面构造深度有所下降,主要是因为沥青填补了路面表面的孔隙,使用一段时间后该指标将有所升高。

④摩擦系数检测。雾封层后路面摩擦系数也会有所下降,控制在规范许可的范围内。

雾封层施工路面的检测指标及频率见表 3.4。

表 3.4 雾封层施工路面的检测指标及频率

检查项目		检验频率	质量要求或允许偏差	检验方法
外观		随时	表面应均匀一致,无流淌、露白、条痕、泛油、油斑等现象;侧缘及纵向接缝处应顺直、美观,无多洒、漏洒	目测
渗水系数/(mL·min⁻¹)		5 个点/km	≤10	T0971
抗滑性能	摆值	5 个点/km	符合设计要求	T0964
	构造深度	5 个点/km		T0961

3.4.2　微表处

微表处是指采用稀浆封层车将聚合物改性乳化沥青、粗细集料、填料、水和添加剂等按照设计配比拌和成稀浆混合料摊铺到原路面上,并很快开放交通、具有高抗滑和耐久性能的薄层。

微表处按矿料级配可分为 MS-2、MS-3 和 MS-4 3 种类型,按性能可分为 A、B 两个等级。隧道路面、夜间施工及对性能有较高要求的路段宜采用 A 级微表处。

1) 原材料

(1) 改性乳化沥青

采用慢裂快凝型阳离子聚合物改性乳化沥青,慢裂指乳化沥青的拌和时间长;快凝是指一旦完成拌和进行铺筑后要快速破乳成型;阳离子乳化沥青可以直接洒布,改性乳化沥青可以保证良好的黏聚力。微表处用改性乳化沥青技术要求见表 3.5。

表 3.5　微表处用改性乳化沥青技术要求

项目		技术要求		试验方法
		A 级微表处	B 级微表处	
粒子电荷		阳离子正电(+)	阳离子正电(+)	T0653
0.6 mm 筛上剩余量/%		≤0.1	≤0.1	T0652
黏度	恩格拉黏度 E_{25}	3~30	3~30	T0622
	沥青标准黏度 $C_{25.3}$/s	20~100	20~100	T0623
蒸发残留物含量/%		≥60	≥60	T0651
蒸发残留物性质	针入度(100 g,25 ℃,5 s)/(0.1 mm)	40~100	40~100	T0604
	软化点/ ℃	≥57b	≥57b	T0606
	延度(5 ℃)/cm	≥60	≥20	T0605
	溶解度/%	≥97.5	≥97.5	T0607
	黏韧性/(N·m)	≥7	—	T0624
贮存稳定性/%	1 d	≤1	≤1	T0655
	5 d	≤5	≤5	

(2) 矿料

微表处用矿料可以采用不同规格的粗细集料、矿粉等掺配而成。微表处用粗集料、细集料、合成矿料应符合表 3.6 的要求。

表 3.6　微表处用粗集料、细集料、合成矿料技术要求

材料	项目	技术要求		试验方法	备注
		A 级微表处	B 级微表处		
粗集料	压碎值/%	≤26	≤26	T0316	—
	洛杉矶磨耗损失/%	≤25	≤25	T0317	—
	磨光值/BPN	≥42	≥42	T0321	—
	坚固性/%	≤12	≤12	T0314	—
	针片状颗粒含量/%	≤15	≤15	T0312	—
细集料	坚固性/%	≤12	≤12	T0340	>0.3 mm 部分

续表

材料	项目	技术要求		试验方法	备注
		A 级微表处	B 级微表处		
合成矿料	砂当量/%	≥65	≥65	T0334	合成矿料中 <4.75 mm 部分
	亚甲蓝值/(g·kg⁻¹)	≤2.5	—	T0349	合成矿料中 <2.36 mm 部分

（3）填料

微表处矿料中可以掺加矿粉、水泥、消石灰等填料。填料应干燥、疏松，无结团，并应符合《公路沥青路面施工技术规范》(JTG F40—2004)中的相关要求。

矿粉的主要作用是改善矿料级配。水泥、消石灰等具有化学活性的填料的主要作用是调整稀浆混合料的可拌和时间、成浆状态和成型速度等。

填料的掺加量必须通过混合料设计试验确定。

（4）添加剂

添加剂的主要作用是调节稀浆混合料可拌和时间、破乳速度、开放交通时间等施工性能，并在一定程度上改变混合料的路用性能。

2）混合料设计

（1）矿料级配

微表处矿料级配范围应符合表 3.7 的规定。

表 3.7　微表处矿料级配范围

级配类型	通过下列筛孔(mm)的质量百分率/%									
	13.2	9.5	7.2	4.75	2.36	1.18	0.6	0.3	0.15	0.075
MS-2	100	100	100	90~100	65~90	45~70	30~50	18~30	10~21	7~12
MS-3	100	100	83~96	70~90	45~70	28~50	19~34	12~25	7~18	6~12
MS-4	100	88~100	72~90	60~80	40~60	28~45	19~34	14~25	8~17	4~8

注：填料计入矿料级配。

（2）混合料技术要求

微表处混合料技术要求应符合表 3.8 的规定。

表 3.8　微表处混合料技术要求

项目		技术要求		试验方法
		A 级微表处	B 级微表处	
可拌和时间/s		90~180	120~300(25 ℃)	T0757
破乳时间/min		≤10	≤20	T0753
黏聚力 /(N·m)	30 min(初凝时间)	≥1.2，且初级成型	≥1.2	T0754
	60 min(开放交通时间)	≥2.0，且中度成型	≥2.0，且初级成型	

续表

项目		技术要求		试验方法
		A级微表处	B级微表处	
养生初期磨耗损失(温度25 ℃,湿度70%条件下养生2 h)/(g·m^{-2})		≤800	—	附录B
负荷轮黏附砂量/(g·m^{-2})		≤450	≤450	T0755
湿轮磨耗值/(g·m^{-2})	25 ℃浸水　1 h	≤360	≤540	T0752
	25 ℃浸水　6 d	≤480	≤800	
轮辙变形试验的宽度变化率/%		≤5	≤5	T0756
配伍性等级值		≥11	≥11	T0758

注:①可拌和时间应按施工现场可能遇到的温度进行测试。

②破乳时间的测试应选用工程实际使用的集料(合成级配),否则应予注明。

③不用于车辙填充的微表处混合料可不要求轮辙变形试验。

④A级微表处混合料应进行配伍性试验并满足配伍性等级值,B级微表处混合料宜进行配伍性等级试验。

3) 微表处施工

（1）基本要求

①微表处施工、养生期内的气温应高于10 ℃。

②不得在雨天施工。施工中遇雨或者施工后混合料尚未成型就遇雨时,应在雨后将无法正常成型的材料铲除。严禁在过湿或积水的路面上进行微表处施工。

③原路面必须有足够的结构强度;原路面15 mm以下的车辙可直接进行微表处罩面。若存在病害,要提前处理。

（2）施工

①微表处应按下列步骤施工:

a.彻底清除原路面的泥土、杂物等,检查路面病害处理情况。

b.施画导线,以保证摊铺车顺直行驶,有路缘石、车道线等作为参照物的,可不施画导线。

c.摊铺车摊铺混合料,摊铺厚度根据设计分别为6 mm或10 mm(图3.17)。

d.手工修复局部施工缺陷。

e.初期养护。

f.开放交通。

②根据施工路段的路幅宽度调整摊铺槽宽度,应尽量减少纵向接缝数量。在可能的情况下,宜使纵向接缝位于车道附近。

③将符合要求的各种材料装入摊铺车内。

④将装好料的摊铺车开至施工起点,对准控制线,放下摊铺槽,调整摊铺槽使其周边与原路面贴紧。

⑤按生产配合比和现场矿料含水量情况,依次调整或同时按配合比输出矿料、填料、水、添加剂和乳液,进行拌和。

⑥拌好的混合料流入摊铺槽并分布在摊铺槽适量时,开动摊铺车匀速前进,需要时可打开摊铺车下边的喷水管,喷水湿润路面。

图 3.17　微表处施工

⑦摊铺速度以保持混合料摊铺量与搅拌量基本一致为准。微表处施工时,保持摊铺槽中混合料的体积为摊铺槽容积的1/2左右。

⑧稀浆混合料摊铺后的局部缺陷,应及时使用橡胶耙等工具人工找平。找平的重点是:个别超粒径粗集料产生的纵向刮痕,横、纵接缝等。

⑨当摊铺车内任何一种材料快用完时,应立即关闭所有输送材料的控制开关,让搅拌器中的混合料搅拌完,并送入摊铺槽摊铺完毕后,摊铺车停止前进,提起摊铺槽,将摊铺车移出摊铺点,清洗摊铺槽。施工中不得随意抛掷废弃物。

⑩初期养护:

a.微表处混合料铺筑后,在开放交通前禁止一切车辆和行人通行。

b.微表处混合料摊铺后一般不需要压路机碾压。

c.混合料能够满足开放交通的要求后,应尽快开放交通。

4) 施工质量控制

(1)材料质量控制

微表处施工过程材料质量控制要求应符合表3.9的规定。

(2)施工质量控制

①质量控制要求。微表处施工过程质量控制要求应符合表3.10的规定。

表 3.9　微表处施工过程材料质量控制要求

材料	检查项目	要求值	检验频率
乳化沥青或改性乳化沥青	规范要求的检测项目	符合设计要求	每批来料1次
矿料	砂当量		
	级配①		
	含水率	实测	每工作日1次

注:①矿料级配符合设计要求,是指实际级配不超出相应级配类型要求的各筛孔通过率的上下限,且以矿料设计级配为基准,实际级配中各筛孔通过率不得超过设计和规范规定的允许波动范围。

表 3.10　微表处施工过程质量控制要求

检查项目	检验频率	质量要求或允许偏差	检验方法
可拌和时间/s	1 次/工作日	符合设计要求	T0757
稠度	1 次/100 m	适中①	经验法
油石比/%	1 次/工作日	满足生产配合比要求	三控检验法
矿料级配②	1 次/工作日	满足施工配合比的矿料级配要求	摊铺过程中从矿料输送带末端接出集料进行筛分
外观	全线连续	表面平整、均匀,无离析、无划痕	目测
摊铺厚度/mm	5 个断面/km	设计值-10%	钢尺测量或其他有效手段,每幅中间及两侧各 1 点,取平均值作为检测结果
摊铺宽度/mm	1 处/100 m	≥设计值	钢卷尺
接缝处高差/mm	纵缝每 100 m 测 1 处;横缝逐条检查,每条缝测 1 处	≤6	3 m 直尺、塞尺
浸水 1 h 湿轮磨耗/(g·m⁻²)	1 次/7 个工作日	≤360(A 级微表处) ≤540(B 级微表处)	T0752

注:①微表处可不采用经验法方法进行稠度检验。

　②矿料级配符合设计要求,是指实际级配不超出相应级配类型要求的各筛孔通过率的上下限,且以矿料设计级配为基准,实际级配中各筛孔通过率不得超过设计和规范规定的允许波动范围。

②油石比检验。采用"三控检验法"对微表处进行油石比检验:

a.每天摊铺前检查摊铺车料门开度和各个泵的设定是否与设计配比相符,认真记录每车的集料、填料用量和(改性)乳化沥青用量,计算油石比,每日做一次总量检验。

b.摊铺过程中取样进行混合料抽提试验,检测油石比大小是否与设计油石比相符。

c.每 50 000 m² 左右,统计一次施工用集料、填料和(改性)乳化沥青的实际总用量,计算摊铺混合料的平均油石比。

d.微表处施工时,油石比检验以上文第 a 项为准,第 b、c 项作为校核。

3.4.3　碎石封层

1)概念

碎石封层是一种技术成熟的路面预防性养护技术。它是采用单粒径碎石满铺路面,采用高剂量的路面黏结剂以稳固碎石的超薄磨耗层,为旧路面提供抗滑、降噪、防水、抗裂保护层。特别适用于沥青路面结构功能良好,但路面出现贫油、掉粒、龟裂、渗水等病害的旧路面预防性养护。

碎石封层从 20 世纪 80 年代开始在法国被大规模采用,20 世纪 90 年代传播到整个欧洲各国及美国,还在俄罗斯、印度、非洲、大洋洲等数十个国家和地区中得到推广,在欧洲有 95%以上的公路均采用这项技术进行养护。

我国幅员辽阔,公路状况差异大,而同步碎石封层技术既适用于高等级公路,也适用于普通城市公路、乡村公路等,而且不受各种气候、交通能力等因素的影响。碎石封层在我国部分省份的国道、省道的建设中已经得到应用。

2)材料

(1)黏结剂

碎石封层黏结剂的质量是保证碎石封层耐久性的关键,宜采用乳化沥青或改性乳化沥青作为胶结料,也可采用道路石油沥青、改性沥青、橡胶沥青等作为胶结料。

胶结料技术要求应符合《公路沥青路面施工技术规范》(JTG F40—2004)的有关规定。使用乳化沥青时,乳化沥青蒸发残留物含量应不小于60%,宜不小于62%;使用改性乳化沥青时,改性乳化沥青蒸发残留物含量应不小于62%,宜不小于65%。有别于传统的改性乳化沥青,黏结剂要求固化后具有较高的黏结力,将封层碎石稳固在路面上,同时具有较好的延展性,不出现"脆化"现象,有效防止裂缝的产生。

(2)碎石

碎石封层应选择玄武岩、辉绿岩、石灰岩等岩石破碎而成,宜采用粒径 3~5 mm、5~8 mm、7~10 mm、9~12 mm 或 12~15 mm 接近单一粒径集料。碎石封层用集料技术要求应满足表 3.11 的有关规定。

表 3.11　碎石封层用集料技术要求

项目	技术要求		试验方法
	二级及以上公路	三级和四级公路	
石料压碎值/%	≤20	≤20	T0316
洛杉矶磨耗损失/%	≤28	≤30	T0317
磨光值	≥42	≥38	T0321
表观相对密度	≥2.6	≥2.5	T0304
吸水率/%	≤2.0	≤3.0	T0304
坚固性/%	≤12	≤12	T0314
针片状含量/%	≤10	≤10	T0312
<0.075 mm 颗粒含量(水洗法)/%	≤1	≤1	T0310
软石含量/%	≤2	≤2	T0320

3)施工设备

碎石封层施工设备主要有同步碎石封层车,配套的主要机械设备有 50 型以上转载机 1 台、石料加工清洗设备 1 台、12~16 t 胶轮压路机 1 台、8 t 以上水车 1 台、路面除尘设备 1 台、小型铣刨设备 1 台、25 t 热沥青加(保)温车 1 台、(乳化)沥青运输车若干台。

4)施工工艺

(1)碎石预拌

预拌的目的有两个:一是通过拌和楼强力除尘,二是在碎石表面裹覆薄层沥青。预拌后的碎石不能成团,便于撒布,同时碎石表面必须满裹覆沥青,以提高黏结力。

（2）撒布

撒布前要对原路面进行认真清扫，为保证黏结剂与碎石封层的有效黏结，必须采用同步碎石封层车施工，即将预拌碎石及黏结材料同步铺撒在路面上，可以使碎石颗粒立即与刚喷洒的黏结剂相接触，增加了集料颗料与黏结剂的裹覆面积，再通过胶轮压路机碾压，形成单层沥青碎石磨耗层。由于黏结剂用量大，为保证黏结效果，可以分沥青面层底部撒布、同步碎石撒布、封面撒布 3 次撒布成型。

碎石撒布率和胶结料撒布率根据原路面状况、交通荷载等级、施工经验、施工季节等，并结合碎石粒径和施工层数确定。碎石撒布率和胶结料撒布率见表 3.12、表 3.13。

表 3.12　单层式碎石封层材料规格和用量

碎石规格/mm		碎石用量 /（m³·1 000 m⁻²）	（改性）乳化沥青用量 /（kg·m⁻²）	热（改性）沥青用量 /（kg·m⁻²）
砂粒式	3~5	4~7	1.2~1.5	—
细粒式	5~8	6~9	1.5~1.8	0.9~1.2
	7~10	8~11	1.8~2.1	1.1~1.4
中粒式	9~12	10~13	2.1~2.4	1.4~1.7
	12~15	13~16	2.4~2.7	1.7~2.0

注：具体用量应经现场试铺确定。

表 3.13　双层式碎石封层材料规格和用量

碎石规格/mm		碎石用量 /（m³·1 000 m⁻²）		（改性）乳化沥青用量 /（kg·m⁻²）		热（改性）沥青用量 /（kg·m⁻²）	
第一层	第二层	第一层	第二层	第一层	第二层	第一层	第二层
7~10	3~5	6~9	2~5	1.2~1.5	0.7~1.0	1.2~1.5	0.4~0.7
9~12	5~8	9~12	4~7	1.5~1.8	1.0~1.3	1.5~1.8	0.7~1.0
12~15	7~10	12~15	6~9	1.8~2.1	1.3~1.6	1.8~2.0	1.0~1.3

碎石封层施工如图 3.18 所示。

图 3.18　碎石封层施工

3.4.4 复合封层

碎石封层用于公路面层时,集料容易脱落,噪声比较大。在碎石封层之后再进行一层微表处,就可以解决碎石封层的石屑脱落、高噪声、外表不美观等问题,这就是复合封层的由来。复合封层具有经济性好、摩擦系数较高、防滑性能好的特点。

复合封层结构以碎石封层(或者改性稀浆封层)为下承层,微表处作为面层形成整体的结构层次。这种结构结合了碎石封层/稀浆封层和微表处两者的优点,结构在具有优良的抗滑性能和良好的平整度的同时,可以有效地阻止地面水对基层的渗透,缓解基层病害对面层的影响。复合封层可以有效地保护路面,提高路面耐久性。

改性乳化沥青、橡胶沥青、改性沥青等都可以作为碎石封层的黏结料。它们可以在很大程度上降低微表处的开裂,起到很好的封水作用。尤其是采用橡胶沥青作为碎石封层的黏结料,可以很好地抑制裂缝的反射。

复合封层的施工工艺见本章"3.4.2 微表处"和"3.4.3 碎石封层"。

3.5 沥青路面大中修

3.5.1 基层补强

1) 基层补强原则

基层作为沥青路面的主要承重层,其状况直接影响沥青路面的使用寿命,应对沥青路面承载力不足路段、路面修补密集路段、基层松散路段的基层进行彻底处理。基层补强应遵循以下总体原则:

①对沥青路面整体承载力不足,但路面破损较少路段,采用钻孔压浆提高路面结构承载能力。

②对沥青路面整体承载力不足且路面破损严重路段以及沥青路面出现龟裂、唧浆、坑槽的局部路段,采用铣刨到基层重铺方案。

2) 基层压浆

沥青混凝土路面压浆技术采用岩土工程压浆填充原理,就是通过外力加压,利用注浆管将配置好的浆液均匀注入地层中,土体缝隙内的积水和空气通过渗透、填充、压密、扩展后形成浆脉。一方面,通过钻孔,弱透水层被一定水灰比的浆液高压快速强行进入,形成近似球形的浆泡,挤压附近的结构体,使结构体被挤压密实,承载力得到了一定提高。另一方面,在强透水层压浆时,浆液通过裂缝和渗透,填充到结构体的空隙中,在层间形成方向各异的浆液体,经过养生,凝结硬化后,松散的结构体形成一个强度高、防水性能强的"结石体",同时在钻孔内形成柱体,与周围的基层形成复合基层,进一步提高承载力。这对注浆法的研究从根本上解决路面出现的反射裂缝、坑槽、唧浆等基层病害具有十分重要的意义。

3) 压浆工艺

(1) 布孔和钻孔施工

压浆孔的直径略大于灌浆机的喷嘴直径,同时孔应贯穿基层,其深度穿越经过稳定的基层垫层,但钻入土基的深度不能超过 7 cm。钻孔完毕后,应压缩空气将孔中的混凝土碎屑、杂物清除干净,以利于灌浆料在压力泵作用下顺利流入缝隙脱空处。布孔主要采用梅花状形式,孔距 3 m 左右,排距 2 m 左右,裂缝外侧布置一排压浆孔。采用钻机钻孔,孔径为 51 mm,每根压浆孔钻进过程中要保证连续作业,且要保持垂直,钻孔顺序由裂缝外侧向内侧进行,原地面不一致时应按先深后浅、由低向高的顺序钻孔,钻孔深度为 0.6 m。

(2)配料

压浆施工围绕制浆、搅浆、灌浆三大重要工序开展,其他工序相应的机械设备及操作须做好配合工作。

压浆采用水泥浆,初凝不早于 2 h,终凝不超过 3.5 h,12 h 的抗压强度应达到 3.5 MPa。普通硅酸盐水泥 42.5R∶水∶JY-1 型早强剂∶减水剂 = 1∶0.5∶0.1∶0.001。

压浆机事先应清洗并排净水分,根据所需灌注的体积,浆体配合比及施工进度,称取各种材料,将减水剂和早强剂加入水中,将水泥、粉煤灰、膨胀剂倒入灌浆机的搅拌筒中,先进行一定的拌和,然后再将已溶有减水剂、早强剂的水加入并不断搅拌,形成均匀浆体,搅拌时间宜为 5～10 min。应确保浆体在配置好后半小时内用完,并且施工过程中应不停搅拌。压浆所采用的浆液制作由水泥和水按照 1∶1 的比例进行配置,必要时掺入部分粉煤灰,制作好的浆液要有良好的可泵性、和易性、保水性。压注浆液时,应缓慢均匀连续加压,当压力达到设计值 3 MPa 时,应保持稳压 2～3 min,停止泵送。

(3)压浆

压浆顺序应从裂缝外侧向裂缝内侧进行,按先外侧后内侧、由低向高的顺序进行压浆,压浆时注意要按跳桩法进行压浆。灌浆过程中,应先灌注靠近路面两侧的孔,再灌注路面之间的孔,以有利于灌注密实。将压力泵的压力均匀增加到 3 MPa,最大压力控制在 3 MPa,并停留 2～3 min。当发现浆体由其他孔中或路的两侧挤出时,表明已灌满,减小压力并将喷嘴提起,使孔中灌满浆体,关闭压力泵,将灌浆机移到下一孔继续进行灌浆。灌浆 15 min 后,将孔中的浆体抹平即可,不需另外的封堵材料。灌浆后 48 h 内控制交通,压浆板上禁止车辆通行,以利于板下浆体的硬化和强度的增加。压浆时,应注意高压管前不能站人,防止喷浆伤人。压浆结束应立即拔出灌浆栓塞,立即插上木塞,以便有足够的时间使浆液充分凝固。同时对于灌浆后的路基,两天内禁止机动车辆通过灌浆区,养生两天。

(4)压浆固结控制

在压浆过程中,为有效地避免压浆的沉淀,应缩短浆体从搅拌到压入时间,在存放或压入过程中进行不间歇搅拌使浆体始终处于运动状态,保证不发生沉淀和离析现象,但时间不应超过初凝时间。达到指定压力时,应换下一孔压浆,如此反复压。施工时应重视路基边坡跑浆现象,一旦发生跑浆立即停止压浆,并及时采取堵漏措施,待完全控制后再继续施工或者采取间歇式压浆。

在压浆过程中,对压力的控制至关重要,压浆压力是该工艺的重要指标。控制不当将无法达到预期的效果,甚至会对路基产生新破坏。压力过大会使路基顶面产生新的裂缝。同时路基抬高得过多,也会使得道路的线形很难理顺,不利于路面排水。如压力过小,浆液无法充分地进入土体的孔隙中,填充不密实,达不到设计强度。因此,在施工中可通过现场试压来确定压力要求,采取压力与路基顶面标高抬升值双控的方式,或采用二次压浆的方式。

3.5.2 薄层罩面及超薄罩面

1）概念

薄层罩面养护技术是通过对原路面结构进行薄层罩面,恢复原路面表面服务功能,并可适当提高原路面结构强度。其主要技术特点为罩面层比较薄,能以较低的经济代价快速施工,迅速提高路面服务功能。

薄层罩面是指厚度在 25～40 mm 的沥青混合料罩面,一般采用 SMA-10、SMA-13、AC-10、AC-13、OGFC 型热拌沥青混合料或温拌沥青混合料。胶结料可采用高黏度改性沥青、高分子聚合物改性沥青、橡胶改性沥青或道路石油沥青。

超薄罩面是指厚度小于 25 mm 的沥青混合料罩面,可采用 Novachip、UTO-5/10/13 型及密实型超薄罩面,以及 UTOD-5、SMA-5/10、AC-5/10 型的热拌沥青混合料或温拌沥青混合料。胶结料采用高黏度改性沥青、高分子聚合物改性沥青、橡胶改性沥青,黏层应采用 SBS 改性乳化沥青、高黏度改性乳化沥青或不黏轮改性乳化沥青。

2）SMA-10 薄层罩面技术

SMA 是一种由沥青、纤维稳定剂、矿粉及少量的细集料组成的沥青玛蹄脂填充间断级配的粗集料骨架间隙组成一体的沥青混合料。它的最基本组成是碎石骨架和沥青玛蹄脂结合料两部分。

SMA 沥青混合料充分既考虑了这些传统混合料的级配特点,又力求利用它们的优点,以达到完美的组合。SMA 沥青混合料的主要性能特点如下:

（1）SMA 混合料高温性能优越

SMA 沥青混合料粗集料用量大、骨架嵌挤,是间断级配沥青混合料类型,具有良好的高温抵抗荷载变形能力,即使在高温条件下,沥青玛蹄脂的黏度下降,对这种抵抗能力的影响也不会减小,因而有较强的高温稳定性,抗车辙能力强。

（2）SMA 沥青混合料耐久性能良好

SMA 混合料的沥青用量大、矿粉用量多,又使用纤维稳定剂,由此组成的沥青玛蹄脂包裹在粗集料表面,充分填充集料间隙。在温度下降、混合料收缩变形时,玛蹄脂具有较好的黏结作用,其韧性和柔性使混合料有较好的低温抗变形性能,有效减少路表面裂缝的产生。

（3）SMA 沥青混合料抗水损害性能好

SMA 沥青混合料是密级配沥青混合料,内部空隙率较小,SMA 路面的密水性能好,再加上集料与玛蹄脂的黏附性很好,沥青膜较厚,沥青与空气的接触少,混合料的水稳定性和耐老化性能也有较大的改善,从而提高混合料的抗水损害性能,延长路面的使用寿命。

（4）SMA 路面抗滑性能优越

SMA 沥青混合料粗集料用量大,路面压实后表面的构造深度大,具有优越的抗滑性能,较好地解决了抗滑与耐久的矛盾。同时,雨天交通行车下不会产生大的水雾和溅水,能提高行车安全性,且在高速行车作用条件下路面噪声低,可以全面提高路面的表面功能。

SMA 沥青混合料具有良好的高温、低温、抗水损害及表面抗滑性能,考虑到 SMA 沥青混合料的造价较高,公路养护工程采用薄层 SMA 罩面技术,既可以兼顾路面的性能,又可以适当降低工程造价。

3) OGFC 9.5 薄层罩面

OGFC(Open Graded Friction Course)是一种高空隙率的开级配沥青混凝土层,也是一种断级配的沥青混合料,与 SMA 不同的是粗集料间隙中没有用沥青玛琋脂填充,而是留下很大的空隙,所以表面留下非常大的构造深度。在美国,OGFC 是从厂拌封层处治发展起来的,即 OGFC 最初只是作为一种封层处治方法,其主要目的只是增加路表面的抗磨耗能力。在欧洲,OGFC 混合料是一种作为特殊用途的磨耗层而发展起来的,主要目的是排除路面表面雨水和吸收噪声,同时改善轮胎与路表面间的抗滑性能。OGFC 混合料的主要功能可以概括如下:

（1）抗滑与安全性能

OGFC 是一种开级配的混合料,由优质石料相互之间的嵌挤形成混合料的骨架作用,其路面空隙率大,表面粗糙,具有很好的宏观构造与微观构造。这种良好的宏观构造与微观构造提供了路面优良的抗滑性能和行车安全性。有研究表明,OGFC 路面在潮湿条件下,改善了高车速的抗滑阻力。干燥路面条件下,在中、低车速时,它的抗滑阻力不比传统的密实沥青路面高,但在高速行驶下,却具有较高的抗滑阻力。

（2）排水功能

OGFC 路面设计及现场空隙率一般控制在 17%~22%。研究表明,空隙率为 20% 左右时,其渗透系数通常在 $(4~10) \times 10^{-2}$ cm/s。OGFC 路面如此高的空隙率和路面渗透系数为路面提供了排水通道,使雨水能迅速下渗向路边缘排走。另外,其具有较高的宏观纹理,能够储存一部分不急排走的雨水,因此减少水膜产生对行车带来的危害。

OGFC 路面不积水,雨天不产生行车水花和水雾,减少了雨天行车反光量,而且抗滑能力好,因此大大提高了交通安全性。

（3）吸音降噪性能

OGFC 路面面层有很多孔隙,当轮胎将空气压缩时,空气会渗入面层孔隙,因空气有空间消散,压缩比低,故行车噪声小。另外,车辆机械运转所发出的噪声扩散到一般路面时,其反射量大;若为 OGFC 路面,有一部分噪声会为路面吸收,其反射量自然减少。

OGFC 薄层罩面可供选择的沥青混合料类型有 OGFC 13、OGFC 9.5 沥青混合料,罩面厚度一般在 20~30 mm。

值得注意的是,OGFC 薄层罩面作为透水路面结构层,要求其下卧层均匀密实,具有良好的水稳定性,并有很好的路面排水系统与之相匹配,而且必须使用黏度较高的沥青胶结料。

4) NovaChip 超薄磨耗层

（1）概述

NovaChip 超薄磨耗层是一种主要应用于高等级公路、城市道路养护的专有技术。它使用专用设备 NovaPaver 进行施工,施工过程包括 NovaBond 改性乳化沥青喷洒、紧随其后的 NovaBinder 改性沥青混合料的摊铺、压路机碾压成型的结构层,特别适合于路面非结构性开裂、抗滑能力下降、轻微非结构性车辙等路面病害的修复。对于路面存在较为严重的结构性病害,先进行结构性病害的处理,然后采用 NovaChip 加铺也能获得比较好的效果。

NovaChip 超薄磨耗层分为 3 种类型,其厚度与级配见表 3.14 至表 3.16。

表 3.14 NovaChip®Type-A(厚度:1.0~1.5 cm)

分档	筛孔/mm				
	13.2	9.5	4.75	2.36	0.075
5~10	100	100	<10	<5	<1
3~5	100	100	>90	<10	<1
0~3	100	100	100	>90	<10

表 3.15 NovaChip©Type-B(厚度:1.6~2.0 cm)

分档	筛孔/mm				
	13.2	9.5	4.75	2.36	0.075
5~10	100	>90	<8	—	<1
0~3	100	100	100	>90	<10

表 3.16 NovaChip©Type-C(厚度:2.0 cm)

分档	筛孔/mm					
	16	13.2	9.5	4.75	2.36	0.075
10~15	100	>90	<10	<5	—	<1
5~10	100	100	>90	<8	—	<1
0~3	—	100	100	100	>90	<10

(2)施工

①必须使用专用设备 NovaPaver 进行摊铺;

②开始摊铺前必须预热熨平板,受料斗、螺旋送料器必须涂防黏剂;

③对乳化沥青喷洒量进行标定;

④摊铺温度为 160~170 ℃;

⑤摊铺速度为 12~36 m/min;

⑥气温低于 10 ℃不得摊铺,雨后 24 h 内不准施工。

(3)质量控制

随时对新铺路面外观进行目测,表面必须平整密实,不得有轮迹、裂缝、推挤、油斑、油包、离析等现象。接缝必须紧密平顺,无跳车。NovaChip 超薄磨耗层专用摊铺机级配误差范围分别见表 3.17、图 3.19。

表 3.17 NovaChip 超薄磨耗层混合料级配控制范围

通过指定筛孔百分率		允许误差/%		
		4.75 mm—A 型	9.5 mm—B 型	12.5 mm—C 型
方孔筛大小	19 mm	—	—	—
	12.5 mm	—	—	±5
	9.5 mm	—	±5	—

续表

通过指定筛孔百分率		允许误差/%		
		4.75 mm—A 型	9.5 mm—B 型	12.5 mm—C 型
方孔筛大小	4.75 mm	±5	±4	±4
	2.36 mm	±4	±4	±4
	1.18 mm	±4	—	—
	0.075 mm	±1.0	±1.0	±1.0
沥青黏结料含量/%		±0.3	±0.3	±0.3
厚度控制/mm		±2	±3	±5

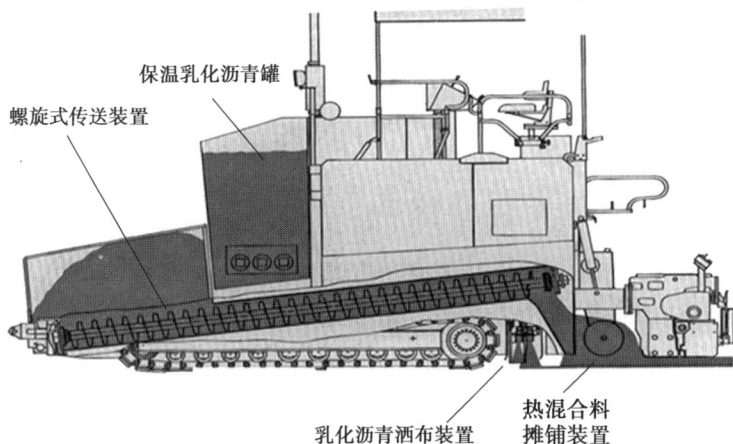

图 3.19　NovaChip 超薄磨耗层专用摊铺机

NovaChip 超薄磨耗层质量控制标准见表 3.18。

表 3.18　NovaChip 超薄磨耗层质量控制标准

项目	规范允许误差		规范	
	高速公路一级公路	一般公路	每千米测点数	合格评定方法
厚度	±3 mm	±5 mm	5	代表值满足
宽度	±2 cm	±3 cm	20	单点测值
沥青用量	±0.3%	±0.5%	1	单个测值
矿料级配	设计级配范围内	设计级配范围内	1	单个测值
构造深度	≥1.0 mm	≥0.8 mm	1	—
摩擦系数 BPN	≥45	≥45	1	—
平整度	较原路面有提高	10	代表值满足	—

3.5.3　沥青面层铣刨及重铺

基层作为沥青路面的主要承重层,其状况直接影响沥青路面的使用寿命,因此设计应对沥青路面承载力不足路段、路面修补密集路段、路面雷达测试基层松散路段的基层进行彻底处理,并遵循以下总体原则：

①对于沥青路面整体承载力不足，但路面破损较少路段，采用钻孔压浆提高路面结构承载能力；

②对于沥青路面整体承载力不足，路面破损严重路段，采用铣刨到基层重铺方案；

③对于沥青路面整体承载力满足要求但路面破损严重路段，采用铣刨面层重铺方案。

沥青路面加铺罩面方案设计主要包括加铺罩面结构层厚度、加铺罩面结构层组合、加铺罩面结构层混合料类型的确定，以及原材料的选择、混合料配合比确定、加铺罩面结构层方案比选等内容。项目组根据使用要求及气候、水文、土质等自然条件，密切结合当地实践经验以及原路面的状况，在满足交通量和使用要求的前提下应遵循因地制宜、合理选材、方便施工、利于养护、节约投资的原则，进行加铺罩面设计方案的技术经济比较，选择技术先进、经济合理、安全可靠、有利于机械化、工厂化施工的路面结构方案。结合当地条件，积极推广成熟的科研成果，对行之有效的新材料、新工艺、新技术应积极、慎重地加以运用。

本章小结

沥青路面养护包括预防养护、修复养护、专项养护和应急养护。本章介绍了沥青路面的主要内容和养护要求；其次，介绍了沥青路面缺陷类型并分析了成因；阐述了沥青路面日常养护相关知识。从微表处、碎石封层、复合封层等方面介绍了沥青路面预防养护的养护工艺。从基层补强、薄层罩面及超薄罩面、OGFC-9.5薄层罩面、沥青面层铣刨及重铺等方面详细介绍了沥青路面大中修的养护工艺。通过本章学习应能合理掌握养护原则、选择合适养护方式、施工方法以及准确实施质量控制。

课后习题

3.1 沥青路面病害类型、原因有哪些？

3.2 简述沥青路面预防养护技术。

3.3 简述沥青路面病害处治技术。

3.4 简述沥青路面养护技术发展历程。

3.5 简述水泥混凝土路面病害类型、原因。

3.6 实训：试分别对一条道路的沥青路面、水泥混凝土路面的病害进行调查，并完成调查报告，提出初步养护对策。

第4章 水泥混凝土路面养护

【学习目标】
1.掌握水泥混凝土路面养护的内容和要求;
2.熟悉水泥混凝土路面病害处治措施;
3.了解水泥混凝土路面加宽技术;
4.熟悉水泥混凝土路面"白改黑"改造技术。

【本章重点】
1.水泥混凝土路面病害处治措施;
2.水泥混凝土路面"白改黑"改造技术。

4.1 水泥混凝土路面养护的内容与要求

4.1.1 水泥混凝土路面养护内容

清扫行车道与硬路肩上的泥土和杂物;填补或清除水泥混凝土路面各种接缝的填缝料;疏通路基路面排水设施;清洗和恢复路面各种标线、导向箭头及文字标记;修复路面、路肩和路缘石等的局部损坏,对局部路段路面损坏严重的予以翻修;铺筑加铺层,以恢复其表面功能;局部补强以提高承载能力。

4.1.2 水泥混凝土路面养护要求

水泥混凝土路面的养护质量标准见表4.1。

表 4.1 水泥混凝土路面养护质量标准

项目		高速公路、一级公路	其他等级公路
平整度/mm	平整度仪	2.5	3.5
	3 m 直尺/h	5	8
	国际平整度指数 IRI/(m·km^{-1})	4.2	5.8
抗滑	构造深度 TD/mm	0.4	0.3
	抗滑值 SRV(BPN)	45	35
	横向力系数 SFC	0.38	0.30
相邻板高差/mm		3	5
接缝填缝料凹凸/mm		3	5
路面状况指数(PCI)		≥70	≥55

4.2 水泥混凝土路面病害处治

4.2.1 水泥混凝土路面病害类型

1) 水泥混凝土路面的病害分类(表 4.2)

表 4.2 水泥混凝土路面的病害分类

破损分类	分级	外观描述	分级指标	计量单位
破碎板	轻	破碎板未发生松动和沉陷	板块被裂缝分为 3 块以上	m²
	重	破碎板有松动、沉陷和唧泥等现象	板块被裂缝分为 3 块以上	板块面积
裂缝	轻	裂缝窄、裂缝处未剥落	缝宽:<3 mm	—
	中	边缘有碎裂	裂缝宽度:3~10 mm	裂缝长度(m)
	重	缝宽、边缘有碎裂并伴有错台出现	缝宽:>10 mm	×1.0 m
板角断裂	轻	—	裂缝宽度:<3 mm	
	中	裂缝与纵横接缝相交,且交点距板角	裂缝宽度:3~10 mm	
	重	不大于板边长度的一半	裂缝宽度:>10 mm	板角面积
错台	轻	—	高差:≤10 mm	m²
	重	接缝两边出现的高差大于 5 mm 的损坏	高差:>10 mm	错台接缝长度(m)×1.0 m
唧泥	—	板块在车辆驶过后,接缝处有基层泥浆涌出		m²[唧泥长度(m)×1.0 m]
边角剥落	轻	浅层剥落	—	—
	中	中深层剥落,接缝附近水泥混凝土有开裂		m²
	重	深层剥落,接缝附近水泥混凝土多处开裂,深度超过接缝槽底部		剥落长度(m)×1.0 m
接缝料损坏	轻	填料老化,不密水,但尚未剥落脱空,未被砂、石、泥土等填塞	下沉深度:10~25 mm	m²
	重	1/3 以上接缝出现空缝或被砂、石、泥土填塞	下沉深度:>25 mm	损坏长度(m)×1.0 m
坑洞	—	板面出现有效直径大于 30 mm、深度大于 10 mm 的局部坑洞		坑洞或坑洞群面积(m²)
拱起	—	横缝两侧的板体发生明显抬高,高度大于 10 mm		拱起板块面积(m²)
露骨	—	板块表面细集料散失、粗集料暴露或表层疏松剥落		露骨面积(m²)
修补	—	裂缝、板角断裂、边角剥落、坑洞和层状剥落的修补		修补面积(m²)

2) 水泥混凝土路面主要病害产生的原因

(1)裂缝(图4.1)

①重复荷载应力、翘曲应力及收缩应力等综合作用。

②水的浸入及过大的竖向位移的重复作用,使基层受到侵蚀产生脱空。

③土基和基层强度不够。

④接缝拉开后,丧失传递荷载的能力,在板的周边产生过大的荷载应力。

⑤水泥质量差、不稳定,粗细集料质量差。

⑥施工操作不当,养生不好。

(2)沉陷(图4.2)

①路面基层稳定性不够,强度不均匀,造成混凝土板不均匀下沉。

②排水设施不完善,地面水渗入基层,导致基层强度减弱,唧泥、混凝土板严重破碎造成面板沉陷。

图4.1　横向裂缝

图4.2　局部沉陷

(3)胀起

①公路路基排水不畅通,在冬季由寒冷而引起的冻胀胀起。

②路基土质不良,由于排水设施不完善引起地表水渗入或浸泡,造成路基土膨胀。

(4)接缝填缝料损坏

①接缝材料的老化、脱落、软化和溢出。

②灌缝材料质量欠佳及漏灌。灌缝材料质量欠佳会造成温度高时被车轮撕裂或带出,温度低时发生脆裂;漏灌及灌缝不良会造成雨水下渗,影响路面质量。

③灌缝不及时、切缝深度不足及灌缝时缝内湿度太大。灌缝不及时会使泥沙等杂质进入缝内,切缝深度不足及灌缝时缝内湿度太大,都会影响灌缝质量。

(5)纵向接缝张开

①混凝土路面施工时,没有按照设计要求设置横向拉杆。

②路基填料在横向不均匀沉降,从而引起路面在横向不均匀沉降,造成纵缝张开。

(6)唧泥和板底脱空(图4.3)

接缝填料失效,基层材料不耐冲刷,接缝传递荷载的能力差和重载反复作用。

(7)错台(图4.4)

①路面基层碾压不密实,强度不足。

②局部地基不均匀下沉或采空区地基大面积沉陷。

③水浸入基层,行车荷载使路面板产生泵吸现象。

④传力杆、拉杆功能不完善或失效。

图 4.3　唧泥

图 4.4　错台

(8)接缝碎裂(图 4.5)

①混凝土路面板角、板边部分应力易集中以及振捣不良等原因,容易导致发生裂缝。

②在外力作用下也易发生断边、缺角现象。

③在胀缝上部有硬物梗阻,或相邻板块混凝土有连搭现象,路面板在高温热胀时,接缝处的边部产生倾斜剪切挤碎。

(9)拱起(图 4.6)

①非高温季节施工时,胀缝设置间距过长或失效。

②接缝内嵌入硬物。

③夏季连续高温使板体热胀。

图 4.5　接缝碎裂

图 4.6　拱起

(10)磨损和露骨

①路面磨损甚至露骨,除与砂石材料中的含泥量及砂偏细等有关外,还与水泥有关。由于水泥稠度指标达不到,保水性差,泌水较为严重,这会造成混凝土表层强度不足,最后路面起砂磨损现象很严重。

②路面浇筑中,提浆机使用过多。由于提浆机振动频率大,使面层砂浆过厚,这也易造成起砂和露骨。

③营运造成磨损露骨。在车辆运行过程中,路面上的泥土、砂、石子等在车轮荷载的反复作用下,使路面磨损最后露骨。

（11）脱皮

在施工中,因水泥混凝土面板受雨水侵蚀使水泥浆流失,而后用水泥浆粉刷补救,或是混凝土坍落度大及水泥保水性差使面板泌水严重,或用干水泥补撒吸水等都会产生脱皮。

①活性集料反应引起的网裂。主要原因是水泥混凝土中碱集料发生反应造成的。碱集料反应的路面外观表现为路面表面出现树枝状、网状裂缝(龟裂),在集料处膨胀、开裂。尽管这些裂缝并不会使路面完全破坏,却降低了路面的其他使用功能,降低了路面的服务水平,加速了路面破坏,缩短了路面的使用寿命。

②粗集料冻融裂纹。冬季施工时,未采用防冻剂或养生不当时容易产生冻融裂纹,主要是由于某些粗集料的冻融膨胀压力所造成的,通常先从板的底部开始崩解。

（12）坑洞

①粗集料脱落或局部振捣不密实。

②砂石材料中混进小泥块或杂质。

③车辆、机械撞击磨损。

（13）修补损坏

①原有病害没有根治。

②修补质量差。

③交通荷载过大。

④新旧混凝土结合处理不当。

4.2.2 水泥混凝土路面病害维修

1) 裂缝维修

水泥混凝土路面的裂缝情况比较复杂,维修时应根据裂缝产生的原因和具体情况,采用不同的材料和相应的维修措施,常用的维修方法有扩缝灌浆、直接灌浆、条带补缝、全深度补块等。

（1）轻微裂缝

对于宽度小于 3 mm 的轻微裂缝,可采取扩缝灌浆。

①顺着裂缝扩宽成 1.5~2.0 cm 的沟槽,槽深可根据裂缝深度确定,最大深度不得超过 2/3 板厚。

②清除混凝土碎屑,吹净灰尘后,填入粒径为 0.3~0.6 cm 的清洁石屑。

③根据选用的灌缝材料,按《公路水泥混凝土路面养护技术规范》(JTJ 073.1—2001)的规定进行配比,混合均匀后,灌入扩缝内。

④灌缝材料固化后,达到通车强度时,即可开放交通。

（2）中等裂缝

对于贯穿全厚的大于 3 mm 且小于 15 mm 的中等裂缝,可采取条带罩面方法进行补缝。

①在裂缝两侧切缝时,应平行于缩缝,且距裂缝距离不小于 15 cm。

②凿除两横缝内混凝土的深度宜为 7 cm。

③每间隔 50 cm 打一对耙钉孔,耙钉孔的大小应略大于耙钉直径 2~4 mm,并在两耙钉孔之间打一对与耙钉孔直径一致的耙钉槽。

④耙钉宜采用 φ16 mm 的螺纹钢筋,使用前应除锈。耙钉长度不小于 20 cm,弯钩长度为 7 cm。

⑤耙钉孔必须填满砂浆,方可将耙钉插入孔内安装。

⑥切割缝的内壁应凿毛,并清除松动的混凝土碎块及表面尘土、裸石。

⑦浇筑混凝土时,应及时振捣密实、抹平,并喷洒养护剂。

⑧修补板块面板两侧,应加深缩缝,并灌注填缝料。

(3)严重裂缝

对于宽度大于 15 mm 的严重裂缝,可采用全深度补块。

①集料嵌锁法适用于无筋混凝土路面交错的接缝,且接缝间隔小于 300~400 cm。其修补工艺如下:

a.在修补的混凝土路面位置上,平行于缩缝画线,沿画线位置进行全深度切割。在保留板块边部的前提下,沿内侧 4 cm 的位置,锯 5 cm 深的缝。

b.破碎、清除旧混凝土过程中,不得伤及基层、相邻面板和路肩。若破除的旧混凝土面积当天无法完成混凝土浇筑时,其补块位置应做临时补块。

c.全深锯口和半深锯口之间的 4 cm 宽条混凝土垂直面应凿成毛面。

d.处理基层时,基层强度符合规范要求,应整平基层;基层强度低于规范要求时,应予以补强,并严格整平;若基层全部损坏或松软时,应按原设计基层材料重新做基层,其技术要求应符合《公路路面基层施工技术细则》(JTG/T F20—2015)的规定。

e.混凝土的配合比应根据设计弯拉强度、耐久性、耐磨性、和易性等要求,先用原材料进行配比设计。各种材料的物理性能及化学成分应符合《公路水泥混凝土路面设计规范》(JTG D40—2011)的规定。

f.用水量应控制在混合料运到工地最佳和易性所需的最小值,最大水灰比为 0.4。如采用 JK 系列混凝土快速修补材料,水灰比宜为 0.3~0.4,坍落度宜控制在 2cm 以内。混凝土 24 h 弯拉强度应不低于 3.0 MPa。

g.混凝土摊铺应在混凝土拌和后 30~40 min 内卸到补块区内,并振捣密实。

h.浇筑的混凝土面层应与相邻路面的横断面吻合,其表面平整度应符合《公路工程质量检验评定标准 第一册 土建工程》(JTG F80/1—2017)的规定,补块的表面纹理应与原路面吻合。

i.补块养护宜采用养护剂,其用量根据养护材料性能确定。

j.做接缝时,将板中间的各缩缝锯切到 1/4 板厚处,将接缝材料填入缩缝内。

k.混凝土达到通车强度后,即可开放交通。

②刨挖法也称倒 T 形法,如图 4.7 所示。该方法适用于接缝间传荷很差部位的修补,在相邻板块横边的下方暗挖 15 cm×15 cm 的一块面积用于荷载传递。施工要求同集料嵌锁法。

③设置传力杆法适用于寒冷气候和承受重型交通荷载的混凝土路面(图 4.8)。施工要求同集料嵌锁法。

a.处理基层后,应修复、安设传力杆和拉杆。

b.原混凝土面板没有传力杆或拉杆折断时,应采用与原规格相同的钢筋焊接或重新安设。安装时,应在 1/2 板厚处钻出比传力杆直径大 2~4 mm 的孔,孔中心间距为 30 cm,其误差不应超过 3 mm。

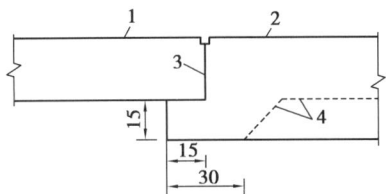

图4.7 刨挖法(单位:cm)

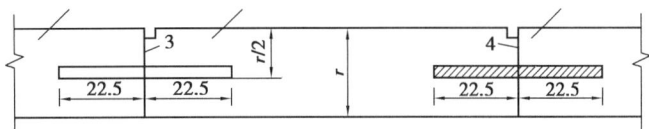

图4.8 设置传力杆法(单位:cm)

c.横向施工缝传力杆直径为25 mm的光圆钢筋,长度为45 cm,嵌入相邻保留板内深22.5 cm。

d.拉杆孔直径宜比拉杆直径大2~4 mm,并应沿相邻板块间的纵向接缝,在板厚1/2处钻孔,中心间距为80 cm。拉杆采用ϕ16 mm的螺纹钢筋(长80 cm),其中40 cm嵌入相邻车道的混凝土面板内。

e.传力杆和拉杆宜用环氧砂浆牢牢固定在规定位置。摊铺混凝土前,光圆传力杆的伸出端应涂少许润滑油。

f.新补板块与沥青路肩相接时,应与现有路肩齐平。

g.传力杆若安装倾斜或松动失效,应予以更换。

2) 沉陷处理

沉陷是水泥混凝土路面严重病害之一,它可以导致面板的错台、严重破碎,影响行车安全。沉陷处理应设置排水设施,其方法按前述唧泥处理排水设施要求进行。沉陷处理方法有板块灌砂顶升法、千斤顶顶升法、浅层接合式修补法和整块板翻修法等。

①当车辆驶过时仅引起不舒适而不影响安全性,且纵坡突变量为0.5%~1.0%的轻微沉陷可不予处理。

②当某些车辆高速驶过时影响安全,且纵坡突变量大于1.0%的属于严重沉陷。严重沉陷可采用提升面板后再压浆的方法进行处理,也可采用先板底灌浆再进行浅层接合式修补调平,或采用沥青混凝土罩面的办法处理。面板在顶升前,应用水准仪测量下沉板的下沉量,测站距下沉处应大于50 m,并绘出纵断面,求出升起值。在每块混凝土面板上钻出两行平行的直径为3 cm的透孔,孔的距离约为1.7 m(板宽3.5 m时,一孔所占面积为3~3.5 m²),孔深应略大于板厚2 cm。当板需要从一侧升起时,只需在升起部分钻孔。在升起前将所有孔用木塞堵好,一孔一孔地灌砂,充气管与板接头处用棉絮密封,用排气量为6~10 m³/min的空气压缩机向孔中灌砂,直至下沉板全部顶升就位。灌注材料可采用水泥砂浆。压浆材料的抗压强度达到6 MPa时,方可开放交通。

③沉陷并伴有板体开裂时属于严重破碎板,一般应整板更换。整板更换时,宜用液压镐将旧板凿除,尽可能保留原有拉杆,并清运混凝土碎块,将基层损坏部分清除,并整平压实。对基层损坏部分,宜采用C15混凝土补强。补强混凝土顶面高程应与旧路面基层顶面高程相同,同时宜在混凝土面板接缝处的基层上涂刷一道宽20 cm的薄层沥青。

④整块翻修的面板如处在路面排水不良地带,路面板边缘及路肩应设置路基纵横向排水系统。单一板块翻修时,应在路面板接缝处设置横向盲沟。路面有纵坡时,宜设置纵向盲沟,在纵坡底部设置横向盲沟。

⑤板块修复、混凝土施工时,配合比及所有材料宜采用快速修补材料。修补材料按配合比

设计,将拌和好的混合料用翻斗车运送到施工现场,进行人工摊铺。宜采用插入式振捣器振捣边角混凝土,并用振动梁刮平提浆,人工抹平,与原混凝土板面高低一致。对混凝土表面处理时,应按原路面纹理进行,宜采用养护剂进行养护。相邻板边的接缝应用切缝机切至 1/4 板块深度,清除缝内杂物,灌入接缝材料。待混凝土达到通车强度后,开放交通。

3) 胀起处理

水泥混凝土路面胀起,主要是因混凝土板块热胀,胀缝失效,而突然使横缝两侧的板体明显提高。胀起处理应根据具体情况,采取不同的方法进行处治。

①对轻微胀起病害,应用切缝机或其他机具将胀起板间横缝中的硬物切碎,用压缩空气将缝中石屑等杂物和灰尘吹净,将板块复位,再进一步灌填接缝材料。

②对严重胀起处理,板端胀起但路面完好时,应根据板块胀起高低程度,计算要切除部分板块的长度。先将胀起板块两侧附近 1~2 条横缝切宽,待应力充分释放后切除胀起端,逐渐将板块恢复原位,在缝隙和其他接缝内应清除并灌接缝材料。

③胀起板端发生断裂或破损时,应按严重裂缝处理的集料嵌锁法、刨挖法和设置传力杆法进行处治。

④胀起板两端间因硬物夹入发生胀起,应将硬物清除干净,使板块恢复原位,应清理接缝内杂物和灰尘,灌填缝料。

⑤胀缝间因传力杆部分或全部在施工时设置不当,使板受热时不能自由伸长而发生胀起,应重新设置胀缝。按水泥混凝土路面有关施工规范执行,使面板恢复原状。

4) 接缝填缝料损坏维修

①用凿除工具或清缝机清除接缝中的旧填缝料和杂物,并将缝内灰尘吹净。

②胀缝修理时,应先将热沥青涂刷缝壁,再将接缝板压入缝内。接缝板接头及接缝板与传力杆之间的间隙,必须用沥青或其他填缝料填实抹平。上部用嵌缝条的应及时嵌入嵌缝条。

③用加热式填缝料修补时,必须将填缝料加热至灌入温度,滤去杂物,倒入灌缝机内即可填灌。在填缝的同时,宜用铁钩来回钩动,以增加与缝壁黏结性、灌缝。在气温较低季节施工时,应先用喷灯将接缝预热。

④用常温式填缝料修补时,除无须加热外,其施工方法与加热式填缝料相同。

⑤填缝料的技术要求与施工质量验收标准,应符合《公路水泥混凝土路面养护技术规范》(JTJ 073.1—2001)和《水泥混凝土路面施工及验收规范》(GB J97—1987)的规定。

5) 纵向接缝张开维修

①当相邻车道面板横向位移,纵向接缝张开宽度在 10 mm 以下时,宜采取聚氯乙烯胶泥、焦油类填缝料和橡胶沥青等加热施工式填缝料。

②当相邻车道板横向位移,纵向接缝张口宽度在 10~15 mm 以上时,宜采取聚氨酯类常温施工式填缝料进行维修。程序是:清除缝内杂物和灰尘→按材料配比配制填缝料→用挤压枪注入填缝料→填缝料固化开放交通。

③当纵向接缝张口宽度在 15 mm 以上时,采用沥青砂填缝。

④当纵缝宽度达 30 mm 以上时,可在纵缝两侧横向锯槽并凿开,槽间距为 60 cm,宽度为 5 cm,深度为 7 cm。沿纵缝两侧 10 cm,钻直径为 14 mm 的耙钉孔,设置 φ12 螺纹钢筋耙钉,耙钉在老混凝土路面内的弯钩长度为 7 cm,纵缝内部的凿开部分用同等级水泥混凝土填补,缝一侧

涂刷沥青。

6) 唧泥处理

唧泥病害一般采用板下压浆封堵工艺(与脱空板处治相同),在此基础上补充处理:

①加强对水泥混凝土路面日常养护灌缝的控制,采用水泥混凝土灌缝机灌缝,严格按照规范进行灌缝的养护,尤其要加强雨季之前的养护工作。

②设置横向排水管。对于病害区域排水不畅的地方,每隔 10~30 m 设置一道横向 PC 管(+50 mm),将水排到路基以外,定期进行疏通。

7) 板底脱空处理

(1)板底脱空的测定

①须用 5.4 m 长杆弯沉仪,即相当于 BZZ-100 重型标准汽车。

②弯沉仪的测点与支座不应放在相邻两块板上,待弯沉车驶离测试板块,方可读取百分表值。

③凡弯沉超过 0.2 mm 的,应确定为面板脱空。

(2)灌浆孔布设

①灌浆孔布设应根据路面板的尺寸、下沉量大小、裂缝状况以及灌浆机械确定。

②灌浆孔与面板边的距离不应小于 0.5 m。在一块板上,灌浆孔的数量一般为 5 个,也可根据情况确定。

(3)钻孔作业

①将钻孔机放置在确定的钻孔位置,开动钻机开关,观察钻头转向是否无误,并有水流出,方能开始钻孔。孔的直径应略大于灌浆的喷嘴直径,孔的深度应穿过混凝土板,钻入稳定的基层处 1~3 cm。

②用海绵块将钻孔中的积水吸出,并用空压机清除板下杂物,形成空脱,以便于浆体的分布和黏结。

(4)灌浆作业

板底脱空常用水泥浆、水泥粉煤灰浆、水泥砂浆灌浆等方法进行板下封堵。

①水泥灌浆法。根据所需灌注的体积、浆体配合比及施工速度称取各种材料,先干拌均匀,再加入已溶有减水剂、早强剂的水,并不断搅拌 5~10 min 形成浆体。配制好的浆体应在 30 min 内使用,并且施工过程中不停地搅拌,中途不得停机。

灌浆时,应先从沉陷量大的地方的灌浆孔开始,逐步由大到小。将灌浆机的喷嘴插入孔中并压紧,以防浆体由孔中流出。

起动灌浆机,将压力泵的压力均匀增加到 1.5~2.0 MPa 进行灌浆,待浆体由其他孔中或板边挤出时,表明板下空隙已被灌满,应减少压力,并将喷嘴提起,立即用木塞塞孔,防止浆体溢出,至浆体初凝抗压强度达到 3 MPa 时,拔出木塞,用高等级砂浆封孔、抹平,关闭压力泵,将灌浆机移到下一个孔继续灌浆,直至一块板灌浆完毕。灌浆区板下的浆体经 2~3 天的硬化,达到通车强度 5 MPa 以上后,即可开放交通。

②沥青灌注法。宜采用建筑沥青,沥青加热熔化温度一般为 1 800 ℃。沥青洒布车或专用设备的压力为 200~400 kPa。灌注沥青压满后约 0.5 min,应拔出喷嘴,用木塞堵塞。沥青温度下降后,应拔出木塞,填进水泥砂浆,即可开放交通。

8)错台处治

水泥混凝土路面错台病害,轻则影响行车的舒适性,重则危及行车安全。错台的处治方法有磨平法和填补法两种,可按错台的轻重程度选定。

①对于高差小于或等于 10 mm 的错台,可采用磨平机磨平或人工找平。无论人工找平还是磨平机磨平,首先均应划定错台处治范围。采用机械磨平法应从错台最高点开始向四周扩展,边磨边用 3 m 直尺找平,直至相邻两块板齐平为止(图 4.9)。磨平后,应将接缝内杂物清除干净,并吹净灰尘,及时将嵌缝料填入。采用人工处治法时,应用平头凿由浅到深从一边凿向另一边,凿后的面板应达到基本平衡,凿完后清除接缝杂物,吹净灰尘,及时灌入填缝料。

②对于高差大于 10 mm 的严重错台,可采取沥青砂或水泥混凝土进行处治、补平或调平宽度不小于 40 倍的错台高差,或用沥青混凝土罩面,或采取板底压浆抬高等方法进行处治。沥青砂填补法不宜在冬季进行,填补时清除掉路面杂物和灰尘,并喷洒一层热沥青或乳化沥青,沥青用量为 0.40~0.60 kg/m²。摊铺沥青砂时,修补面纵坡变化应控制在 $i \leq 1\%$。沥青砂填补后,宜用轮胎压路机碾压,初期应控制车辆慢速通过。采用水泥混凝土修补法时,应将错台下沉板凿除 2~3 cm 深,修补长度按错台高度除以坡度(1%)计算(图 4.10),凿除面应清除杂物灰尘。浇筑聚合物细石混凝土时,混凝土达到通车强度后,即可开放交通。

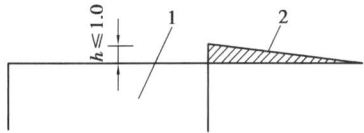

图 4.9 错台磨平法示意图(单位:cm)
1—下沉板;2—磨平

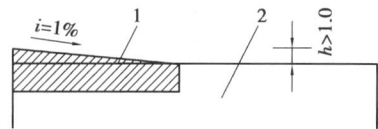

图 4.10 错台填补法示意图(单位:cm)
1—凿除修补;2—下沉板平

9)接缝维修

水泥混凝土路面的接缝包括纵向施工缝、纵向缩缝、横向施工缝、横向缩缝、横向胀缝等。接缝是水泥混凝土路面的薄弱环节,最易引起破坏,水、砂子等物也最容易从接缝进入,导致面板的唧泥、脱空、断板、沉陷等病害产生,因此对接缝必须加强养护维修,以减少路面病害的产生。

(1)接缝填缝料损坏维修

接缝填缝料损坏维修应符合下列规定:

①接缝中的旧填缝料和杂物应予清除,并将缝内灰尘吹净。

②胀缝修理时,应先将热沥青涂刷缝壁,再将接缝板压入缝内。对接缝板接头及接缝板与传力杆之间的间隙,必须用沥青或其他填缝料填实抹平。上部用嵌缝条的,应及时嵌入嵌缝条。

③用加热式填缝料修补时,必须将填缝料加热至灌入温度。宜用嵌缝机填灌,填缝料应与缝壁黏结良好和填灌饱满。在气温较低季节施工时,应先用喷灯将接缝预热。

④常温式填缝料修补时,除无须加热外,其施工方法与加热式填缝料相同。

⑤缝料的技术要求与施工质量验收标准,应符合有关规范的规定。

(2)纵向接缝张开维修

纵向接缝张开维修应符合下列规定:

①当相邻车道面板横向位移、纵向接缝张开宽度在 10 mm 以下时,宜采取聚氯乙烯胶泥、焦油类填缝料和橡胶沥青等加热施工式填缝料,其方法参照上述"(1)接缝填缝料损坏维修"执行。

②当相邻车道板横向位移、纵向接缝张口宽度在 10 mm 以上时,宜采取聚氨酯类常温施工式填缝料进行维修。维修前,应清除缝内杂物和灰尘。应按材料配比配制填缝料。宜采用挤压枪注入填缝料。填缝料固化后,方可开放交通。

③纵向接缝张口宽度在 15 mm 以上时,采用沥青砂填缝。

(3)接缝碎裂维修

接缝出现碎裂时,接缝维修应符合下列规定:

①在破碎部位外缘,应切割成规则图形,其周围切割面应垂直于面板,底面宜为平面。

②应清除混凝土碎块,吹净灰尘杂物,并保持干燥状态。

③宜用高弹性模量补强材料进行填充维修。

④修补材料达到通车强度后,方可开放交通。

10)表面起皮(剥落、露骨)

表面起皮(剥落、露骨)处治应根据公路等级和表面破损程度,采取不同的材料和施工方法进行,对局部板块的表面起皮应进行罩面。

①一般公路水泥混凝土板表面起皮(剥落、露骨)宜采用稀浆封层加以处治。

②高速公路水泥混凝土板表面起皮(剥落、露骨),宜采用改性沥青稀浆封层或沥青混凝土加以处治。

③较大面积的水泥混凝土面板表面起皮(剥落、露骨),宜采取稀浆封层及沥青混凝土罩面加以处治。

11)坑洞修补

水泥混凝土路面坑洞的产生,主要是粗集料脱落或局部振捣不密实等原因所致。坑洞面积不等,有的在一块板或多块板上出现。坑洞尽管对行车影响不大,但对路面的外观和表面功能都有较大影响,因此,应根据实际情况采取相应措施进行修补。

①对个别的坑洞,应清除洞内杂物,用水泥砂浆等材料填充,达到平整密实。

②对较多坑洞且连成一片的,应采取薄层修补方法进行修补。

a.画出与路中心线平行或垂直的修补区域图形。

b.用切割机沿修补图形切槽,切割深度应在 6 cm 以上,用风镐清除槽内混凝土,使槽底平面达到基本平整,并将切割面内的光滑面凿毛。

c.用压缩空气吹净槽内的混凝土碎屑和灰尘。

d.按原混凝土配比设计配制混凝土,宜掺加早强剂。混凝土拌合物填入槽内,振捣密实,并保持与原混凝土面板齐平。宜喷洒养护剂养护。

e.待混凝土达到通车强度后,方可开放交通。

③对于低等级公路对面积较大、深度在 3 cm 以内、成片的坑洞,可用沥青混凝土进行修补。

a.用风镐凿除一个处治区,其图形边线应与路中心线平行或垂直。

b.凿除深度宜为 2~3 cm,并清除混凝土碎屑。

c.铺筑沥青混凝土前,应将凿除的槽底面和槽壁撒黏层沥青,其用量为 0.4~0.6 kg/m^2。

d.沥青混凝土应碾压密实平整。

e.待沥青混凝土冷却后,控制车速通车。

4.2.3　水泥混凝土路面的预防养护技术

1) 清扫保洁

①水泥混凝土路面必须定期清扫泥土和污物;与其他不同类型路面平面连接处及平交道口污染,应勤加清扫;路面上出现的小石块等坚硬物在行车碾压下容易破坏路面和嵌入路面接缝,同时还会造成飞石伤人,应予以清除;中央分隔带内的杂物应定期清除;保持路容整洁。

②路面清扫频率应根据公路状况、交通量大小及其组成、环境条件等确定,路面清扫宜采用机械作业。机械清扫留下的死角,应人工清除干净。

③路面清扫时,应尽量减少清扫作业产生灰尘,以免污染环境,危及行车安全,清扫作业宜避开交通量高峰时段进行。

④路面清扫后的垃圾应运至指定地点进行处理,不得随意倾倒。

⑤当路面被油类物质或化学药品污染后,降低摩擦系数,危害交通安全,因此应清洗干净。

⑥交通标志标牌、标线、轮廓标以及防撞栏等交通安全设施是整个公路景观的组成部分,也是交通安全的必要保障,应定期擦拭。交通标志及标线受到污染后应及时清扫(洗),保持整洁、醒目。对于反光标志,应注意观察和清洗,防止因污染而降低其反光性能。

⑦应保持交通标志标牌、标线、示警桩、轮廓标完整,发生局部脱落、破损时应用原材料进行修复或更换。

2) 接缝保养及填缝料更换

(1) 接缝的保养

①填缝料凸出板面,高速公路、一级公路超出 3 mm,其他等级公路超过 5 mm 时应铲平。

②气温较高时混凝土板膨胀,如填缝料本身压缩性能及热稳定性差,就容易发生填缝料外溢甚至流淌到接缝两侧面板,影响路面平整度和路容时应予清除。

③杂物嵌入接缝中,会使接缝失去胀缩作用,从而使面板产生拱胀及断裂,应予清除。尤其是石子嵌入时,使接缝处板端应力集中,以致接缝附近的混凝土板挤碎,应及时剔除。

(2) 填缝料定期更换

①填缝料的更换周期主要取决于填缝料自身的寿命与施工质量以及路面条件,一般为 2~3 年。

②填缝料局部脱落时应进行灌缝填补;填缝料脱落缺失大于 1/3 缝长或填缝料老化、接缝渗水严重时,应立即进行整条接缝的填缝料更换。

③填缝料的更换应做到饱满、密实、黏接牢固。

④更换填缝料前应将原填缝料及掉入缝槽内的砂石杂物清除干净,并保持缝槽干燥、清洁。灌注深度宜为 3~4 cm。当缝深过大时,缝的下部可填 2.5~3.0 cm 高的多孔柔性垫底材料或泡沫塑料支撑条。对于填缝料的灌注高度,夏天宜与面板平齐,冬天宜稍低于面板 2 mm。多余或溅到面板上的填缝料应予以清除。填缝料更换宜选在春、秋两季,或宜在当地年气温居中且材料较干燥的季节进行。

(3) 排水设施养护

①对于路面排水设施,应采取经常性的巡查并与重点检查相结合,发现损坏应及时安排修复,发现堵塞必须立即疏通,路段积水应及时排出。

②雨天应重点检查超高路段的中央分隔带纵向排水沟、横向排水管、雨水井、集水井等的排

水状况,出现堵塞情况,积水应及时排出。排水构造物及路肩修复宜采用与原构造物相同的材料。

③保持路面横坡及路面平整度。当快车道为水泥混凝土路面,慢车道或非机动车道为沥青路面时,应保持沥青路面横坡大于水泥混凝土路面横坡,以利于排水。

④保持路肩横坡大于路面横坡,路肩横坡应顺畅,并及时修复路肩缺口。路面接缝、路肩接缝及路缘石与路面接缝出现接缝变宽渗水时应进行填缝处理。

⑤定期修整路肩植物、清除路肩杂物,疏通路肩排水设施和中央分隔带排水设施,常年保持路面排水顺畅。

(4)冬季养护

①冰雪地区路段水泥混凝土路面冬季养护的重点是除雪、除冰、防滑;作业的重点是桥面、坡道、弯道、垭口及其他严重危害行车安全的路段。

②要根据气象资料、沿线条件、降雪量、积雪深度、危害交通范围等确定除雪、除冰、防滑作业计划,并做好机驾人员培训、机械设备、作业工具、防冻防滑材料的准备。

③除雪作业以清除新雪为主。化雪时,应及时清除雪水和薄冰。除冰困难的路段应以防滑措施为主,除冰为辅。除冰作业应防止破坏路面。

④路面防冻防滑的主要措施:使用盐或其他融雪剂降低路面上的结冰点。使用砂等防滑材料或与盐掺和使用,加大轮胎与路面间的摩擦系数。防冻、防滑料施撒时间,主要根据气象条件、路面状况等确定。一般可在开始下雪时就撒布融雪剂或与防滑料掺和撒布,或者估计在路面出现冻结前 1~2 h 撒布。防止路面结冰时,通常撒布一次防冻料即可,除雪作业时,撒布次数可以和除雪作业频率一致。在冻融前,应将积雪及时清除路肩之外,以免雪水渗入路肩。冰雪消融后,应清除路面上的残留物。禁止将含盐的积雪堆积于绿化带。

4.3　水泥混凝土路面加宽

加宽部位的路基填筑应符合设计要求,路基顶面应与原路基顶面齐平,施工质量应符合现行路基施工技术规范的要求。

4.3.1　土基加宽

土基加宽时,应先将原边坡坡脚或边沟清淤。

①必须铲除边坡杂草、树根和浮土,并按《公路路面基层施工技术细则》(JTG/T F20—2015)的规定处理。

②应分层填筑压实土基。

③必须处理好新旧路基的衔接,在新老路基交界处,路基与基层界面上铺设一层土工格栅。

④加宽路基时,应同时做好路基排水系统。

4.3.2　路面基层加宽

路面基层拓宽时,新加宽的基层强度不得低于原有水泥混凝土路面的基层强度,宜采用相错搭接。

4.3.3 水泥混凝土路面加宽

水泥混凝土路面加宽应符合下列要求：

①双侧加宽。如原路基较宽,路面加宽后路肩宽度大于 75 cm 时,可以直接加宽并碾压密实,做 1 cm 下封层,设置拉杆,浇筑混凝土板;对于路基较窄不具备加宽路面条件的路段,应先加宽路基。如果施工机械和操作方法能保证路基加宽部分达到规定密实度,即可加宽路面,否则应待路基压实稳定后,再加宽路面。宜采用两侧相等加宽的方式。$a-a'<1$ m 时不调整路拱,$a-a'>1$ m 时调整路拱,两侧不等宽的加宽方式如图 4.11、图 4.12 所示。加宽前应测定路基回弹弯沉值,弯沉值达到设计要求后方可铺筑路面基层。

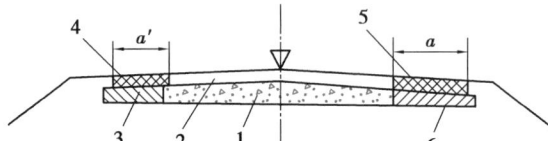

图 4.11　两侧不相等加宽路面($a-a'<1$ m 时,不调整路拱)

1—原有基层;2—原有路面;3—宽基层较窄;4—宽路面较窄;

5—宽路面较宽;6—宽基层较宽

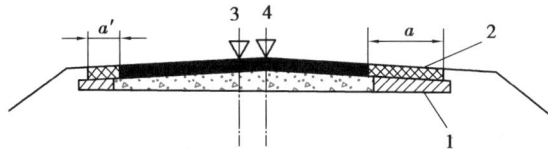

图 4.12　两侧不相等加宽路面($a-a'>1$ m 时,必须调整路拱)

1—原有基层;2—新铺加宽基层;3—加宽路面;4—加宽基层

②可结合加宽增加、完善路基路面排水系统。

③受线形和地形限制时,可采用单侧加宽。

④采用与原路面基层结构相同的材料铺筑路面基层。基层厚度大于 20 cm 时,可采用相错搭接法进行。先用切割机距基层边缘 30 cm、沿路线纵向切割 1/2 的基层厚度,用风镐凿除 30 cm 范围内的 1/2 基层厚度,分层摊铺压实路面基层,新加宽的基层强度不得低于原有水泥路面的基层强度。

⑤在平曲线处,均应按《公路工程技术标准》(JTG B01—2014)的规定设置超高、加宽。原来漏设的,也应结合加宽补设。

⑥加宽的混凝土面板的强度、厚度、路拱、横缝均宜与原混凝土面板相同。板块长宽比应为 1.2～1.3。路面板加宽应增设拉杆,拉杆设置参照《公路水泥混凝土路面设计规范》(JTG D40—2011)执行。

⑦路面板加宽应按下列方法增设拉杆:

a.在面板外侧每间隔 60 cm,在 1/2 板厚处打一深 30 cm、直径 18 mm 的水平孔。

b.清除孔内混凝土碎屑。

c.向孔内压入高强砂浆。

d.插入 ϕ4 mm、长 60 cm 的螺纹钢筋。

⑧水泥混凝土路面施工应符合公路水泥混凝土路面有关施工规范规定。

4.4　水泥混凝土路面"白改黑"改造技术

对于旧水泥混凝土路面板的病害处理,根据旧水泥混凝土路面板的病害状况,可采取 3 种处理方案。图 4.13 为水泥板处理措施时机图。

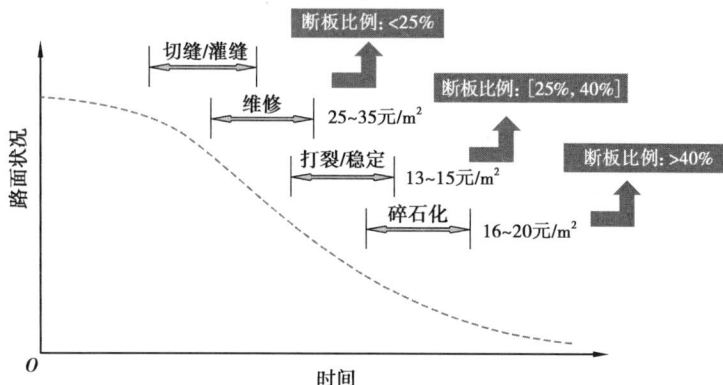

图 4.13　水泥板处理措施时机图

4.4.1　维修加铺沥青技术

1) 施工工艺

对破损水泥板进行破碎更换,对脱空水泥板进行压浆。

2) 方案使用条件

该方案适用于原路面的整体状况还算良好,但有少量板块存在脱空或较严重断板而使路面的行驶品质难以满足道路使用者对路面行驶舒适性或安全性要求的情况。

3) 方案优缺点

①优点:这种加铺方式能较充分地利用原有路面的剩余结构强度,旧水泥混凝土路面板可提供稳定、坚实的基层,而沥青混凝土路面可提供一个摩阻系数较高、平整度好的面层,大大改善路面的使用性能。

②缺点:旧混凝土路面的接缝与裂缝处不能承受剪应力和拉应力,所以在温度应力和荷载应力重复作用下,沥青加铺层的相应位置上就易受到损伤,产生反射裂缝。产生反射裂缝后,水分很容易进入路面内部结构而产生剥落,同时诱发裂缝的扩展,加速路面性能的恶化。

4.4.2　打裂压稳技术

1) 施工工艺

打裂压稳一般要求 75% 以上的面板打成不规则开裂,打裂后的板块大小为 0.4~0.8 m。打裂压稳采取两种工艺。

打裂压稳一般采用板式冲击锤打裂设备和蓝派冲击压路机(图 4.14)震裂。

2) 方案使用条件

该方案适用于原路面存在较大量的断裂板,采用灌浆、换板等方案对原路面进行维修处治

图 4.14　蓝派冲击压路机

已不经济的情况。将旧水泥混凝土路面板破碎稳固处理后可减小板的水平位移,消除产生反射裂缝的温度应力,还能使混凝土块与块之间形成嵌锁,保持住水泥混凝土路面原来所具有的大部分结构强度,旧水泥混凝土路面经碎块稳固处理后可为其上的加铺层提供较好的支撑。

3)方案优缺点

①优点:旧板块打裂后一般仍具有较高的剩余强度,破碎板块之间形成集料嵌锁,有一定的传荷能力,可减小板块的尺寸效应,延缓反射裂缝的产生。一些经验表明,经这样处理后也能有效地防治反射裂缝。

②缺点:由于混凝土破碎后尺寸仍比较大,因此仍有出现反射裂缝的可能,但不会短时间内出现,即存在反射裂缝的隐患。

4.4.3　碎石化技术

1)施工工艺

水泥混凝土路面碎石化处理技术,就是采用破碎机将水泥混凝土路面破碎成混凝土块,其中表面部分最大尺寸不超过 7.5 cm,中间部分最大尺寸不超过 22.5 cm,底部部分最大尺寸不超过 37.5 cm。碎石化一般采用多锤头破碎机(图 4.15)和 Z 型压路机(图 4.16)组合完成。

图 4.15　多锤头破碎机

2)方案使用条件

①现有水泥混凝土路面出现严重的损坏,如大量错台、翻浆和角隅破坏,原水泥混凝土板块已经没有修复或利用可能的情况下才可以进行。

图 4.16 Z 型压路机

②路基材料损坏太厉害,不能承受破碎路面负荷的地区不宜采用。

③地下水位较高、路基积水的路面,以及路基中含有较湿的黏土和混入泥沙的黏土地区不宜采用。

3) 方案优缺点

(1)优点

①碎石化技术防止反射裂缝的效果比打裂压稳、震裂压稳及增加应力缓冲层等技术更为有效。

②破碎并压实的水泥混凝土路面是由破碎混凝土块组成的紧密结合、内部嵌挤、高密度的材料层。

③施工简便迅速,每小时破碎面积约为 1 600 m²。

(2)缺点

①碎石化后的水泥混凝土板块具有不均匀性,可能会存在局部承载力不足。

②相对于旧板利用、旧板打裂压稳工艺,碎石化后的水泥混凝土板整体强度衰减最多,可能需要基层补强。

③破碎材料具有较强的抗车辙能力和抗剪强度,但不能支持柔性应力。

本章小结

水泥混凝土路面养护包括预防养护、修复养护、专项养护和应急养护。本章介绍了水泥混凝土路面的主要内容和养护要求;其次,介绍了水泥混凝土路面缺陷类型并分析了成因;阐述了清扫保洁、接缝保养及填缝料更换、排水设施养护、冬季养护等预防养护相关知识。从土基加宽、路面基层加宽、路面加宽等方面介绍了水泥混凝土路面加宽专项养护的养护工艺。从维修加铺沥青技术、大裂压稳技术、碎石化技术等方面详细介绍了水泥混凝土路面"白改黑"改造技术。通过本章学习应能掌握养护原则、选择合适养护方式、施工方法以及准确实施质量控制。

课后习题

4.1 水泥混凝土路面病害类型、原因有哪些?

4.2 简述水泥混凝土路面预防性养护技术。

4.3 简述水泥混凝土路面病害处治技术。

4.4 实训:试分别对一条道路的水泥混凝土路面进行调查,并完成调查报告,提出初步养护对策。

第 5 章　桥涵养护

【学习目标】

1.能够掌握桥涵的检查方法和技术；

2.能进行桥梁的一般评定,提出养护建议；

3.掌握桥涵常见的病害养护与维修施工技术。

【本章重点】

1.桥梁的常见病害及成因；

2.桥梁的检查方法与评定；

3.桥梁保养技术。

【本章难点】

1.桥梁的技术状况评定；

2.桥梁养护维修技术。

5.1　基本要求与主要内容

公路桥涵养护应遵循"防治结合、科学养护、安全运行、保障畅通"的原则。桥梁养护工作应结合桥梁的养护检查等级开展,对桥梁检查中发现的病害应制订相应的养护维修方案并及时处治。桥梁检查应分为初始检查、日常巡查、经常检查、定期检查和特殊检查。涵洞检查包括经常检查和定期检查。桥梁评定应包括技术状况评定和适应性评定。公路桥涵养护工程按照养护目的,分为预防养护、修复养护、专项养护和应急养护。涵洞养护包括日常养护、维修、加固与改建。

桥梁技术状况评定应依据桥梁初始检查、定期检查资料,通过对桥梁各部件技术状况的综合评定,确定桥梁的技术状况等级,提出养护措施。评定应按《公路桥梁技术状况评定标准》(JTG/T H21—2011)执行。各等级桥梁所采取的养护对策如表 5.1 所示。

表 5.1　桥梁技术状况等级与养护对策

技术状况等级	养护对策
一类	日常养护、预防养护
二类	修复养护、预防养护
三类	修复养护、加固或更换较大缺陷构件,必要时可进行交通管制
四类	修复养护、加固或改造,及时进行交通管制,必要时封闭交通
五类	及时封闭交通,改建或重建

桥涵养护主要范围包括桥面系、梁桥上部结构、拱桥上部结构、钢结构、斜拉桥上部结构、悬索桥上部结构、桥梁下部结构、基础、锚碇、支座、桥梁附属设施和调治构造物的养护与维修。

桥梁养护应符合下列要求：

①桥梁外观整洁。

②结构无损坏，无异常变形，稳定性良好。

③桥面铺装坚实平整，纵、横坡适度，桥头平顺。

④桥面系各构件、支座及附属设施等状态完好、功能正常、布置合理。

⑤基础无冲蚀。

涵洞养护应符合下列要求：

①功能正常、排水顺畅、排放适当。

②各构件及附属结构完好。

③涵洞表面清洁、不漏水。

各部件的养护详细要求按《公路桥涵养护规范》(JTG 5120—2021)执行。

5.2 桥涵检测与评定

桥梁的检查与评定是桥梁养护工作的两个重要环节，也是桥梁养护的基础性工作。通过对桥梁进行检查与检验，可以系统地掌握桥梁的技术状况，较早地发现桥梁的缺陷和异常，进而合理地提出养护措施。

5.2.1 常见病害及成因

桥梁在使用过程中，由于受外部环境的影响，会不同程度地出现各种病害，如不及时发现、及时处理，病害随着使用时间的增长而不断恶化，甚至危及人们的生命安全。掌握桥梁的病害种类，采取有效处理方法，才能做好维护工作，增加桥梁的安全使用寿命。常见桥梁病害如图5.1至图5.8所示。

1) 混凝土表面缺陷(蜂窝麻面、空洞孔洞、剥落掉角、泛碱等)(图5.1至图5.4)

主要成因：施工工艺控制不严，浇筑中缺乏应有的捣固，模板处理不当，水泥浆流失等；施工操作不规范，吊装时磕碰；施工振捣质量不佳；集料的级配、混凝土配合比设计不合理，混凝土拌合物和易性欠佳，影响混凝土施工操作，使拌和不均匀，运输时间较长易分层离析，浇筑时不易捣实；混凝土在外界荷载作用下产生剥落，与空气中化学物质作用，导致梁片的大面积剥落，进而造成钢筋锈蚀与剥落的恶性循环；桥面渗水，混凝土中可溶性碱随着水分迁移到混凝土表面，产生泛碱现象。

2) 混凝土保护层厚度不足,钢筋锈蚀(图5.5、图5.6)

主要成因：施工工程中保护层垫块设置不牢固，振捣时垫块移位造成钢筋紧贴模板，形成露筋；保护层受破损、碳化、腐蚀或厚度不足，在周围有害环境作用下，导致钢筋锈蚀。

3) 混凝土裂缝

混凝土裂缝分为非结构性裂缝和结构性裂缝(图5.7、图5.8)。

非结构性裂缝的主要成因：温度变化、混凝土收缩等因素引起变形，当此变形得不到满足时,在结构构件内部产生自应力,自应力超过允许拉应力时,混凝土产生裂缝。

结构性裂缝的主要成因:由结构承载能力不足或外力荷载过大而产生,其裂缝分布规律与外力荷载作用相对应。

图 5.1　蜂窝麻面

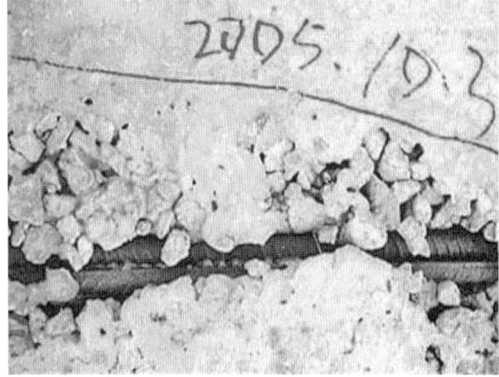

图 5.2　空洞孔洞

图 5.3　剥落掉角

图 5.4　泛碱

图 5.5　主筋保护层厚度不足,钢筋锈蚀

图 5.6　箍筋保护层厚度不足,钢筋锈蚀

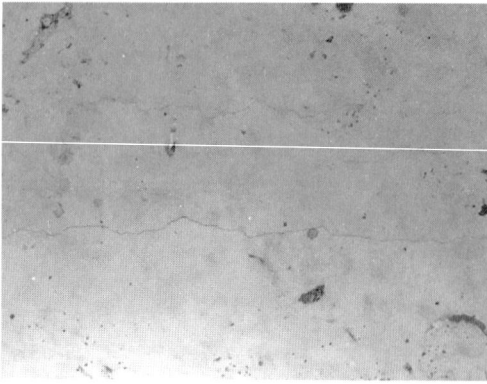

图 5.7　非结构性裂缝

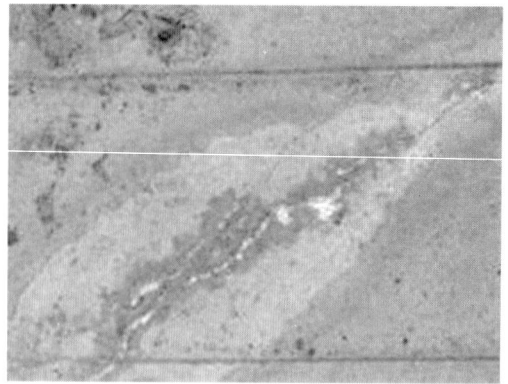

图 5.8　箱梁结构性裂缝

4) 钢材防腐涂层劣化(图 5.9)

主要成因:在对钢结构表面进行预处理时,没有将钢结构存在的水分和油脂完全消除掉,使防腐涂层和钢结构之间无法很好地接触,经过较长时间的使用会存在防腐层脱落的问题;选用的防腐材料不具备很好的附着力,底漆选择不合理;在对钢结构部件进行吊装过程中,由于碰撞等原因对防腐涂层的破坏,从而导致从破坏点开始出现锈蚀;环境因素导致的防腐涂层老化。

5) 钢材锈蚀(图 5.10)

主要成因:防腐涂层功能散失,钢材与周围介质直接发生氧化或硫化作用。钢材本身含有铁、碳等多种成分,由于这些成分的电极电位不同,形成许多微电池,出现电化腐蚀现象。

图 5.9　钢材防腐涂层劣化

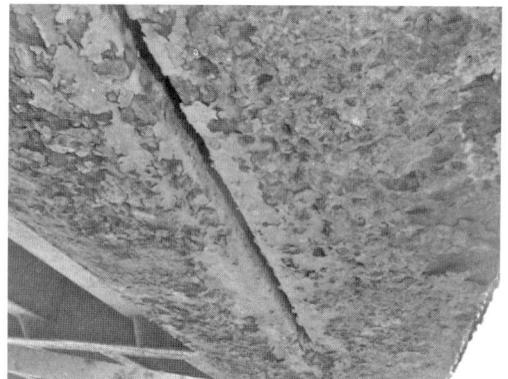

图 5.10　钢材锈蚀

6) 焊缝开裂

主要成因:施工工艺控制不严所致;结构设计不合理,造成构件出现应力集中现象;结构受力超过材料规定值。

7) 构件缺失(图 5.11、图 5.12)

主要成因:施工工程中的遗漏,未安装;运营期构件松动脱落;少数是人为损坏或盗窃所致,但均与养护维护不及时有关。

8) 构件变形、结构变位(图 5.13、图 5.14)

主要成因:主要由荷载引起,原结构设计荷载等级较低,不能满足车辆荷载载重量增加的需求;拱桥产生构件变形、结构变位的主要原因是桥台抗水平推力不足和稳定性差。

图 5.11 伸缩缝构件缺失

图 5.12 栏杆构件缺失

图 5.13 梁桥结构变位

图 5.14 拱桥结构变位

9) 支座损坏、功能散失、组件老化缺失(图 5.15、图 5.16)

主要成因:运营时间较长,在行车长期的作用下,支座发生老化变质、开裂;动载振动横向力与恒载形成剪切力对支座的作用导致剪切破坏;梁的弯曲变形过大,桥梁纵、横坡坡度过大,混凝土表面的不平整度及安装误差过大,台顶支座垫石标高控制不当。梁体预制时梁端三角楔形块不平、垫石破碎等原因导致支座脱空。支座安装温度选择不当,安装时气温过高或过低,后期梁体伸缩过大导致支座半脱空。混凝土或者建筑垃圾包裹,导致支座无法正常适应车载及上部结构的应力变形,出现支座功能散失。

图 5.15 橡胶支座老化开裂

图 5.16 箱梁支座脱开,支座失效

10) 基础冲刷、掏空(图 5.17)

主要成因:湿陷性黄土以粉粒为主,空隙多,天然含水量小,其颗粒表面含有可溶盐,在雨水或者地表水浸湿的情况下,可溶盐溶解,使得土颗粒向管孔中滑移,从而导致土层变形、地面塌陷、基础外露。

11) 基础变位、不均匀沉降

主要成因:基础不均匀下沉或桥台背高填土影响产生滑移、倾斜;由于河床疏浚,减少桥台前土压力而产生侧向滑移;基础受洪水的冲刷产生滑移;荷载作用所致。

12) 锥坡冲刷(图 5.18)

主要成因:锥坡浆砌片石脱落,雨水进入锥坡,并对锥坡内填土进行冲刷导致局部沉陷。

图 5.17 基础冲刷、掏空

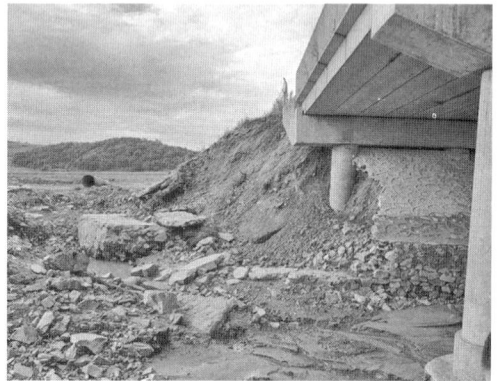

图 5.18 锥坡冲刷

13) 桥面破损,线形不平顺,桥梁振动过大(图 5.19、图 5.20)

主要成因:车辆轮胎的不断作用下,桥面铺装层容易产生坑洼不平、开裂、破损。结构体系在使用荷载、收缩徐变及预应力损失等综合因素的作用下,跨中桥面下挠,导致桥面线形不平顺;填缝材料缺乏养护导致脱落,遭受车轮的磨耗,从而出现较大沟槽、引起跳车及临近梁段的振动、加剧构件的疲劳损伤。桥面不清洁,泄水孔堵塞,下雨造成桥面积水、渗漏甚至冻胀。

图 5.19 混凝土桥面破损

图 5.20 沥青桥面破损

14) 桥头跳车

主要成因:桥头引道刚度相对较低,在车辆荷载作用下容易产生沉降,致使桥面与引道连接处不平整、不顺畅,从而使车辆驶过桥头时产生跳车。

15）桥下过水不畅，桥面排水性能不良（图 5.21、图 5.22）

主要成因：养护不当，导致桥孔淤塞严重，在日常维修养护中又没有及时清理疏浚河道，汛前也很少做泄洪准备，因此汛期一到，桥孔泄洪能力不足。桥梁排水坡度不够、桥面不清洁或泄水管堵塞，导致雨后桥面积水较多。

图 5.21　桥下过水不畅

图 5.22　桥面排水性能不良

16）伸缩缝缺损（图 5.23、图 5.24）

伸缩缝常见的病害主要有伸缩缝高差、伸缩缝橡胶损坏、伸缩缝堵塞、伸缩缝过窄、钢伸缩缝变形等形式。

主要成因：

①桥梁伸缩缝设计不合理。伸缩缝设计时，没有准确计算梁体的伸缩量；桥梁伸缩缝不能与主梁或板紧密相连，影响伸缩缝的受力；使用材料不科学，防水和排水系统布置不合理，引起锚固件的腐蚀；型钢高程设计不精确，导致两侧出现高差；型钢刚度不足，致使出现型钢变形；开口伸长长度预留不足，导致橡胶条容易拉断等。

②施工方面的原因。施工工艺不良；施工质量把控不严；施工人员素质不高、不规范；混凝土不密实降低了路面的承载力，使得桥梁伸缩缝装置不能承受一定的冲击力等。

③养护工作不当。桥梁在长期使用的情况下会出现老化现象，如果对桥梁伸缩缝的检查维护不及时，会造成桥梁损坏逐渐扩展；进入伸缩装置的砂土、杂物不断堆积，缺乏清理和维护，不能保证原设计的伸缩量；车辆超载现象严重，威胁桥梁伸缩装置的有效使用和耐久性等。

图 5.23　伸缩缝堵塞，组件破损

图 5.24　伸缩缝伸缩量超限，止水带损坏

17）栏杆或防撞护栏破损，失去防护功能

主要成因：多数是由机动车交通事故造成的，少数是人为损坏或盗窃所致，但均与养护维护

不及时有关。

18) **桥梁与道路不匹配**(图 5.25、图 5.26)

主要成因:许多桥梁由于建成年限较长,设计标准较低。在道路的改扩建过程中,往往道路拓宽后,而桥梁又没有进行相应的拓宽改造、荷载升级,或与既有道路衔接不够顺畅,如转弯半径过小导致桥梁与道路等级或线形不匹配。

图 5.25 桥梁与道路不匹配

图 5.26 桥梁宽度不满足交通需求

19) **其他影响桥梁承载力的病害**(图 5.27 至图 5.30)

主要成因:桥梁结构存在倒塌、成为机动体系的隐患;装配式结构受力整体性、协同性散失;混凝土结构受力裂缝宽度过大;结构或构件的损伤疲劳程度严重;基础异常变位或不均匀沉降,下部结构开裂;设计荷载等级、结构强度不满足交通需求等。

图 5.27 承载能力不足,桥面板断裂

图 5.28 桥面板塌陷

图 5.29 桥梁结构倾覆

图 5.30 混凝土结构裂缝宽度过大

5.2.2　养护检查等级

公路桥梁养护检查等级应分为Ⅰ、Ⅱ、Ⅲ级,分级标准应符合下列规定:

①单孔跨径大于 150 m 的特大桥、特别重要桥梁的养护检查等级为Ⅰ级。养护检查等级为Ⅰ级的桥梁宜安装结构监测系统对结构状态和各类外荷载作用下的响应情况进行监测,定期将监测结果与桥梁检查结果进行比对和分析。

②单孔跨径小于或等于 150 m 的特大桥、大桥,以及高速公路或一、二级公路上的中桥、小桥的养护检查等级为Ⅱ级。

③三、四级公路上的中桥、小桥的养护检查等级为Ⅲ级。

④技术状况评定为三类的大、中、小桥应提高一级进行检查。

⑤技术状况评定为四类的桥梁在加固维修前应按Ⅰ级进行检查。

5.2.3　桥梁养护检查

根据《公路桥涵养护规范》(JTG 5120—2021),桥梁检查应分为初始检查、日常巡查、经常检查、定期检查和特殊检查。

1) 初始检查

初始检查为新建或改建桥梁交付使用后,对桥梁结构及其附属构件的技术状况进行的首次全面检测,其成果是后期桥梁检查和评定工作的基准。

(1)初始检查频率

新建或改建桥梁应进行初始检查。初始检查宜与交工验收同时进行,最迟不得超过交付使用后 1 年。

(2)初始检查内容

①定期检查需测定的所有项目,并按规范的要求设置永久观测点。

②测量桥梁长度、桥宽、净空、跨径等;测量主要承重构件尺寸,包括构件的长度与截面尺寸等;测定桥面铺装层厚度及拱上填料厚度等。

③测定桥梁材质强度、混凝土结构的钢筋保护层厚度。

④养护检查等级为Ⅰ级的桥梁,通过静载试验测试桥梁结构控制截面的应力、应变、挠度等静力参数,计算结构校验系数;通过动载试验测定桥梁结构的自振频率、冲击系数、振型、阻尼比等动力参数。

⑤有水中基础,养护检查等级为Ⅰ、Ⅱ级的桥梁,应进行水下检测。

⑥测量缆索结构的拉索索力及吊杆索力,测试索夹螺栓紧固力等。

⑦检测钢管混凝土拱桥钢管内混凝土密实度。

⑧当交、竣工验收资料中已经包含上述检查项目或参数的实测数据时,可直接引用。

(3)初始检查技术状况评定报告内容

①桥梁基本状况卡片、桥梁初始检查记录表、桥梁定期检查记录表、桥梁技术状况评定表。

②典型缺陷和病害的照片、文字说明及缺损分布图,缺损状况的描述应采用专业标准术语,说明缺损的部位、类型、性质、范围、数量和程度等。

③3 张总体照片:包括桥面正面照片 1 张,桥梁两侧立面照片各 1 张。

④规范规定的检查内容的成果。

⑤养护建议。

2) 日常巡查

日常巡查为对桥面及其以上部分的桥梁构件、结构异常变位和桥梁安全保护区的日常巡视和目测检查。

（1）日常检查频率

养护检查等级为Ⅰ、Ⅱ级的桥梁，日常巡查每天不应少于1次；对有特殊照明需求（功能性及装饰性照明、航空航道指示灯等）的桥梁，应适当开展夜间巡查。养护检查等级为Ⅲ级的桥梁，日常巡查每周不应少于1次。遇地震、地质灾害或极端气象时，应增加检查频率。

（2）日常检查方法

日常巡查可以乘车目测为主，并应做巡检记录，发现明显缺损和异常情况应及时上报。

（3）日常巡查内容

①桥路连接处是否异常。

②桥面铺装、伸缩缝是否有明显破损；伸缩缝位置的桥面系是否存在异常。

③栏杆或护栏等有无明显缺损。

④标志标牌是否完好。

⑤桥梁线形是否存在明显异常。

⑥桥梁是否存在异常的振动、摆动和声响。

⑦桥梁安全保护区是否存在侵害桥梁安全的情况。

3) 经常检查

经常检查为抵近桥涵结构，采用目测结合辅助工具对桥面系、上部结构、下部结构和附属设施表观状况进行的周期性检查。

（1）经常检查频率

①养护检查等级为Ⅰ级的桥梁，经常检查每月不应少于1次。

②养护检查等级为Ⅱ级的桥梁，经常检查每两个月不应少于1次。

③养护检查等级为Ⅲ级的桥梁，经常检查每季度不应少于1次。

④在汛期、台风、冰冻等自然灾害频发期，应提高经常检查频率。

⑤养护检查等级为Ⅱ、Ⅲ级的桥梁，在定期检查中发现存在四类构件时，加固处治前应提高经常检查频率。

⑥对支座的经常检查，每季度不应少于1次。

（2）经常检查方法

宜抵近桥梁结构，以目测结合辅助工具进行。应现场填写"桥梁经常检查记录表"，经常检查中发现桥梁重要部件缺损严重，应及时上报。

（3）经常检查内容

①桥梁结构有无异常的变形和振动及其他异常状况。

②外观是否整洁，构件表面是否完好，有无损坏、开裂、剥落、起皮、锈迹等。

③混凝土主梁裂缝是否有发展，箱梁内是否有积水。钢结构主梁抽查焊缝有无开裂，螺栓有无松动或缺失。

④斜拉索、吊杆(索)、系杆等索结构锚固区的密封设施是否完好,有无积水或渗水痕迹,密封材料等有无老化和开裂;主缆最低点是否渗水;索鞍是否有异常的位移、卡死、辊轴歪斜以及构件锈蚀、破损;鞍座混凝土是否开裂;鞍室是否渗水、积水。

⑤支座是否有明显缺陷,使用功能是否正常。

⑥桥面铺装是否存在病害。

⑦伸缩缝是否堵塞、卡死,连接部件有无松动、脱落、局部破损。

⑧人行道、缘石有无破损、剥落、裂缝、缺损和松动。

⑨栏杆、护栏有无破损、缺失、锈蚀、移动或错位。

⑩排水设施有无堵塞和破损。

⑪墩台有无明显的倾斜、损伤、开裂及是否受到车、船或漂流物撞击而受损;基础有无冲刷、损坏、悬空;墩台与基础是否受到生物腐蚀。

⑫翼墙(侧墙、耳墙)、锥坡、护坡、调治构造物有无缺损、开裂、沉降和塌陷。

⑬悬索桥锚碇是否存在渗水、积水。

⑭交通信号、标志、标线、照明设施以及桥梁其他附属设施是否完好、正常工作。

⑮永久观测点及标志点是否完好。

4)定期检查

定期检查为对桥涵总体技术状况进行的周期性检查及技术状况评定。

(1)定期检查频率

养护检查等级为Ⅰ级的桥梁,定期检查周期不得超过1年;养护检查等级为Ⅱ、Ⅲ级的桥梁,定期检查周期不得超过3年。

(2)桥梁永久观测点设置及检测项目

桥梁永久观测点设置及检测项目应符合下列规定:

①单孔跨径不小于60 m的桥梁,应设立永久观测点,定期进行控制检测。桥梁检测项目与永久观测点布置要求见表5.2。单孔跨径小于60 m的桥梁,检测中若发现结构存在异常变形,应进行相应的控制检测。特殊结构桥梁,宜根据养护、管理的需要,增加相应的控制检测项目。

表 5.2　桥梁检测项目与永久观测点

	检测项目	永久观测点
1	桥面高程	每孔不宜少于10个点,沿行车道两边(靠缘石处)布设,跨中、$L/4$、支点等控制截面必须布设
2	墩、台身、锚碇变位	布置于墩、台身底部(距地面或常水位0.5~2 m)、桥台侧墙尾部顶面和锚碇的上、下游两侧各1~2点
3	墩、台身、索塔倾斜度	墩、台身底部(距地面或常水位0.5~2 m)的上、下游两侧各1~2点
4	索塔变位	每个索塔不宜少于2个点,索塔顶面、塔梁交接处各1~2点
5	主缆线形	每孔不宜少于10个点,沿索夹位置布设,主缆最低点和最高点必须布设
6	拱轴线	每孔不宜少于18个点,沿拱圈上、下游两侧拱肋中心处在拱顶、$L/8$、$L/4$、$\frac{3}{8}L$、拱脚等控制截面布设
7	拱座变位	不宜少于2个点,布设于拱座上、下游两侧

续表

	检测项目	永久观测点
8	悬索桥索夹滑移	桥塔侧第一对吊杆索夹处各设 1 点
9	索鞍与主塔相对变位	索鞍处各设 1 点

②桥梁永久观测点的设置应牢固可靠。当测点与国家大地测量网联络有困难时,应建立相对独立的基准测量系统。永久观测点有变动时,应及时检测、校准及换算,保持数据的有效和连续。

③设置永久观测点后,应绘制永久观测点平面布置图,并在图中明确基准点位置。

④桥梁主体结构维修、加固改造前后,应进行控制检测,保持观测资料的连续性。

⑤应设而没有设置永久观测点的桥梁,应在定期检查时按规定补设。测点的布设和首次检测的时间及检测数据等,应按要求归档。

⑥特大桥、大桥、中桥的墩台旁,必要时可设置水尺或标志,以观测水位和冲刷情况。

(3)定期检查主要内容

①桥面系的定期检查内容:

a.桥面铺装层纵、横坡是否顺适,有无严重的龟裂、纵横裂缝,有无坑槽、拥包、拱起、剥落、错台、磨光、泛油、变形、脱皮、露骨、接缝料损坏、桥头跳车等现象。

b.伸缩缝是否有异常变形、破损、脱落、漏水、失效,锚固区有无缺陷,是否存在明显的跳车。

c.人行道有无缺失、破损等。

d.栏杆、护栏有无缺失、破损等。

e.防排水系统是否顺畅,泄水管、引水槽有无明显缺陷,桥头排水沟功能是否完好。

f.桥上交通信号、标志、标线、照明设施是否损坏、失效。

②上部结构检查内容(以混凝土梁桥为例):

a.混凝土构件有无开裂及裂缝是否超限,有无渗水、蜂窝、麻面、剥落、掉角、空洞、孔洞、露筋及钢筋锈蚀。

b.主梁跨中、支点及变截面处,悬臂端牛腿或中间铰部位,刚构的固结处和桁架的节点部位,混凝土是否开裂、缺损,钢筋有无锈蚀。

c.预应力钢束锚固区段混凝土有无开裂,沿预应力筋的混凝土表面有无纵向裂缝。

d.桥面线形及结构变位情况。

e.混凝土碳化深度、钢筋锈蚀检测。

f.主梁有无积水、渗水,箱梁通风是否良好。

g.组合梁的桥面板与梁的结合部位及预制桥面板之间的接头处混凝土有无开裂、渗水。

h.装配式梁桥的横向连接构件是否开裂,连接钢板的焊缝有无锈蚀、断裂。

③支座的检查内容:

a.支座是否缺失。组件是否完整、清洁,有无断裂、错位、脱空。

b.活动支座实际位移量、转角量是否正常,固定支座的锚销是否完好。

c.橡胶支座是否老化、开裂,有无位置串动、脱空,有无过大的剪切变形或压缩变形,各夹层钢板之间的橡胶层外凸是否均匀。

d.四氟滑板支座是否脏污、老化,聚四氟乙烯板是否磨损、是否与支座脱离、是否倒置。

e.盆式橡胶支座的固定螺栓是否剪断,螺母是否松动,钢盆外露部分是否锈蚀,防尘罩是否完好,抗震装置是否完好。

f.组合式钢支座是否干涩、锈蚀,固定支座的锚栓是否紧固,销板或销钉是否完好。钢支座部件是否出现磨损、开裂。

g.摆柱支座各组件相对位置是否准确。混凝土摆柱的柱体有无破损、开裂、露筋。钢筋及钢板有无锈蚀。活动支座滑动面是否平整。

h.辊轴支座的辊轴是否出现爬动、歪斜。摇轴支座是否倾斜。轴承是否有裂纹、切口或偏移。

i.球型支座地脚螺栓有无剪断、螺纹有无锈死,支座防尘密封裙有无破损,支座相对位移是否均匀,支座钢组件有无锈蚀。

j.支承垫石是否开裂、破损。

k.简易支座的油毡是否老化、破裂或失效。

l.支座螺纹、螺帽是否松动,锚螺杆有无剪切变形、上下座板(盆)的锈蚀状况。

m.支座封闭材料是否老化、开裂、脱落。

④桥梁墩台及基础的检查内容:

a.墩身、台身及基础变位情况。

b.混凝土墩身、台身、盖梁、台帽及系梁有无开裂、蜂窝、麻面、剥落、露筋、空洞、孔洞、钢筋锈蚀等。

c.墩台顶面是否清洁,有无杂物堆积,伸缩缝处是否漏水。

d.圬工砌体墩身、台身有无砌块破损、剥落、松动、变形、灰缝脱落,砌体泄水孔是否堵塞。

e.桥台翼墙、侧墙、耳墙有无破损、裂缝、位移、鼓肚、砌体松动。台背填土有无沉降或挤压隆起,排水是否畅通。

f.基础是否发生冲刷或淘空现象,地基有无侵蚀。水位涨落、干湿交替变化处基础有无冲刷磨损、颈缩、露筋,有无开裂,是否受到腐蚀。

g.锥坡、护坡有无缺陷、冲刷。

⑤附属设施检查内容:

a.养护检修设施是否完好。

b.减振、阻尼装置是否完好。

c.墩台防撞设施是否完备。

d.桥上避雷装置是否完好。

e.桥上航空灯、航道灯是否完好,能否保证正常照明。桥面照明及结构物内供养护检修的照明系统是否完好。

f.防抛网、声屏障是否完好。

g.结构监测系统仪器设备工作是否正常。

h.除湿设备工作是否正常。

⑥河床及调治构造物的检查内容:

a.桥位段河床有无明显冲淤或漂流物堵塞现象,有无冲刷及变迁状况。河底铺砌是否完好。

b.调治构造物是否完好,功能是否适用。

（4）定期检查记录

定期检查中发现的各种缺损应在现场将其范围、分布特征、程度及检测日标记清楚。对三、四、五类桥梁及有严重缺损的构件，应作影像记录，并附病害状况说明。

（5）提交检查报告

定期检查后提交检查报告，应包括下列内容：

a.桥梁基本状况卡片、桥梁定期检查记录表、桥梁技术状况评定表。

b.典型缺损和病害的照片、文字说明及缺损分布图，缺损状况的描述应采用专业标准术语，说明缺损的部位、类型、性质、范围、数量和程度等。

c.3张总体照片，包括桥面正面照片1张，桥梁两侧立面照片各1张。

d.判断病害原因及影响范围，并与历次检查报告进行对比分析，说明病害发展情况。

e.桥梁的技术状况评定等级。

f.提出养护建议及下次检查时间。

g.对需限制交通或关闭的桥梁，应及时报告并提出建议。

5) 特殊检查

特殊检查为对桥梁承载能力、抗灾能力、耐久性能、水中基础技术状况进行的一项或多项检查与评定，以及对定期检查中难以判明病害成因及程度的桥梁进行的检查。

（1）特殊检查的分类

特殊检查应委托有相应资质和能力的单位承担，分为应急检查和专门检查。

①应急检查：桥梁遭受洪水、流冰、漂流物、船舶撞击、滑坡、地震、风灾和超重车辆自行通过之后，应立即对结构作详细检查，查明破损状况，采取应急措施，尽快恢复交通。应急检查通常由地（市）级公路管理机构的专职桥梁养护工程师主持。

②专门检查：对定期检查中难以判明损坏原因及程度的桥梁；桥梁技术状况为四、五类者；拟通过加固手段提高荷载等级的桥梁；条件许可时，特殊重要的桥梁在正常使用期间可周期性进行荷载试验，要求针对病害进行专门的现场试验检测、验算与分析等鉴定工作，以便采取有效的养护措施。

（2）应作特殊检查的情形

①定期检查中难以判明构件损伤原因及程度的桥梁。

②拟通过加固手段提高荷载等级的桥梁。

③需要判明水中基础技术状况的桥梁。

④遭受洪水、流冰、滑坡、地震、风灾、火灾、撞击，因超重车辆通过或其他异常情况影响造成损伤的桥梁。

（3）特殊检查项目和内容

①材料的物理、化学性能及其退化程度的测试鉴定；结构或构件开裂状态的检测及评定。

②结构的强度、刚度和稳定性的检算、试验和鉴定。桥梁承载能力评定宜按《公路桥梁承载能力检测评定规程》（JTG/T J21—2011）执行。

③桥梁抵抗洪水、流冰、风、地震及其他灾害能力的检测鉴定。

④桥梁遭受洪水、流冰、滑坡、地震、风灾、火灾、撞击，因超重车辆通过或其他因素造成损伤的检测鉴定。

⑤水中墩台身、基础的缺损情况的检测评定。

⑥定期检查中发现的较严重的开裂、变形等病害,应进行跟踪观测,预测其发展趋势。

(4)特殊检查成果

特殊检查之后,应提交特殊检查报告。检查报告包括以下内容:

①桥梁基本状况信息。

②特殊检查的总体情况概述,包括桥梁的基本情况、检测的组织、时间、背景、目的和工作过程等。

③现场调查、检测与试验项目及方法的说明。

④详细描述检测部位的损坏程度并分析原因。

⑤桥梁结构特殊检查评定结果。

⑥填写"桥梁特殊检查记录表"。

⑦提出结构部件和总体的维修、加固或改建的建议。

5.2.4　桥梁评定

1)适应性评定

(1)适应性评定标准

桥梁适应性评定可根据需要进行。评定工作可与定期检查、特殊检查结合进行,按照《公路桥涵养护规范》(JTG 5120—2021)进行评定。

(2)适应性评定方法

①承载能力评定:可采用分析检算或荷载试验方法。

②通行能力评定:可将设计通行能力与实际交通量进行比较,也可和使用期预测交通量进行比较,评价桥梁能否满足现行或预期交通量的要求。

③抗灾害能力评定:可采用现场测试与分析检算方法,重要桥梁可进行模拟试验。抗洪能力评定按《公路桥涵养护规范》(JTG 5120—2021)相关章节实施。

④耐久性评定:可采用外观耐久状态评定与剩余耐久年限评定相结合的方法。

2)技术状况评定

(1)桥梁技术状况评定标准

桥梁技术状况评定应依据桥梁初始检查、定期检查资料,按照《公路桥梁技术状况评定标准》(JTG/T H21—2011)进行桥梁技术状况等级评定。

(2)桥梁技术状况评定方法

公路桥梁技术状况评定包括桥梁构件、部件、桥面系、上部结构、下部结构和全桥评定。公路桥梁技术状况评定应采用分层综合评定与五类桥梁单项控制指标相结合的方法,先对桥梁各构件进行评定,然后对桥梁各部件进行评定,再对桥面系、上部结构和下部结构分别进行评定,最后进行桥梁总体技术状况的评定。评定指标如图 5.31 所示。

(3)桥梁技术状况等级分类

由于不同的桥梁构件对桥梁技术状况影响程度不同,将桥梁结构分成两大部分,分别为主要部件和次要部件。各结构类型桥梁主要部件见表 5.3,其他部件为次要部件。

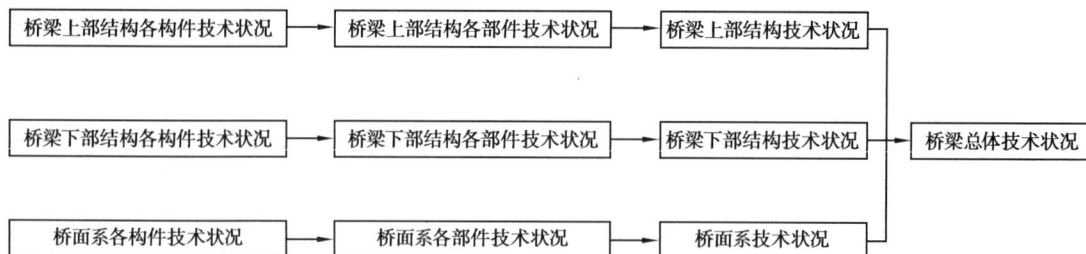

图 5.31　桥梁技术状况评定指标

表 5.3　各结构类型桥梁主要部件

序号	结构类型	主要部件
1	梁式桥	上部承重构件、桥墩、桥台、基础、支座
2	板拱桥(圬工、混凝土)、肋拱桥、箱形拱桥、双曲拱桥	主拱圈、拱上结构、桥面板、桥墩、桥台、基础
3	刚架拱桥、桁架拱桥	刚架(桁架)拱片、横向联结系、桥面板、桥墩、桥台、基础
4	钢-混凝土组合拱桥	拱肋、横向联结系、立柱、吊杆、系杆、行车道板(梁)、支座
5	斜拉桥	斜拉索(包括锚具)、主梁、索塔、桥墩、桥台、基础、支座

　　桥梁总体技术状况评定等级和主要部件技术状况评定等级分为 5 个等级,次要部件技术状况评定等级分为 4 个等级。桥梁总体技术状况评定等级分为一类、二类、三类、四类、五类,见表 5.4。

表 5.4　桥梁总体技术状况评定等级

技术状况评定等级	桥梁技术状况描述
一类	全新状态,功能完好
二类	有轻微缺损,对桥梁使用功能无影响
三类	有中等缺损,尚能维持正常使用功能
四类	主要构件有大的缺损,严重影响桥梁使用功能;或影响承载能力,不能保证正常使用
五类	主要构件存在严重缺损,不能正常使用,危及桥梁安全,桥梁处于危险状态

　　桥梁主要部件技术状况评定标度分为一类、二类、三类、四类、五类,见表 5.5。

表 5.5　桥梁主要部件技术状况评定标度

技术状况评定标度	桥梁技术状况描述
一类	全新状态,功能完好
二类	功能良好,材料有局部轻度缺损或污染
三类	材料有中等缺损;或出现轻度功能性病害,但发展缓慢,尚能维持正常使用功能
四类	材料有严重缺损,或出现中等功能性病害,且发展较快;结构变形小于或等于规范值,功能明显降低
五类	材料严重缺损,出现严重的功能性病害,且有继续扩展现象;关键部位的部分材料强度达到极限,变形大于规范值,结构的强度、刚度、稳定性不能达到安全通行的要求

桥梁次要部件技术状况评定标度分为一类、二类、三类、四类,见表 5.6。

表 5.6　桥梁次要部件技术状况评定标度

技术状况评定标度	桥梁技术状况描述
一类	全新状态,功能完好;或功能良好,材料有轻度缺损、污染等
二类	有中等缺损或污染
三类	材料有严重缺损,出现功能降低,进一步恶化将不利于主要部件,影响正常交通
四类	材料有严重缺损,失去应有功能,严重影响正常交通;或原无设置,而调查需要补设

(4)桥梁技术状况评定工作流程

根据制订的桥梁检查计划进行桥梁现场检查,对各构件检测指标的技术状况进行现场评定(一类至五类),并依据各检测指标的技术状况评定结果按照桥梁评定模型计算桥梁构件的技术状况,然后依次计算桥梁各部件以及上部结构(下部结构、桥面系)的技术状况,最后根据上部结构、下部结构、桥面系的技术状况计算全桥技术状况。

如果在现场评定时,桥梁符合五类桥单项控制指标,如表 5.7 所示,则桥梁总体技术状况直接可以评定为五类。最后,需要将检查以及评定的结果按照相关规定归档。桥梁技术状况评定工作流程如图 5.32 所示。

表 5.7　五类桥单项控制指标

编号	五类桥单项控制指标描述
1	上部结构有落梁;或有梁、板断裂现象
2	梁式桥上部结构承重构件控制截面出现全截面开裂;或组合结构上部承重构件结合面开裂贯通,造成截面组合作用严重降低
3	梁式桥上部结构承重构件有严重的异常位移,存在失稳现象
4	结构出现明显的永久变形,变形大于规范值
5	关键部位混凝土出现压碎或杆件失稳倾向;或桥面板出现严重塌陷
6	拱式桥拱脚严重错台、位移,造成拱顶挠度大于限值;或拱圈严重变形
7	圬工拱桥拱圈大范围砌体断裂,脱落现象严重
8	腹拱、侧墙、立墙或立柱产生破坏造成桥面板严重塌落
9	系杆或吊杆出现严重锈蚀、断丝
10	悬索桥主缆或多根吊索出现严重锈蚀、断丝
11	斜拉桥拉索钢丝出现严重锈蚀、断丝,主梁出现严重变形
12	扩大基础冲刷深度大于设计值,冲空面积达 20% 以上
13	桥墩(桥台或基础)不稳定,出现严重滑动、下沉、位移、倾斜等现象
14	悬索桥、斜拉桥索塔基础出现严重沉降或位移;或悬索桥锚碇有水平位移和沉降

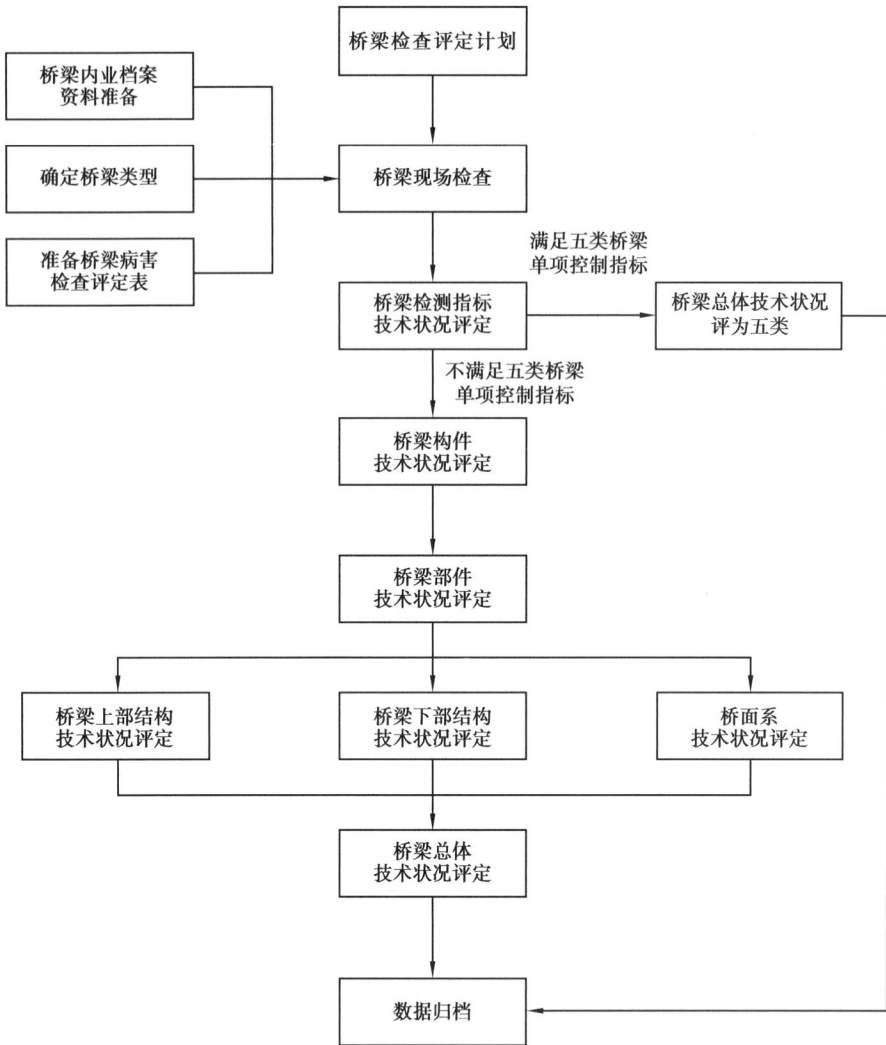

图 5.32　桥梁技术状况评定工作流程图

（5）桥梁技术状况评分分类

①桥梁技术状况分类界限宜按表 5.8 执行。

表 5.8　桥梁技术状况分类界限表

技术状况评分	技术状况等级 D_j				
	一类	二类	三类	四类	五类
Dr(SPCI、SBCI、BDCI)	[95,100]	[80,95)	[60,80)	[40,60)	[0,40)

②当上部结构和下部结构技术状况等级为三类、桥面系技术状况等级为四类,且桥梁总体技术状况评分为 $40 \leqslant Dr < 60$ 时,桥梁总体技术状况等级应评定为三类。

③全桥总体技术状况等级评定时,当主要部件评分达到四类或五类且影响桥梁安全时,可按照桥梁主要部件最差的缺损状况评定。

5.3　桥涵日常养护、预防养护技术

5.3.1　主要内容及措施

日常养护是指对桥涵及其附属设施进行的维护保养和修补轻微缺损的工作。预防养护是指当桥涵有轻微病害但整体性能良好时,为延缓其性能衰减、延长使用寿命而采取的防护工程。技术状况等级为一、二类桥梁主要采用日常养护和预防养护。

桥涵日常养护、预防养护主要包括如下内容:

①清除污泥、积雪、积冰、杂物,保持桥梁清洁。

②保持调治构造物完好,疏通涵管,疏导桥下河槽和淤积。

③伸缩缝、排水系统、支座、锚头、钢构件等的保养与清理。

④保持桥涵状态良好,修补桥梁轻微缺损、局部更换附属设施和损坏构件。

桥涵日常养护、预防养护主要措施如下:

①设置通行限行标志,防止桥梁被撞击。

②封闭、修补混凝土表面裂缝、缺陷。

③设置涂层,减缓混凝土碳化、防止钢筋锈蚀。

④修理桥梁漏水、渗水构件和部件。

⑤修补桥面坑槽、修复更换伸缩缝。

⑥清理、油饰钢结构,增加钢材涂层厚度。

⑦清理桥梁污染部位。

⑧其他措施。

5.3.2　常用方法

1) 表面封闭修补裂缝

当裂缝宽度小于 0.15 mm,或细状不继续发展的裂缝,或为阻止混凝土碳化发展,或防止海洋大气和其他腐蚀环境时,对混凝土及钢筋的腐蚀采用表面处理。以树脂或涂料在需处理的局部或整个梁体形成封闭膜,将混凝土与空气和水隔断(图 5.33)。

图 5.33　表面封闭修补裂缝

表面封闭修补施工流程如下:

①用钢丝刷清除原混凝土表面浮浆,将缝口表面2 cm范围内的混凝土打毛。

②用压缩空气去除缝口浮尘,用甲苯或工业丙酮清洗缝口。

③按要求配置环氧树脂胶泥,并均匀涂刮在构件表面裂缝处,将裂缝完全封闭。

④采用表面封闭法处理裂缝时,应在缝口表面处理后,用裂缝修补材料涂刷或用改性环氧胶泥适当加压刮抹。

⑤环氧树脂胶泥封闭裂缝完毕,待其固化后,在胶泥表面再涂刷一层环氧胶,起保护作用。全部固化后再对表面进行平滑处理。

2)灌注法修补裂缝

当裂缝宽度在0.15 mm以上,裂缝较深,出现漏水,既对结构耐久性有影响,又会影响结构强度和刚度时,需采用注浆的办法向裂缝内灌浆,以使混凝土梁被胶黏为一体(图5.34)。浆液为黏度较低的环氧胶或其他高分子系列。要求其抗拉强度高于被灌注的梁体混凝土的抗拉强度,且在压力作用下易于渗入混凝土裂缝内。

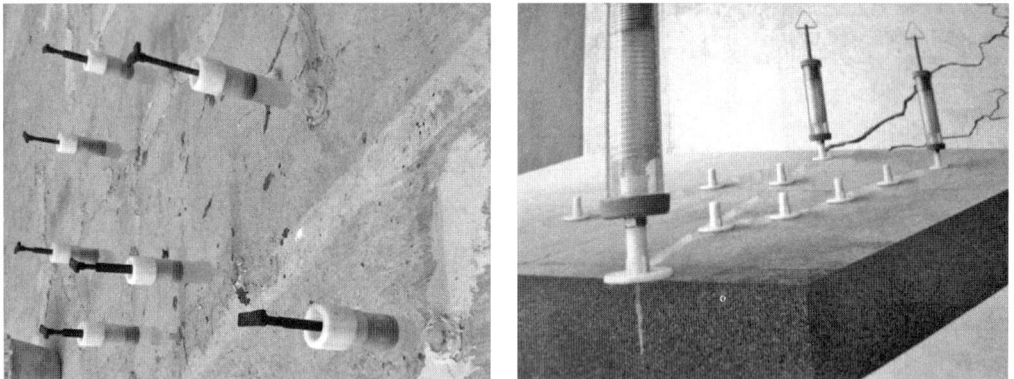

图5.34 灌注法修补裂缝

灌注法修补施工流程如下:

①裂缝的检查和确认:仔细查看裂缝的情况,确定其长度和宽度,在裂缝附近沿裂缝画出标记线,并标明裂缝宽度和长度。

②裂缝表面混凝土的处理:用钢丝刷或砂轮机将裂缝走向5 cm宽的范围加以打磨,清除水泥浮浆、松散物、油污等,露出清洁、坚实的混凝土表面,清除时应注意不要将裂缝堵塞。

③固定注射器基座:根据裂缝的宽度和长度决定注射基座的位置,沿裂缝的走向每100~300 mm布置1个基座,裂缝首尾及分岔处均应有基座,基座应骑缝布置。在注射基座的底部涂上已配好的密封胶,在已经确定好的基座位置上粘贴和固定基座,并应将基座的中心点与裂缝的中心点结合在一起。然后,在基座与混凝土的接缝周围处用密封胶密封,以免注射时注射胶的流失。

④裂缝处的表面封闭:在裂缝附近5 cm的范围内用密封胶封闭,厚度大于2 mm。混凝土剥落或缝宽过大处要尽量向内填充。

⑤注入注射胶:灌注前应先行标定灌注次序,其原则是:竖向裂缝先下后上;水平裂缝由低端逐渐灌向高端;贯通裂缝宜在两面一先一后交错进行。将注射胶吸入注射器的注射筒中,吸入时应注意不要吸入空气。将注射器小心地安装在注射基座上,并装上加压用的橡皮筋。橡皮

筋的数量应按照注入的需要增减。如果注射筒中的注射胶在固化前就用完,应尽快更换新装有注射胶的注射筒继续注入混凝土。注射器可用丙酮或酒精清洗干净,重复使用2~3次。整个灌注过程中应随时注意排气。

⑥注射胶的固化:当注射器内的胶液不能再注入裂缝时,稳定15~20 min,可取下注射器。

⑦混凝土表面磨修:当注射胶固化后就可拆除固定基座,并用砂轮机等将密封胶除去,并加以磨平。

3)填缝修补砌体裂缝

填缝是砖石砌体裂缝修理中最简便的一种方法。操作时,将缝隙清理干净,根据裂缝宽度不同分别用勾缝刀、抹子、辞刀等工具进行操作,所用灰浆通常采用1:2.5或1:3水泥砂浆,一般不得低于砌筑灰浆的强度。

4)凿槽嵌修补裂缝

凿槽嵌是沿混凝土裂缝凿一条深槽,然后在槽内嵌补各种黏结材料,如环氧砂浆、沥青、甲基丙烯酸脂类化学补强剂(甲凝)等的一种修补方法。首先,沿裂缝凿出V形槽;其次,槽两边混凝土面修理平整;再次,槽内清除干净;最后,在槽内嵌补黏结材料,如环氧砂浆等化学补强剂。

5)表面抹灰修补裂缝

表面抹灰是指用水泥浆、水泥砂浆、环氧基液及环氧砂浆等材料涂抹在裂缝部位的砖石砌体或混凝土表面上的一种修补方法。

对于混凝土结构,可先将裂缝附近的混凝土表面凿毛,并尽可能使糙面平整,经洗刷干净后,洒水使之保持湿润(不留水珠),然后用1:1~1:2的水泥砂浆涂抹其上。涂抹时混凝土表面不能有流水,最好先用纯水泥浆涂刷一层底浆(厚度为0.5~1.0 mm),再将水泥砂浆一次或分几次抹完(应视总厚度而定),一次过厚容易在侧面和顶部引起流淌或因自重下坠脱壳;太薄则容易在收缩时引起开裂。涂抹的总厚度一般为1.0~2.0 cm,待收水后,最后用铁抹压实、抹光。砂浆配制时所用砂子不宜太粗,一般为中细砂。水泥可用普通水泥,其等级不低于32.5级。温度高时,涂抹3~4 h后即需洒水养护,并防止阳光直射;冬季应注意保温,切不可受冻,否则所抹的水泥砂浆受冻后,轻则强度降低,重则报废。

6)表面粘贴法修补裂缝

表面粘贴法是指用胶黏剂将玻璃布或钢材等材料粘贴在裂缝部位的混凝土面上,达到封闭裂缝目的的一种修补方法。

①玻璃布粘贴玻璃布一般采用无碱玻璃纤维织成,它比有碱玻璃纤维的耐水性好,强度高。玻璃布粘贴的胶黏剂多为环氧基液,必须对玻璃布进行除油蜡处理,使环氧基液能浸入玻璃纤维内,提高黏结效果。除蜡时将玻璃布放在烘烤炉上加温到190~250 ℃,烘烤后将玻璃布放在浓度为2%~3%的碱水中煮沸约30 min,然后取出用清水洗净,放在烘箱内烘干或晾干。

玻璃布粘贴前,要将混凝土面凿毛,并冲洗干净,使表面无油污灰尘,若表面不平整,可先用环氧砂浆抹平。粘贴时,先在粘贴面上均匀刷一层环氧基液(不能有气泡产生),然后展开,拉直玻璃布,放置并抹平使之紧贴在混凝土面上,再用刷子或其他工具在玻璃布面上刷一遍,使环氧基液浸透玻璃布并溢出,接着又在玻璃布上刷环氧基液。按同样方法粘贴第二层玻璃布,但上层玻璃布应比下层玻璃布稍宽1~2 cm,以便压边。

②钢板粘贴法是用环氧基液黏结剂涂敷在整个钢板上,然后将其压贴于待修补的裂缝位置上的方法。钢板粘贴施工顺序如下:

a.对钢板进行表面处治,即按所需要的尺寸切断好钢板,用打磨机研磨,使钢板表面露出钢的肌体;对混凝土表面进行修凿,使其平整。

b.用丙酮或二甲苯擦洗修补部位的混凝土表面及钢板面,以便去除黏结面的油脂和灰尘。

c.在钢板和混凝土粘贴面上均匀地涂刷环氧基液黏结剂。

d.压贴钢板。用方木、角钢和固定螺栓等均匀地加上压力进行压贴。

e.养生到所要求的时间,拆除压贴用的方木、角钢等支架材料。

f.在钢板表面上再涂刷养护涂料,如铅丹或其他防锈油漆等。

7) 表面喷浆修补裂缝

表面喷浆修补是在经凿毛处理的裂缝表面,喷射一层密实而且强度高的水泥砂浆保护层来封闭裂缝的一种修补方法。根据裂缝的部位、性质和修理要求与条件,可分别采用无筋素喷浆、挂网喷浆或挂网喷浆结合的凿槽嵌补等修补方法。

8) 深度较深混凝土表面缺陷修补

对于桥梁结构中出现的较严重的蜂窝、麻面、空洞以及缺损面积大于25 cm×25 cm、深度大于5 cm时的混凝土表面缺损,凿除松动混凝土,外露骨料,钢筋除锈,用环氧混凝土修补,具体做法为:

①将构件中蜂窝或缺陷部位表层尽可能凿除,保留原结构的钢筋,同时对修补部位进行凿毛处理,并使混凝土表面保持湿润、清洁。

②在修补面上喷涂一层界面剂,以增强新、老混凝土之间的黏结。

③在界面剂喷涂后尚未凝固时,即可浇注环氧混凝土。

④当修补完成后,对新老混凝土接缝表面各15 cm宽的范围内,必须用钢丝刷将所有软弱浮浆除去,并冲洗干净,然后抹两层封闭浆液。浆液采用环氧树脂。涂液时,第二层的方向应与第一层相垂直。

⑤修补工作全部结束后,还要加强养护,养护方法与通常混凝土的养护方法相同。

9) 深度较浅混凝土表面缺陷修补

对于面积小于25 cm×25 cm、深度小于5 cm的混凝土结构表面缺损,凿除松动混凝土,外露骨料,钢筋除锈,清除浮尘,喷涂阻锈剂及界面剂,涂抹聚合物水泥基材料的修补方法。其步骤为:

①做好修补面凿毛、清洁等准备工作。

②将拌和好的聚合物水泥基材料用铁抹抹到修补部位,反复压光后,按普通混凝土要求进行养护。局部修补部位较深时,可在聚合物水泥基材料中掺入适量砾料,以增大强度和减少砂浆干缩。

③在新修补的区域周围再涂上两层环氧树脂胶黏剂进行封闭处理,以防止以后出现收缩裂缝。

聚合物水泥基修补材料修补法具体做法如下:

(1)修补表面的处理

混凝土表面应凿毛,且保持洁净、干燥、坚固、密实和平整。

（2）涂抹环氧树脂基液

目的是使老混凝土表面能充分被涂抹环氧树脂基液所浸润，保持良好的黏结力。涂刷时，应力求薄而均匀，厚度不超过 1 mm，可用毛刷人工涂抹，也可用喷枪喷射。为便于涂匀，还可以在基液中加入少量丙酮（3%~5%）。已涂刷基液的表面，应注意保护，严禁杂物、灰尘落入。

（3）涂抹聚合物水泥基修补材料

涂刷基液后，间隔一定时间（30~60 min），将基液中的气泡清除后，再涂抹聚合物水泥基修补材料。平面涂抹时应摊铺均匀，每层厚度不宜超过 1.0~1.5 cm，底层厚度应在 0.5~1.0 cm，并用铁抹子反复压抹，使表面翻出浆液，如有气泡必须刺破压紧；斜、立面涂抹时，由于聚合物水泥基修补材料流淌，应用铁抹子不断压抹，并适当增加聚合物水泥基修补材料内的填料，使环氧砂浆稠度增大。厚度以 0.5~1.0 cm 为宜，如过厚应分层涂抹；顶面涂抹时极易往下脱落，在涂抹基液时，可使用黏度较大的基液，并力求均匀。环氧砂浆涂层的厚度以 0.5 cm 为宜，如超过 0.5 cm 时，应分层涂抹，每层厚度可控制在 0.3~0.5 cm，每次涂抹均需用力压紧。

（4）聚合物水泥基修补材料的养护

聚合物水泥基修补材料的养护与水泥砂浆不同，最重要的是控制温度。夏季工作面向阳时，应设凉棚，避免阳光直接照射。冬季温度太低，应加温保暖。一般养护温度以 20 ℃ 为宜，养护温差不超过 5 ℃；养护时间，在夏季一般 2 天即可，冬季则须 7 天以上。养护期的前 3 天，不应有水浸泡或其他冲击。

10) 钢筋锈蚀处理

混凝土的密实度、渗水性、含水量、含氯盐量、碳化深度、保护层厚度不足和开裂等缺损是导致钢筋锈蚀的诸多因素。反之，钢筋锈蚀又促使混凝土进一步破损。

锈蚀较重的钢筋不能与混凝土很好黏结，影响钢筋和混凝土共同受力，而且埋置在混凝土中的锈蚀钢筋会继续氧化，锈皮膨胀致使混凝土构件裂纹损坏。因此，对钢筋表面的油渍、漆污和用锤敲击能剥落的浮皮、铁锈等均应清除干净。

（1）钢筋锈蚀处理流程

①凿除露筋部位的剥落、疏松、腐蚀等劣化混凝土，对外露钢筋进行除锈处理。对于锈蚀面积达到钢筋面积20%以上的主筋，必须将其完全凿出，进行除锈处理后，在侧面焊接相同直径的接长钢筋，然后用环氧砂浆或环氧混凝土将结构修补平整。

②混凝土表层缺陷处理前，应对生锈钢筋进行除锈，缺陷处理后宜在修补范围及周边涂刷渗透型阻锈剂。

③阻锈剂的质量及性能指标应符合有关现行国家、行业标准的相关规定。

④新浇筑混凝土采用阻锈剂溶液时，混凝土拌和物的搅拌时间应延长 1 min；采用阻锈剂粉剂时，应延长 3 min。

（2）钢筋锈蚀处理方法

①手工除锈。一般用各种钢丝刷、平铲、凿子或钢刮刀进行除锈。该方法劳动强度大，效率低，一般在工作量不大时采用。

②小型机械工具除锈。可使用风钻（或电钻）装上钢丝刷除锈，或用小风铲进行除锈，效率比全用手工除锈高。

③喷砂除锈。利用压缩空气使洁净干燥的石英砂粒通过专用喷嘴以高速度喷射于钢板表

面,由于砂粒的冲击和摩擦,将旧漆膜、污垢、铁锈、氧化皮等全部除去。

采用此法除锈效率高,质量好。其缺点是施工时粉尘危害人体健康。也有采用湿喷砂的,即水喷砂,它减少了粉尘,但要在水中加少量防锈剂,以保持钢件在短期内不生锈,其效果不如干喷砂。

（3）防锈措施

①磷化及喷锌。喷砂后,如不及时涂漆,为防止重新生锈,需在钢料表面上加涂一道磷化底漆,形成一层不溶性的磷酸盐保护膜,即所谓磷化处理。它能增强漆膜和钢铁表面的附着力,防止锈蚀,延长油漆的使用寿命,但在磷化底漆上仍需涂底漆和面漆。

经过除锈处理后的钢梁表面,特别是上盖梁,多采用喷锌或喷铝后再涂底面漆来增强钢梁的防锈能力,效果比较显著。

喷锌或喷铝是将不锈的金属丝（如锌丝、铝丝等）送入金属喷涂枪内燃烧的高温火焰中,使其熔化,然后借压缩空气的气流,以相当高的速度将熔化的金属丝吹成极微细的雾点,喷射在已处理过的钢梁表面上,使钢梁表面喷上一层固结的金属层,在面上再涂聚氨基甲酸酯底漆二度、面漆四度,以达到防锈的目的,一般在空气中可以保持50年不锈。

②喷漆。钢梁用漆要按地区特点和部位的不同配套使用。油漆的种类很多,性能各不相同。底漆可选用红丹防锈漆或近年新研制的过氯乙烯聚氨醋底漆。面漆多用灰铝锌醇酸,也可用过氯乙烯聚氨醋面漆。

过去涂漆多用手工,近年来广泛采用喷涂方法。喷漆是利用压缩空气在喷枪嘴处向负压,将漆流带出,分散为雾状,喷涂在钢梁表面上。

优点:效率高,速度快,漆膜光滑平整,可适应不同形状的钢梁表面。

缺点:油漆的利用率低,适于喷涂,须将油漆稀释到一定浓度,喷漆时喷雾大,影响工人健康,压缩空气应通过油水分离器,使之不含水分,否则漆膜易有斑点。

5.4 桥涵修复养护、专项养护技术

5.4.1 主要内容及措施

修复养护是指为恢复桥涵技术状况而实施的功能性、结构性修复或更换的工程措施。专项养护是指为恢复、完善或提升桥涵使用功能而集中实施的增设、加固、改造、拆除重建等工程措施。技术状况等级为二至五类桥梁采用修复或专项养护。

桥涵修复、专项养护主要包括以下内容:

①保持桥涵功能完整、结构安全、状态良好。

②对标度较低、但数量较大的病害进行修补。

③对技术状况较差的桥梁构件进行修复或更换。

④为满足承载能力要求的结构补强。

⑤为满足通行能力的桥面加宽。

⑥为满足使用要求的结构性能改善。

桥涵修复、专项养护主要包括以下措施:

①修补混凝土表面裂缝、缺陷。

②更换结构构件。

③减轻恒载。

④增大原承重构件截面。

⑤增设新杆件。

⑥改善原结构受力体系。

⑦加强原结构的整体性。

⑧其他相关措施。

修复养护是为恢复桥涵技术状况而开展的养护工作,养护过程中可采取预防养护的常用方法以及其他修复或更换方法进行。专项养护是为了恢复使用功能、提高承载能力、增强安全性和耐久性而开展的养护工作。对不同桥梁结构,均可采用改造、拆除重建的方式,也可采用不同的其他专项养护方法。

1) 简支梁桥

①简支梁桥抗弯能力不足或主梁挠度过大时,宜优先采用体外预应力、增大截面、简支变连续等方法。

②个别主梁出现严重病害,而其他主梁良好,可采用更换主梁法。

③提高承载能力幅度不大时,可采用粘贴钢板或纤维复合材料法。

④梁板横向联系不足时,可采用增强横梁、增设横向预应力或加强桥面横向联系等方法。

⑤主梁斜截面抗剪能力不足时,可采用粘贴钢板或纤维复合材料法。

⑥预制预应力混凝土箱梁的底面沿纵向预应力钢束位置开裂时,应进行裂缝处理。

2) 连续梁桥、悬臂梁桥

①箱梁的刚度不足且产生严重下挠时,应采用施加体外预应力进行加固,也可采用改变体系法。

②箱梁的抗剪承载能力不足时,可采用增大截面、粘贴钢板、粘贴纤维复合材料或增设竖向预应力等方法。

③箱梁的抗弯承载能力不足时,可采用体外预应力、粘贴钢板、粘贴纤维复合材料或增大截面等方法。

④箱梁顶、板底因承载力不足出现纵向开裂时,可采用粘贴钢板、粘贴纤维复合材料或新增横肋等方法。

⑤箱梁齿板局部承压不足引起齿板破坏或锚固区箱梁局部开裂时,可采用增大截面或粘贴钢板等方法。

⑥悬臂端牛腿开裂时,宜采用粘贴钢板、粘贴纤维板材或施加体外预应力等。

3) 拱桥

①圬工拱桥可采用增大主拱截面、调整拱上建筑恒载以及增强横向整体性等方法。

②双曲拱可采用增大截面或改变截面形式、粘贴钢板或纤维复合材料,以及增强横向整体性等方法。

③桁架(刚架)拱桥可采用增强横向整体性、粘贴钢板和复合纤维材料、施加体外预应力,以及增大构件截面等方法。

④钢筋混凝土箱梁拱桥可采用增大截面、调整拱上建筑恒载、增加拱肋、增强横向整体性,

以及粘贴纤维复合材料等方法。

⑤钢管混凝土拱桥可采用外套钢管混凝土增大截面、粘贴纤维复合材料、更换吊杆或系杆、改善桥面系结构,以及增强横向整体性等方法。

4) 悬索桥、斜拉桥

①悬索桥可采用更换吊索、增设斜拉索、设置中央扣、加强加劲梁风构等方法进行整体加固;也可采用更换加劲梁构件、增大截面、粘贴钢板或纤维复合材料等方法。

②斜拉桥可采用更换斜拉索、增设辅助墩、增设纵横向主梁限位装置、增设斜拉索减振装置等方法进行整体养护;也可采用增大截面、粘贴钢板或纤维复合材料等方法进行桥塔和加劲梁的局部养护。

5) 下部结构

①盖梁可采用施加体外预应力、增大截面、粘贴钢板或纤维复合材料等方法。

②墩柱可采用增大截面、钢套管内灌注混凝土、粘贴纤维复合材料或钢板等方法。

③台身可采用外包钢筋混凝土套箍、更换台后填土、增设辅助挡土墙、框架梁加注浆锚杆等方法。

④基础可增大基础底面积、增大桩头面积或增加基桩、增设支撑杆等方法。

⑤地基可采用高压旋喷注浆、土体注浆等方法。

⑥墩台基础冲刷过大,可采用抛石、砌石防护、石笼、板桩防护、上游设导流坝、下游设拦砂坝等方法。

5.4.2　常用方法

1) 增大截面加固法

(1) 增大截面加固法原理

在构件表面加大混凝土尺寸,增设受力钢筋,使其与原结构形成整体,从而增大构件有效高度和受力钢筋面积,增加构件的刚度,提高桥梁整体承载力。

采用增大截面加固法,能修复原桥病害,能较大提高构件刚度,增加结构稳定性,从而提高结构承载力,加固效果较好,但施工复杂,如图 5.35、图 5.36 所示。

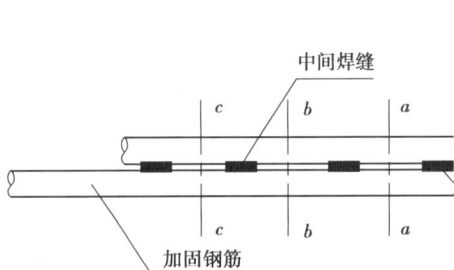

图 5.35　焊接钢筋示意图

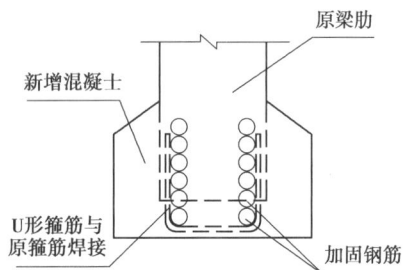

图 5.36　增大截面示意图

(2) 增大截面加固法适用范围

增大截面加固法适用于钢筋混凝土和预应力混凝土受弯构件、钢筋混凝土受压构件的加固,提高受弯构件的抗弯、抗剪和刚度,提高受压构件的刚度和承载力;还可适用于拱圈(肋)抗压承载能力的加固。

（3）材料要求

①混凝土：宜优先选用补偿收缩混凝土和自密实混凝土，其质量要求应满足《补偿收缩混凝土应用技术规程》（JGJ/T 178—2009）和《自密实混凝土应用技术规程》（JGJ/T 283—2012）的有关规定。

②钢筋：采用普通热轧钢筋，其质量要求应符合相关国家规范有关规定。

（4）设计要求

①被加固混凝土构件的混凝土强度应满足：钢筋混凝土受弯构件不应低于 C20，受压构件不应低于 C15，预应力混凝土构件不应低于 C30。

②新浇筑混凝土强度等级比原构件提高一级，且不低于 C25。

③新浇筑混凝土层的厚度，对板不宜小于 100 mm，对梁和受压构件不宜小于 150 mm。

④当新浇筑混凝土的厚度小于 100 mm 时，可采用小石子混凝土或喷射混凝土（或高性能复合抗拉砂浆）。在结构尺寸复杂和新浇筑混凝土施工条件差的条件下，可以采用补偿收缩混凝土或自密实混凝土。

⑤原构件混凝土应进行表面处理，设计文件应对混凝土表面处理方法和处理质量提出要求。表面应凿成凹凸不平的粗糙面，还应涂刷界面胶、增设剪力键等措施，保证新旧混凝土共同工作。

⑥梁板的新增纵向受力钢筋，其两端应可靠锚固；柱子新增受力钢筋的下端应伸入基础并满足锚固要求。

⑦增大截面加固尚应符合《公路桥梁加固设计规范》（JTG/T J22—2008）的相关规定。

（5）增大截面加固法施工工艺流程

施工工艺流程：基面处理→钻孔植筋→绑扎钢筋网→安装模板→浇筑混凝土→混凝土养生。

增大截面加固法具体施工工序如下：

①基面处理：采用凿毛机将混凝土表面浮浆、污染物等凿除，露出凹凸不平的混凝土面。

②钻孔植筋：施工放样时，采用钢筋探测仪标定植筋钻孔位置，如遇钢筋可以适当移位，采用电锤钻孔、丙酮清孔、环氧树脂胶植入钢筋。

③绑扎钢筋网：将钢筋大样与植筋绑扎（或焊接）形成钢筋骨架、钢筋网。

④安装模板：安装模板或者吊模板。

⑤浇筑混凝土：对于安装模板的拱圈或者其他厚度较小的构件，一般采用浇筑自密实混凝土；对于预制板桥，则采用无模板喷射小石子混凝土浇筑混凝土。

⑥混凝土养护：采用浇水养生。

（6）增大截面加固法的质量检验评定基本要求

①增大截面加固所用材料的种类、型号、规格、数量和质量均应符合相关规范的要求。

②按设计要求和相关规范的程序施工，严格按照施工工序及构造措施要求来保证施工质量，结合《公路桥涵施工技术规范》（JTG/T 3650—2020）重点检查和控制结合面处理、钢筋焊接、混凝土浇筑及养生，确保新旧混凝土能够共同受力。

③按照设计要求对缺陷进行修补。

（7）增大截面加固法质量检验

增大截面加固法质量检验如表 5.9 所示。

表 5.9　质量检验实测项目

项次	检验项目	合格标准	检验方法	频数
1	加固构件结合面处理	满足设计要求	目测	100%
2	混凝土强度	满足设计要求	钻芯	不少于10组

2) 粘贴钢板加固法

（1）粘贴钢板加固法原理

用胶黏剂和锚栓将钢板粘贴锚固在混凝土结构表面形成整体受力,以钢板代替增设的补强钢筋,恢复或提高桥梁构件的承载能力。该加固方法施工简单,对桥梁承受后期作用有帮助,如图 5.37 所示。

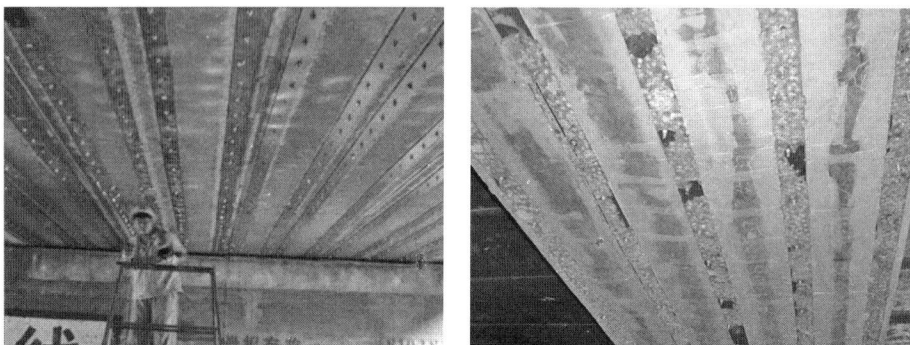

图 5.37　粘贴钢板加固

（2）粘贴钢板加固法适用范围

粘贴钢板加固法适用于钢筋混凝土受压墩柱加固;适用于拱桥主拱圈加固,以提高抗压承载能力、延性、耐久性的加固;也适用于梁板及横隔板加固,恢复或提高梁、板抗弯、抗剪承载能力。

（3）材料要求

①加固用钢板:一般应采用 Q355 钢材,钢板、锚栓及焊缝的强度设计值应符合《钢结构设计标准》(GB 50017—2017)的相关规定。

②加固用胶黏剂:粘贴钢板和锚固用胶黏剂的质量和安全性能指标应满足《公路桥梁加固设计规范》(JTG/T J22—2008)的相关规定。如果采用 A、B 两组分胶黏剂施工时,通常按照2:1比例进行配制。

（4）设计要求

①被加固混凝土构件的混凝土强度应满足:钢筋混凝土受弯构件不应该低于 C20;受压构件不应该低于 C15;预应力混凝土构件不应低于 C30。

②钢板厚度以 4~10 mm 为宜,一般取 6 mm。

③采用直接涂胶粘贴的钢板厚度不应大于 5 mm;钢板厚度大于 5 mm 时,应采用压力注胶黏结。

④粘贴钢板的锚固长度,对于受拉区不得小于 200 t(t 为钢板厚度),不得小于 600 mm;对于受压区,不得小于 160 t,也不得小于 480 mm;对钢板长度较长或承受反复荷载的,锚固区尚宜增设 U 形箍板或加密锚栓等措施。

⑤粘贴钢板加固尚应符合《公路桥梁加固设计规范》(JTG/T J22—2008)的相关规定。

（5）粘贴钢板加固法施工工艺流程

施工工艺流程：施工放样→钻锚栓孔→基面处理→基面清洁→钻孔清洗→植锚固栓→基面找平→钢板打磨→钢板放样→安装钢板→安装注浆嘴→压力灌胶→钢板涂装。

粘贴钢板加固法具体施工工序如下：

①施工放样：根据设计图纸粘贴钢板位置、长度、宽度等确定粘贴钢板位置，采用墨线或者水彩笔画线确定混凝土基面处理范围。

②钻锚栓孔：根据锚栓设计位置、孔径、数量、埋置深度等采用风钻在混凝土基面打孔，按设计的间隔在混凝土粘贴面钻深度不小于 8 cm、直径约为 14 mm 的盲孔。遇到钢筋钻孔受阻时，可适当移动位置打孔，完成钻孔。

③基面处理：采用角磨机将混凝土基面表面浮浆打磨掉，露出坚硬混凝土面。

④基面清洁：采用鼓风机吹去表面混凝土灰尘，再用丙酮清洗混凝土表面。

⑤钻孔清洗：用压缩空气清理孔内浮尘土，然后涂抹一道丙酮，不得采用水洗。

⑥植锚固栓：向孔内塞入软环氧胶泥，用丙酮清洗膨胀螺栓，在膨胀螺栓表面涂抹一层环氧树脂基液，向孔内打入锚栓，待紧固后松下螺母。

⑦基面找平：采用找平胶对混凝土基面凹陷不平严重的范围内进行找平，对凸起部分打磨找平，确保混凝土基面基本平整。

⑧钢板打磨：根据设计尺寸进行钢板下料，并采用砂轮双面除锈打磨钢板，将钢板表面锈迹等打磨掉，露出光洁版面。

⑨钢板放样：采用聚酯薄膜在打好孔的混凝土基面上按 1∶1 比例标注出锚栓位置，并在钢板上放样，准确定位出钢板打孔位置并钻孔。

⑩安装钢板：用丙酮清洗混凝土和钢板的粘贴面，并在粘贴的混凝土面和钢板面涂一层薄而匀的环氧树脂薄浆，然后将钢板挂上并拧紧锚栓螺母加压。

⑪安装注浆嘴：若钢板厚度大于 5 mm，应在钢板条四周均匀涂抹一圈环氧树脂胶泥封闭钢板四边，并预埋好压浆管嘴。

⑫压力灌胶：通过往压浆管嘴里通气检查环氧树脂胶泥封闭钢板的气密性。若气密性良好，则可往钢板条和混凝土的粘贴面内注浆。

⑬钢板涂装：钢板条粘好后，清除钢板外表面的污垢，涂两层红丹漆罩面防腐，再涂刷水泥浆涂装。

（6）粘贴钢板加固质量检验评定基本要求

①粘贴钢板加固所用材料类别、规格及质量应符合相关规范的要求。

②按规定的程序施工，加压及固化时间应符合相关规范和厂家材料说明的要求。

③锚栓数量、规格、钢板的搭接长度不得少于设计值。

④按设计要求进行涂装防护。

（7）粘贴钢板加固质量检验（表 5.10）

表 5.10　质量检验实测项目

项次	检验项目	合格标准	检验方法	频数/%
1	加固构件结合面处理	满足设计要求	目测	100
2	钢板粘贴结合面处理	满足设计要求	样板、目测	100

续表

项次	检验项目	合格标准	检验方法	频数/%
3	钻孔深度、孔径、螺栓植入深度	满足设计要求	用尺量	20
4	粘贴	锚固区粘贴面积≥90% 非锚固区粘贴面积≥85%	超声探测或敲击	20

3)粘贴碳纤维布加固法

（1）粘贴碳纤维布加固法原理

将碳纤维布用环氧树脂黏结剂沿受拉方向粘贴在要补强的结构上,固化后形成具有纤维增强效应的复合体结构,与原有钢筋混凝土共同受力,以提高结构的强度、刚度、抗裂性和延伸性。

该加固方法施工简单,对桥梁承受后期作用有帮助,但碳纤维布不耐火,不适宜高度较低的桥梁构件加固,如图 5.38 所示。

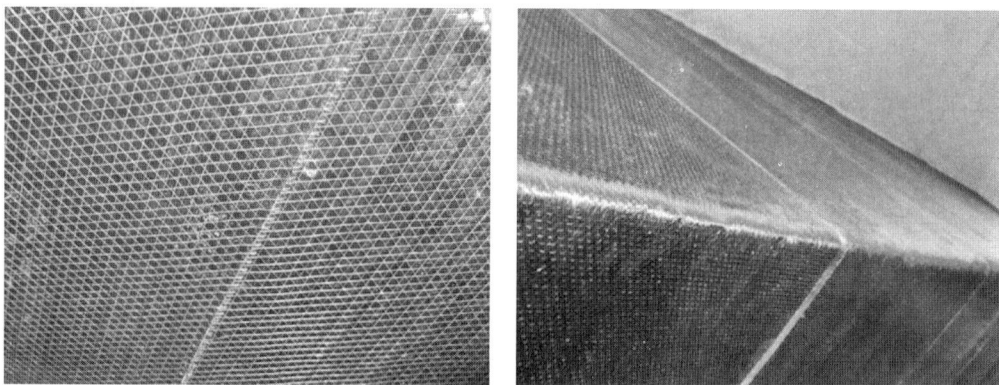

图 5.38　粘贴碳纤维布加固

（2）粘贴碳纤维布加固法适用范围

粘贴碳纤维布加固法适用于钢筋混凝土受压柱,以提高抗压承载能力、延性、耐久性的加固;也适用于恢复或提高梁、板抗弯、抗剪承载能力;还可适用于拱圈(肋)抗压承载能力的加固。一般不适用于素混凝土构件加固。

（3）材料要求

①碳纤维布:主要加固用材料为复合材料碳纤维布,高强度,但不耐火。其质量和主要力学性能指标应满足《公路桥梁加固设计规范》(JTG/T J22—2008)的有关规定。

②胶黏剂:粘贴碳纤维布胶黏剂、浸渍胶的质量和安全性能指标应满足《公路桥梁加固设计规范》(JTG/T J22—2008)的有关规定,施工中常采用 A、B 组分胶,按照 2∶1 配比调和均匀使用。

（4）设计要求

①采用预应力碳纤维布加固受压柱时,被加固混凝土构件的混凝土强度等级不应该低于 C15;加固梁板时,不低于 C25。

②采用预应力碳纤维布加固时,宜卸除作用在结构上的部分荷载。

③粘贴纤维复合材料不得直接暴露于阳光下或有害杂质中,表面应防腐处理,且材料应无害。

④采用碳纤维板加固的混凝土结构,其长期使用的环境温度不应高于 60 ℃;处于特殊环境的混凝土结构采用本方法加固时,除应按国家现行有关标准的规定采取相应的防范措施外,还应采用耐环境因素作用的胶黏剂,并按专门的工艺要求进行粘贴。

(5)粘贴碳纤维布加固法施工工艺流程

施工工艺流程:施工放样→混凝土基面处理→混凝土基面清洁→涂刷底胶→粘贴碳纤维布→滚涂浸渍树脂胶→脱泡、固化→防护处理。

粘贴碳纤维布加固法具体施工工序如下:

①施工放样:根据设计图纸粘贴碳纤维布位置、长度、宽度等确定粘贴碳纤维布位置,采用墨线或者水彩笔画线确定混凝土基面处理范围。

②混凝土基面处理:采用角磨机将混凝土基面表面浮浆打磨掉,露出坚硬混凝土面。

③混凝土基面清洁:采用鼓风机吹去表面混凝土灰尘,再用丙酮清洗混凝土表面。

④涂刷底胶:用滚筒刷或毛刷均匀、无遗漏地将底胶涂在需加固补强的混凝土表面,底胶涂刷面边界应不小于所粘贴的碳纤维布大小。底胶指触干燥后,若发现粘贴表面上有缺损、坑洼、凹陷拐角、模板接头处出现的高差等情况,应用找平胶进行多次刮填修补平整。

⑤粘贴碳纤维布:用滚刷或毛刷均匀、无遗漏地将黏结胶涂在选定的混凝土表面,黏结胶涂布表面应不小于所粘贴的碳纤维布的大小。应注意:在模板接头处出现的高差位置和拐角以及碳纤维布搭接部位应多涂一些;按设计要求的尺寸裁减碳纤维布,在已涂好黏结胶的混凝土表面铺覆碳纤维布,碳纤维布的铺覆方向符合设计要求,接头搭接应在纤维方向进行,且搭接宽度应不小于 10 cm。

⑥滚涂浸渍树脂胶:用专用胶辊和刮板在碳纤维布上沿纤维方向施加压力,并向一个方向或从中间向两个方向滚动碾压,但不允许来回反复滚动,使树脂胶液充分浸渍碳纤维布,形成复合材料,消除气泡和除去多余树脂,使碳纤维布和底层充分黏结。严禁交叉垂直于碳纤维布方向滚动碾压施工,以免出现折丝滑丝现象;二层粘贴,应重复上述步骤,在纤维表面黏结胶固化至指触干燥后方可进行下一层碳纤维布的铺覆。

⑦脱泡、固化:对粘贴施工完成后的复合材料层,经自然养护至黏结胶完全固化后,对碳纤维布粘贴面仔细检查,如果碳纤维布粘贴层有空鼓或气泡,可以用刀片将碳纤维布划开(注意不要划得太大),然后采用注射器针管将调制好的黏结胶注入空鼓或气泡内填充至密实。应保证密实粘贴面积达到 100%。

⑧防护处理:在粘贴碳纤维并形成复合材料凝胶固化后,复合层表面采用毛刷和刮板均匀涂刷表面防护胶,形成防护层。

(6)粘贴碳纤维布加固法质量检验评定基本要求

①粘贴碳纤维布加固法所用材料应符合质量标准,其各种性能指标及技术参数均应符合相关规范的要求,适合现场温度、湿度条件。

②应严格按有关规范进行各种工序隐蔽工程检验与验收,如施工质量不能满足相关条款要求时,应立即采取补救措施或返工。

③碳纤维布实际粘贴面积、搭接长度等符合设计要求。

④必要时,可对碳纤维布、胶黏剂材料和工程质量进行现场抽样。

（7）粘贴碳纤维布加固法质量检验（表 5.11）

表 5.11　质量检验实测项目

项次	检验项目	合格标准	检验方法	频数/%
1	加固构件结合面处理	满足设计要求	目测	100
2	碳纤维布粘贴位置	满足设计要求	用尺量	100
3	碳纤维布粘贴	满足设计要求	指压或橡胶锤检查	20
4	粘贴质量	满足设计要求	拉拔仪	2~3

4）粘贴碳纤维板加固法

（1）粘贴碳纤维板加固法原理

用浸渍树脂将高强度碳纤维板粘贴在结构构件表面上并施加一定的预应力,固化后形成具有纤维增强效应的复合体结构,以此提高构件的抗拉强度,达到加固的目的。

该加固方法施工简单,对桥梁承受后期作用有帮助,尤其对预应力混凝土梁板可以提高后期承载力,如图 5.39 所示。

图 5.39　粘贴碳纤维板加固

（2）粘贴碳纤维板加固法适用范围

粘贴碳纤维板加固法适用于钢筋混凝土、预应力混凝土梁板恢复或提高抗弯、抗剪承载能力。

（3）材料要求

①碳纤维板:主要加固用材料为复合材料碳纤维板,高强度,其质量和主要力学性能指标应满足《公路桥梁加固设计规范》（JTG/T J22—2008）的有关规定。

②胶黏剂:粘贴碳纤维板胶黏剂、浸渍胶的质量和安全性能指标应满足《公路桥梁加固设计规范》（JTG/T J22—2008）的有关规定。

（4）设计要求

①被加固混凝土构件的混凝土强度应满足:采用预应力碳纤维板加固梁、板构件时,混凝土强度等级不应该低于 C25。

②采用预应力碳纤维板加固时,可以不用卸除作用在结构上的部分荷载。

③采用预应力碳纤维板对钢筋混凝土结构加固时,碳纤维板张拉锚固部分之外的板面与混凝土之间也应涂刷结构胶黏剂。

④采用预应力碳纤维板加固混凝土结构构件时,碳纤维板宜直接粘贴在混凝土表面,不推荐采用嵌入式粘贴方式。

⑤预应力碳纤维板的张拉控制应力值宜为碳纤维板抗拉强度设计值的 60%~7%。

⑥对外露的锚具应采取防腐措施加以防护。

⑦采用碳纤维板加固的混凝土结构,其长期使用的环境温度不高于 60 ℃;处于特殊环境的混凝土结构采用本方法加固时,除应按国家现行有关标准的规定采取相应的防护措施外,还应采用耐环境因素作用的胶黏剂,并按专门的工艺进行粘贴。

(5)粘贴碳纤维板加固法施工工艺流程

施工工艺流程:施工放样→基面处理→植锚螺栓→安装支座→粘贴碳纤维板→安装压条→张拉碳纤维板→固化涂装。

粘贴碳纤维板加固法具体施工工序如下:

①施工放样:在加固梁板上,按照设计位置施工,采取钢尺定位准确确定预应力碳纤维板和两端锚固支座位置,根据支座位置确定实际钻孔以及混凝土基面处理位置。

②基面处理:采用凿毛机将混凝土基面表面浮浆打磨掉,露出坚硬混凝土面,对混凝土脱落或者凹凹不平局部位置采用找平胶找平。

③植锚螺栓:施工放样时,采用钢筋探测仪标定螺栓钻孔位置,如遇钢筋需要移位,应通知技术人员现场修改支座底板安装孔,采用电锤钻孔、丙酮清孔、环氧树脂胶植入螺栓。

④安装支座:安装张拉端、固定端支座,支座中心线应与碳纤维板中心线平行或重叠,支座底板与混凝土基面间隙可采用环氧胶找平。

⑤粘贴碳纤维板:碳纤维板用丙酮清洗干净,涂抹胶黏剂并初步固定。

⑥安装压条:预应力碳纤维板初步安装固定就位后,即可安装压紧条。压紧条安装时,需与混凝土面保持 1 cm 左右的缝隙,以便张拉时碳纤维板可以自由滑动。

⑦张拉碳纤维板:压紧条安装就位后,再次安装千斤顶,分步张拉碳纤维板达到设计控制值,张拉结束后,固紧压紧条并进行补胶。

⑧固化涂装:对粘贴施工完成后的碳纤维板,经自然养护至黏结胶完全固化后,在复合层表面采用毛刷均匀涂刷表面防护胶,形成防护层。

(6)粘贴碳纤维板加固法质量检验评定基本要求

①粘贴碳纤维板加固法所用材料应符合质量标准,其各种性能指标及技术参数均应符合相关规范的要求,适合现场温度、湿度条件。

②应严格按有关规范进行各种工序的隐蔽工程检验与验收,如施工质量不能满足相关条款要求时,应立即采取补救措施或返工。

③碳纤维板实际粘贴面积等符合设计要求。

④必要时,可对碳纤维板、胶黏剂材料和工程质量进行现场抽样。

(7)粘贴碳纤维板加固法质量检验(表 5.12)

表 5.12　质量检验实测项目

项次	检验项目	合格标准	检验方法	频数/%
1	加固构件结合面处理	满足设计要求	目测	100
2	碳纤维板粘贴位置	满足设计要求	用尺量	100
3	碳纤维板粘贴	满足设计要求	指压或橡胶锤检查	20
4	粘贴质量	满足设计要求	拉拔仪	2~3

5)体外预应力加固法

（1）体外预应力加固法原理

通过在梁体外布设预应力筋，或在梁体外布设钢拉杆或钢撑杆，并与被加固的梁体锚固联结，然后施加预应力，强迫后加的预应力筋、拉杆或撑杆受力，从而改变原梁体的内力分布，并降低原梁体的应力水平，使梁体总承载力显著提高，且可减少梁体的变形，使裂缝宽度缩小甚至完全闭合。

体外预应力加固法优缺点：施工速度快，对交通影响小，提高构件的受力明显，尤其对预应力构件存在应力损失的梁有明显加固效果，适用于大跨径预应力桥梁主梁加固，如图 5.40 所示。

图 5.40　体外预应力加固

（2）体外预应力加固法适用范围

体外预应力加固法适用于正截面受弯承载力不足或正截面受拉区钢筋锈蚀的情况加固，如预应力箱梁桥、T 梁桥；适用于由于刚度太小导致的受拉区裂缝宽度超过规范规定的情况；也适用于梁斜截面受剪承载力不够的情况。

（3）材料要求

①水泥及混凝土：所用的混凝土强度等级不应低于原结构混凝土强度等级，且不应低于C40，水泥等级不低于 42.5 级硅酸盐水泥。

②钢材、预应力钢绞线等材料：应符合《预应力混凝土用钢绞线》（GB/T 5224—2014）等规范的规定。

（4）设计要求

①对于被加固混凝土构件的混凝土强度，钢筋混凝土构件不应该低于 C25，预应力混凝土构件不应低于 C30。

②预应力钢束可由水平束和斜束组成，也可由通长布置的钢丝束或钢绞线组成。加固中采用的体外索应具有防腐能力，且具有可更换性。

③采用体外预应力加固混凝土结构时，其新增的体外预应力拉杆、锚具、垫板、撑杆以及各种紧固件均应进行可靠的防锈蚀处理，且其长期使用的环境温度不应高于 60 ℃。

④预应力水平拉杆或预应力下撑式拉杆中部的水平段与被加固梁下缘之间的净空，一般不应大于 80 mm，宜为 30~50 mm。预应力下撑式拉杆其斜段宜紧贴在被加固梁的两侧。

⑤体外预应力加固法还应符合《公路桥梁加固设计规范》（JTG/T J22—2008）等相关规定。

（5）体外预应力加固法施工工艺流程

施工工艺流程：施工放样→混凝土基面处理→钻孔植筋→钢绞线下料、穿束→锚固块、方向块安装→预应力张拉→封锚→减震装置安装。

体外预应力加固法具体施工工序如下：

①施工放样：根据设计图纸体外预应力锚固块、方向块等紧固件位置，采用水彩笔画线确定混凝土基面处理范围。

②混凝土基面处理：采用凿毛机将混凝土基面表面浮浆打磨掉，露出坚硬混凝土面。

③钻孔植筋：施工放样时，采用钢筋探测仪标定植筋钻孔位置，如遇钢筋可以适当移位，采用电锤钻孔、丙酮清孔、环氧树脂胶植入钢筋。

④钢绞线下料、穿束：根据设计长度进行钢绞线下料，并采用人工穿束。

⑤锚固块、方向块安装：在打磨好的混凝土基面粘贴钢板，焊接型钢组成钢结构的锚固块和方向块，锚固预应力钢绞线和固定预应力钢绞线。

⑥预应力张拉：采用智能张拉设备，按照设计的要求分步施加预应力。

⑦封锚：采用套筒将预应力钢绞线工作长度和锚具一起封闭，并对铁件进行防腐涂装。

⑧减震装置安装：根据设计位置焊接钢板，安装减震装置。

（6）体外预应力加固法质量检验评定基本要求

①体外预应力加固法所用材料种类、型号、数量、规格和质量应符合有关规范和设计要求。

②按规定的程序施工，严格按照施工工序及构造措施要求来保证施工质量，结合规范重点检查和控制锚固点处理、转向块设置、预应力张拉，确保预应力体系的有效性。

③预应力钢丝束应梳理平直，不得有缠绞、扭麻花现象。单根钢绞线不允许断丝。制孔管道应安装牢固，接头密合，弯曲圆顺，锚垫板平面应与孔道轴线垂直。锚固设备等经检验合格后方可使用。

④体外预应力系统的防腐施工要根据设计要求，严格控制施工质量，防止预应力钢材和锚具等锈蚀。

（7）体外预应力加固法质量检验（表 5.13）

表 5.13　质量检验实测项目

项次	检验项目	合格标准	检验方法	频数/%
1	锚固及转向装置混凝土表面处理	满足设计要求	目测	100
2	钻孔深度、孔径、螺栓植入深度	满足设计要求	用尺量	20
3	锚固及转向装置安全检查	满足设计要求	拉拔试验	2~3

6）桥面补强层加固法

（1）桥面补强层加固法原理

将原有桥面铺装拆除，在原梁（板）顶面浇筑钢筋混凝土补强层，以提高桥梁结构的抗弯刚度和承载力。

该加固方法施工工艺简单、适应性强，加强了各预制梁（板）共同受力，适用于较小跨径的 T 梁桥或板桥的加固。采用此方法加固后，桥梁刚度明显提高，承载能力也能取得较好的效果，如图 5.41 所示。

图 5.41　桥面补强层加固

（2）桥面补强层加固法适用范围

桥面补强层加固法主要适用于中小跨径、横向干接头的装配式板桥和T梁桥。梁板承载力不足，刚度不够，或铰接梁板的铰缝不能有效传力时，可采用桥面补强层加固法进行加固；也适用于其他类型横向干接头桥梁的加固。该加固方法主要加强了梁（板）共同受力，提高桥梁整体性（刚度），所以适用范围较广。

（3）材料要求

①加固用钢材：采用普通热轧钢筋，普通钢筋的型号及强度设计值应符合《公路钢筋混凝土及预应力混凝土桥涵设计规范》（JTG 3362—2018）的相关规定。

②加固用水泥、混凝土：

a.补强层混凝土除应具有黏结力强、收缩小、抗裂性能高外，还应具有足够的韧性、抗冲击能力和抗渗性。

b.使用外加剂应注意合理选择品种，进行必要的试验。施工时，必须按产品说明要求采用正确的掺入法，严格控制掺量，并适当延长搅拌时间和加强养护。

c.纤维混凝土具有抗裂性、韧性、延伸率、抗冲击力和抗渗能力高等特点，适用于桥面补强层加固。采用钢纤维时，应注意纤维腐蚀、锈蚀引起的桥面污染，以及纤维暴露时对车辆轮胎的损害作用。

（4）设计要求

①加强补强层与原结构的联结而设置的结合钢筋，一端埋置于原结构中，另一端深入补强层中，因锚固长度短，应采用螺纹钢筋以增加握裹力，保证新旧混凝土有效结合。

②增强桥梁整体受力能力，应在补强层中设置构造钢筋和受力钢筋，布设1~2层钢筋网。为加强与混凝土联结，宜选用螺纹钢筋。

③原构件混凝土应进行表面处理，设计文件应对所采用的界面处理方法和处理质量提出要求。混凝土表面应凿成凹凸差不小于6 mm的粗糙面外，还应涂刷界面胶、增设剪力键等措施，以保证新旧混凝土共同工作。

④桥面补强层加固还应符合《公路桥梁加固设计规范》（JTG/T J22—2008）的相关规定。

⑤桥面补强层加固后，视为组合结构的加固结构承载力计算可以直接采用整体浇筑的计算假定和计算方法，具体计算假定和方法可参见相关设计规范，并注意原结构与补强层混凝土强度不同时，可偏安全取用其中较低者；当补强层上不再设桥面铺装时，应扣除磨耗层厚度进行计算。

⑥桥面补强层宜选用高强度等级混凝土,其强度等级不应低于 C40 及主梁混凝土强度等级,厚度不宜小于 10 cm。

(5)桥面补强层加固法施工工艺流程

施工工艺流程:拆除桥面铺装→结合面缺陷、病害等处理→植剪力钢筋→布设钢筋网→浇筑补强层混凝土→重铺桥面铺装、安装附属设施。

桥面补强层加固法具体施工工序如下:

①拆除桥面铺装:采用电动钻等工具破除桥面混凝土,清理混凝土残渣,应根据原桥面铺装厚度进行破除,避免采用挖机"啄木鸟"破除,因为该方法施工容易击穿空心板顶板造成梁板病害。

②结合面缺陷、病害等处理:清理干净拆除的混凝土残渣等,仔细检查结合面,如发现梁(板)顶部有裂缝、破洞、露筋等病害的,则采用环氧树脂胶进行裂缝封闭,对裂缝宽度较大的应进行灌胶封缝处理;对由于施工不当造成顶板被击穿的破洞,应采用吊模进行混凝土修补;露筋锈蚀的则采用除锈防腐处理。

③植剪力钢筋:根据剪力钢筋设计位置、孔径、数量、埋置深度等采用风钻在梁(板)顶面混凝土上钻孔。遇到钢筋钻孔受阻时,可适当移动位置钻孔;清孔采用丙酮清孔并向孔内塞入软环氧胶泥,植剪力钢筋。

④布设钢筋网:等植筋固化后,绑扎或焊接通长钢筋,形成钢筋网,通常采用两层钢筋网,严格控制钢筋间距和保护层厚度,可适当增加一些混凝土保护层垫块,以确保钢筋网保护层厚度满足规范要求。

⑤浇筑补强层混凝土:根据设计配合比,采用混凝土泵送或者吊车配漏斗运送混凝土入模浇筑补强层混凝土,振动梁振捣。

⑥重铺桥面铺装、安装附属设施:对需要重新铺桥面铺装的,应对补强层混凝土进行抛丸或拉毛处理,然后施工桥面防水层,再进行沥青摊铺并重新安装伸缩缝等附属设施。

(6)桥面补强层加固法质量检验评定基本要求

①桥面补强层加固法所用材料种类、型号、规格、数量和质量应符合相关规范及设计要求。

②补强层不得出现露筋和空洞病害。

③按规定的程序施工,重点检查缺陷修补、结合面处理、结合面植剪力钢筋、补强层混凝土浇筑等程序。要求缺陷修补后结构尺寸、强度基本恢复,外观接近原样;处理完的结合面应干净、粗糙,粗糙度符合构造要求;植剪力钢筋应使孔径、孔位、孔深合适,钢筋与结合面垂直,外露端高度与埋入段长度符合设计要求;在结合面充分润湿或界面剂涂刷好后,方可浇筑补强层混凝土,严格控制混凝土质量,振捣合理,并及时养护。

(7)桥面补强层加固法质量检验(表5.14)

表 5.14　质量检验实测项目

项次	检验项目	合格标准	检验方法	频数
1	补强层混凝土强度	满足设计要求	混凝土试件	按规定方法和频率检查
2	桥面补强层结合面处理	满足设计要求	目测	100%
3	补强层混凝土厚度	满足设计要求	用尺量	每跨3~5处
4	补强层构造钢筋	满足设计要求	用尺量	每跨3~5处
5	结合钢筋	满足设计要求	拉拔试验	20%

7) 旋喷法

（1）加固方法

一般都是在墩（台）基础的襟边或底板打下钻孔，旋喷成圆柱形固结体，并与原基础联成整体，增加地基的承载力，达到加固的目的。

（2）设计要点

①单管法单独喷射水泥浆液加固参数。采用单管法单独喷射水泥浆液进行加固，具体设计参数见表 5.15。

表 5.15　设计参数

项　目		单管法
喷嘴孔径/mm		$\phi 2.5$
喷嘴个数/个		2
旋转速度/$(r \cdot min^{-1})$		20
提升速度/$(r \cdot min^{-1})$		200
高压泵	压力/$(kg \cdot cm^{-2})$	200
	流量/$(L \cdot min^{-1})$	120

②主要材料：42.5 级普通硅酸盐水泥；水泥浆密度为 1.65 t/m³；水灰比为 1∶10。

③墩（台）基础增强加固工艺及要求如下：

a.按设计要求开挖基坑。

b.所有的新老混凝土结合面，必须将原结构的表面凿毛，露出骨料，并清洗干净。

c.施工流程：将原结构表面的混凝土凿除掉至少 2 cm，露出骨料，并清洗干净；按照设计要求安装锚筋；按照设计要求安装钢筋网；立模板并浇筑混凝土。

如果有地基注浆加固的，基础施工应在注浆完成后进行。

（3）地基加固处理工艺及要求

①工艺流程：钻机就位→钻孔→插管→喷射作业→冲洗。

②施工操作要点如下：

a.旋喷前要检查高压设备和管路系统，其压力和流量必须满足设计要求。注浆管及喷嘴内不得有任何杂物。注浆管接头的密封性必须良好。

b.钻机与高压注浆泵的距离不宜过远。钻孔的位置与设计位置的偏差不得大于 50 mm。实际孔位、孔深和每个钻孔内的地下障碍物、洞穴、漏水如与工程地质报告不符等情况，均应详细记录。

c.钻孔孔径采用 80 mm。

d.垂直施工时，钻孔的倾斜度一般不得大于 1.5%。

e.当注浆贯入土中、喷嘴达到设计标高时，即可喷射注浆。在喷射注浆参数达到规定值后，随即旋喷、提升注浆管、由下而上喷射注浆。注浆管分段提升的搭接长度不得小于 100 mm。

f.在插管和喷射过程中，要注意防止喷嘴被堵，在拆卸或安装注浆管时动作要快。水、气、浆的压力和流量必须符合设计值，否则要拔管清洗再重新进行插管和旋喷。使用双喷嘴时，若一个喷嘴被堵,则可采取复喷方法继续施工。

g.在旋喷注浆过程中,若出现压力骤然下降、上升或大量冒浆等异常情况等,应查明产生的原因并及时采取措施。

h.搅拌水泥时,水灰比要按设计规定,不得随意更改,在旋喷过程中应防止水泥浆沉淀,使浓度降低。禁止使用受潮或过期的水泥。

i.施工完毕,应立即拔出注浆管彻底清洗注浆和注浆泵,管内不得有残存水泥浆。

j.当处理既有构筑物地基时,应采取速凝浆液或大间距隔孔旋喷和冒浆回灌等措施,以防旋喷过程中地基产生附加变形和地基与基础间出现脱空现象,影响被加固工程及邻近建筑。同时,应对构筑物进行沉降观测。

施工中应如实记录旋喷注浆的各项参数和出现异常现象。旋喷法加固墩(台)基础时,冒浆的处理方法为:提高喷射压力,适当缩小喷嘴孔径,加快提升和旋转速度。

8) 基础加宽法

(1)接长盖梁法

利用旧桥的基础,靠墩(台)盖梁挑出悬臂加宽部分,以便安装加宽的上部桥跨结构,基础和墩(台)可以不必要加宽,经过地基承载力的验算后,决定对它是否进行加固处理。

(2)墩(台)基础加宽

在地基的安全性确定后,就可以对墩(台)盖梁进行施工处理,应注意以下 3 点:

①应先凿除旧盖梁连接部的混凝土保护层,露出钢筋,并在原主筋上焊接新主筋;采用搭接形式连接钢筋,其焊接长度为:双面焊 $5d$,单面焊 $10d$(d 为焊缝长度),并且注意剪力钢筋的布置。

②新旧混凝土连接表面应粗糙,做成阶梯形和凹槽等;要注意新旧混凝土面上不能采用沿斜面连接,否则不利于抗剪作用。

③施工时,特别要注意清理混凝土连接部位。浇筑后要注意保养。

9) 增设新墩法

直接在原有的墩(台)附近的一侧或两侧,添造新的墩(台)。这种情况下,必须巩固与维护原有桥台周围的基础,并设法防止原有桥台基础的变形。通常有以下两种做法:

①采用离开旧桥台建造新桥台。

②靠近旧桥墩建造新的桥墩。

该方法需要考虑新加宽部分墩(台)的沉降量与旧桥台的不协调问题,可以采用设置沉降缝来处理,在设计和施工都要充分注意。

10) 支撑法加固墩台

(1)修筑支撑加固

对于因墩(台)尺寸不够,难以承受台背后土压力而向桥孔方向产生倾斜或滑移的埋置式桥台,可采用修筑撑壁法进行加固。对于单跨小跨径桥桥台,可在两台之间加设水平支撑,如整跨浆砌片石撑板或用钢筋混凝土支撑梁进行加固。

(2)增建辅助挡土墙加固

对于因桥台台背水平土压力太大而引起的桥台倾斜,应设法减少桥台后壁的土壤压力,可在台背增建挡土墙,以加强挡土能力。

(3)减轻荷载法加固

软土地基上的桥台,由于填土较高而受到较大侧向土压力作用,从而产生前移和倾斜。此时,一般可更换台前填土,以减小土压力,减轻桥台基础承受的荷载。

(4)台后加孔减载和增设台后支撑梁法加固

该方法适用于台后填土较高、发生沉陷推移的桥台。在这种情况下,可挖去台下的填土,改为修建小跨径的钢筋混凝土板梁引桥,并且砌筑台后混凝土支撑梁。这样,既可大大减轻地基的荷载应力,又增强桥台抵抗水平推力的能力,使桥台沉陷和水平位移得到有效控制。

11)采用拉杆技术加固桥台

对于桥台的侧墙发生外倾,则可以采用拉杆进行加固,采用的材料是粗钢筋,钢筋混凝土制作。采用的方法是:

①直接在桥台两侧侧墙安置对拉钢筋,再加钢筋混凝土箍圈进行处理。

②采用预埋锚定,对穿倾斜的侧墙安置钢筋锚头、粗钢筋、螺帽,以达到倾斜的桥台加固和恢复的目的。在加固时,要注意清理台内的填土。

对于桩式墩台,如结构强度不足或桩柱有被碰撞折断等损坏,在基桩承载力许可的条件下,可采用下列方法修理加固:

①桩柱式墩台结构的整体稳定性不足时,可采用加固整个桩柱式墩台的方法,即在桩或柱间用槽钢或角钢作横、斜撑联结,以增强整体性和稳定性。钢板箍和横夹板(用槽钢或角钢)用螺栓拧紧。斜夹板可用电焊接合。盖梁如强度不足,也可在盖梁下加横向夹梁,用螺栓拧紧,予以加强。

②迎水侧桩、柱被船只或流冰等碰撞损伤,以至折断,可视情况采用下列修理方法:

a.将损伤或折断的桩柱的松动部分的混凝土凿除、添加必要的钢筋,立模浇筑混凝土按原式修复。施工时,可在伤柱两侧加设临时支撑。

b.在桩柱损伤处,将原混凝土凿毛,外面加设钢筋混凝土围带,使损伤部位得以加强。

12)小跨度钢筋混凝土板梁横向移动的修复养护

跨度小于 6 m 的钢筋混凝土板梁,由于梁体质量轻,支座又都是沥青麻布或石棉垫,因而受列车的冲击和震动易发生横向移动。对于这种梁,除顶起移正梁身外,均应在墩台顶上靠板梁侧埋设角钢或加筑挡土墙。

13)支座上下锚栓折断、弯曲、锈死的修复养护

(1)下锚栓

在支座底板旁斜向凿去部分混凝土,取出旧锚栓,更换新锚栓。如锚栓被剪断而埋置于垫石内的栓杆仍牢固,也可采用清除剪断的锚栓上部,焊接上一段新栓的方法处理。

(2)上锚栓

①可将支座上摆与混凝土梁底镶角板进行焊接(当镶角板与梁体为整体时)。例如:每个支座用 2 根 200 mm 长、∟60×40×8 的不等边角钢,沿梁长方向将角钢短肢焊接在梁底镶角板上,长肢焊接在支座上摆上。

②用夹板加固法。每个支座用 2 块 4 mm 钢板,以 2 根 φ20 mm 螺栓将其置于支座上摆两

侧,夹紧于梁体上(如支座与梁梗不等宽,则钢夹板与支座间加填板并与钢板焊牢)并在夹板中间钻孔做丝扣,用顶丝顶紧在支座上摆上,使夹板与支座上摆连成一体。

14) 支承垫石缺陷的修复养护

支承垫石裂损、梁体有"三条腿",个别支座出现明显悬空,以及因线路大修需抬高梁体时,可选用下列方法整治或处理:

①采用压力灌浆,适用于抬高量小于 30 mm 者,抬高量甚小时,也可采用灌铅法。

②支座下捣垫半干硬性水泥砂浆,适用于抬高量 30~100 mm 者。

③垫入铸钢板,适用于抬高量 50~300 m 者。

④就地灌注钢筋混凝土垫块,或更换钢筋混凝土顶帽,适用于抬高量在 200 mm 以上者。

实践经验证明,在支座下捣填半干硬砂浆(也可用环氧树脂配制的砂浆)的办法效果好,并且使用工具简单,封锁时间短就能恢复正常速度行车。

15) 支座陷槽、积水、翻浆、流锈病害的修复养护

应使支座底板略高出墩台支承垫石,并采用细凿垫石排水坡的办法,结合支座下垫沥青麻布或胶皮板进行处理,能取得一定效果。流水坡度约为 3%,使水能很快排走。

具体细凿方法是:先在离垫石外缘 20 mm 处开始向中心推进(防止损坏边缘),最后将周边的窄条敲下来,稍加修凿即成。细凿完成后,用废砂轮打磨光滑。另一种做法是先在垫石四边(桥台为三边)的外侧打要凿去的线条,用扁凿对准线条朝里敲打,其余同前法。在细凿过程中,如发现有局部麻坑不平或边缘缺损等,可用环氧树脂砂浆腻补,凝固后一并用旧砂轮打磨平整。

要防止挡渣墙上的水流到桥台,必要时挡渣墙与支座垫石间要凿小槽排水,防止支座底板下进水。

16) 支座位置不正、滑行、歪斜,超过容许限度的修复养护

应用千斤顶顶起梁身并进行适当修理或矫正,或移正梁身后重新安装支座。

起顶梁身所用千斤顶的数量和能力,应根据梁和桥面的质量来选定。为保证施工安全,其起重能力必须超过荷载的 50%~100%;钢桁梁和钢板梁一般在起顶横梁均预留有放千斤顶的位置。在墩台顶的排水坡面安放千斤顶,一般不必考虑滑移问题,只要用硬木垫平且有足够的安全承压面积即可,但要注意千斤顶位置不要妨碍矫正支座工作的顺利进行。

钢筋混凝土梁和预应力钢筋混凝土梁可将千斤顶放在支座附近梁下起顶。如梁下净空不够安放千斤顶时,可以凿低一部分墩(台)帽混凝土以便安放千斤顶,或在桥孔内搭枕木垛支承千斤顶。对于双片钢筋混凝土梁,也可以用钢轨做成 V 形扁担放在梁下用两个千斤顶将梁抬起;如经过检算认为可以时,也可以将千斤顶安在端横隔板下起顶。

旧式板梁的端横梁下无起顶横梁时,也可用临时木撑顶紧后起顶。起顶钢梁也可采用这种方法,但这种方法在桥梁质量较大时,顶起后移动钢梁或底板施工较复杂,仅在不得已时采用。

5.5 案例:湖北某高速公路某中桥养护工程

5.5.1 桥梁概况

湖北某高速公路某中桥全长 86.54 m,桥面宽度为 26 m,中央分隔带宽度为 2.0 m,外侧防撞墙为 0.5 m,桥面宽 23 m,桥面横坡一般采用 2%。上部结构采用 4×20 m 预应力钢筋混凝土空心板,下部结构采用肋台,柱式桥墩,桩基础。设计荷载:汽-超 20 级,挂-120。

5.5.2 养护要求

《公路桥涵养护规范》(JTG 5120—2021)规定:桥梁养护工作应结合桥梁的养护检查等级开展,对桥梁检查中发现的病害应制订相应的养护维修方案并及时处治,并规定了各部位的养护与维修要求(以钢筋混凝土梁桥上部结构为例)。钢筋混凝土梁桥上部结构养护与维修应符合下列规定:

①应保持结构完好、无缺损。

②梁(板)开裂时,应视裂缝性质和影响程度,及时采取相应处治措施。

③梁(板)存在表观缺陷时,应予维修。

④箱梁或空心板内应保持干燥、无积水。

⑤箱梁内应保持通风良好。

⑥梁体受水侵蚀时,应采取必要的截水措施。

⑦装配式组合梁(板)桥的纵、横向联系出现开裂、开焊、破损等病害时,应及时修复。

⑧主梁持续下挠或挠度超过设计规定的允许值时,应进行特殊检查评估并及时加固处治。

⑨混凝土梁发生纵、横向异常变位,支点位置发生异常角变位或过大沉降时,应及时处治。

⑩混凝土梁受到车辆或船舶等撞击后,应根据检测评估结果及时处治。

⑪预应力体系各组成部分应保持完好、有效。

⑫全预应力及部分预应力 A 类构件出现结构性裂缝时,应及时维修加固。

⑬预应力混凝土锚固区存在破损、开裂、剥落、封锚不严、锚具暴露等缺陷时,应及时维修加固。

⑭发现预应力钢束存在严重锈蚀等缺陷时,应及时处治。

⑮体外预应力钢束存在表面防护严重破损、锈蚀、断丝,夹片破损、失效时,应及时维修或更换;锚固块、转向块与梁体结合区域出现超限的结构裂缝时,应及时加固处治。

⑯预制节段拼装的预应力混凝土梁桥拼接缝部位出现接触不紧密、拼接材料老化等病害时,应及时维修加固。

5.5.3 桥梁检测与评定

1) 桥梁基本状况卡 (表 5.16)

表 5.16 桥梁基本状况卡

A. 行政识别数据								
1	路线编号	G××	2	路线名称	×××高速	3	路线等级	高速公路
4	桥梁编号	×××	5	桥梁名称	×××中桥	6	桥位桩号	K×××+×××
7	功能类型	——	8	下穿通道名	——	9	下穿通道桩号	——
10	设计荷载	汽-超 20 级挂-120	11	通行载重	——	12	弯斜坡度	——
13	桥面铺装	沥青混凝土	14	管养单位	×××	15	建成年限	2006.9
B. 结构技术数据								
16	桥长/m	86.54	17	桥面总宽/m	26	18	车行道宽/m	23
19	桥面标高/m	×××	20	桥下净高/m	×××	21	桥上净高/m	×××
22	引道总宽/m	×××	23	引道路面宽/m	×××	24	引道线形	×××
上部结构	25	孔号	4			下部结构	29	墩台	桥台	桥墩

上部 结构	25	孔号	4			下部 结构	29	墩台	桥台	桥墩
	26	形式	空心板				30	形式	桩柱式	桩柱式
	27	跨径/m	20				31	材料	混凝土	混凝土
	28	材料	混凝土				32	基础形式	桩基础	桩基础

33	伸缩缝类型	轨道式伸缩缝	34	支座形式	橡胶支座	35	地震动峰值加速度系数	×××
36	桥台护坡	×××	37	护墩体	×××	38	调治构造物	×××
39	常水位	×××	40	设计水位	×××	41	历史洪水位	×××
C. 档案资料 (全、不全或无)								
42	设计图纸	全	43	设计文件	全	44	施工文件	全
45	竣工图纸	不全	46	验收文件	全	47	行政文件	不全
48	定期检查报告	全	49	特殊检查报告	不全	50	历史维修资料	无
51	档案号	无	52	存档案	全	53	档案年/月	全

D. 最近技术状况评定						
54	55	56	57	58	59	60
检查年月	定期或特殊检查	全桥评定等级	上部结构	下部结构	桥面系	下次检查年份
2019.6	定检	二类	三类	一类	二类	2022.6

续表

E.修建工程记录																	
65	施工日期	66	修建类别	67	修建原因	68	工程范围	69	工程费用/万元	70	经费来源	71	质量评定	72	建设单位	73	设计单位	74	施工单位	75	监理单位
	开工 竣工																
	— —		—		—		—		—		—		—		—		—

76	备注：							
F	桥梁照片	77	立面照	×××			78	桥正面照	×××
79	主管负责人	×××	80	填卡人	×××	81	填卡日期	2019.7

2) 桥梁定期检查结果

①上部结构主要病害为梁纵向裂缝、支座剪切变形、脱空(表5.17)。

表 5.17　上部结构病害一览表

序号	缺损位置	缺损类型	缺损数量	病害描述 (性质、范围、程度等)	标度	照片编号
1	L2—10#梁底	纵向裂缝	1 条	距 2#墩 2.0 m 处， 长 11.0 m,宽 0.17 mm	2	×××
2	×××	×××	×××	×××	×××	×××
3	×××	×××	×××	×××	×××	×××

②下部结构主要病害为桥墩锈胀露筋(病害一览表不列举)。

③桥面系主要病害为伸缩缝局部堵塞、防撞墙锈胀露筋、泄水管安装处渗水等(病害一览表不列举)。

3) 桥梁技术状况评定

根据《公路桥涵养护规范》(JTG 5120—2021)及《公路桥梁技术状况评定标准》(JGJ/T H21—2011),对该桥进行技术状况评定,技术状况得分如表5.18所示。该桥技术状况评分为87.8分,技术状况评定为二类。各部件权重及综合评定表详见表5.19。

表 5.18　桥梁技术状况评定一览表

序号	桥梁部位	权重	技术状况评分	技术状况等级	评定结果
1	上部结构	0.4	74.8	三类	Dr=87.8 二类
2	下部结构	0.4	97.7	一类	
3	桥面系	0.2	94.2	二类	

表 5.19　桥梁各部件权重及综合评定表

部位	类别(i)	部件名称	部件权重	部件得分	部件等级评定	部位权重	部位得分	总体技术状况评分(Dr)
上部结构	1	上部承重构件	0.70	66.8	3	0.40 (WSP)	SPCI = 74.8	Dr = 87.8 (Dr=SPCI×WSP+SBCI× WSB+BDCI×WD)
	2	上部一般构件	0.18	100.0	1			
	3	支座	0.12	84.2	2			
下部结构	4	翼墙、耳墙	0.02	100.0	1	0.40 (WSB)	SBCI = 97.7	
	5	锥坡、护坡	0.01	100.0	1			
下部结构	6	桥墩	0.30	92.2	2	0.40 (WSB)	SBCI = 97.7	
	7	桥台	0.30	100.0	1			
	8	墩台基础	0.28	100.0	1			
	9	河床	0.07	100.0	1			
	10	调治构造物	0.02	100.0	1			
桥面系	11	桥面铺装	0.44	100.0	1	0.20 (WD)	BDCI = 94.2	Dr = 87.8 (Dr=SPCI×WSP+SBCI× WSB+BDCI×WD)
	12	伸缩缝装置	0.28	91.1	2			
	13	人行道	—	—	—			
	14	栏杆	0.11	84.9	2			
	15	排水系统	0.11	85.0	2			
	16	照明、标志	0.06	100.0	1			

4) 桥梁检测结论与养护建议

该桥的主要病害为:梁纵向裂缝、支座剪切变形、脱空;桥墩锈胀露筋;伸缩缝局部堵塞,防撞墙锈胀露筋,泄水管安装处渗水。该桥技术状况评分为 87.8 分,技术状况评定为"二类"。上部结构为"三类",桥面系为"二类",下部结构为"一类"。其中,上部承重构件为"三类"构件。建议对全桥进行日常养护和预防养护,对上部结构开展修复养护。具体措施如下:

①对于梁体裂缝,建议缝宽小于 0.15 mm 的用环氧树脂砂浆封闭修补,缝宽大于 0.15 mm 的压注环氧树脂浆液。

②对于剪切变形的支座,建议加强监测。若支座橡胶老化开裂或变形严重,丧失正常的支承功能,建议立即进行更换。

③对于脱空的支座,使用钢楔填充脱空部位,以保证梁板受力的均衡性。

④对构件混凝土锈胀露筋处,凿去松动的混凝土,除锈,用环氧树脂砂浆进行修补。

⑤对于伸缩缝堵塞或局部堵塞的情况,建议定期清扫保养。

⑥桥面水流渗到梁板的腹板上,长期下去,会侵蚀腹板混凝土,致使混凝土松散、钢筋锈蚀,影响其承载力。为防止桥面排水侵蚀梁体,建议接泄水孔安装处做防水处理,使流水通过泄水管道直接排到桥外。

5.5.4　养护工程实施(以裂缝维修为例)

根据《公路桥涵养护规范》(JTG 5120—2021)的要求及该桥桥涵技术状况评定的结果与建

议,湖北某公司对该桥开展了养护工程(混凝土封缝与灌缝工作)。

1) 施工目的

增加桥梁混凝土构件的防水性及耐久性,提高桥梁的寿命和安全性。

2) 施工内容

缝宽小于 0.15 mm 时,采用表面封闭法进行处理;裂缝宽度为 0.15～0.30 mm 时,采用静压注射法进行补强。

3) 工程材料

混凝土桥梁裂缝注射或压力灌浆修补胶的安全性能指标符合表 5.20 的规定。

表 5.20 安全性能指标

检验项目		性能或质量指标
钢-钢拉伸抗剪强度标准值/MPa		≥10
胶体性能	抗拉强度/MPa	≥20
	受拉弹性模量/MPa	≥1 500
	抗压强度/MPa	≥40
	抗弯强度/MPa	≥30,且不得呈脆性(碎裂状)破坏
不挥发物含量(固体含量)		≥99%
可灌注性		在产品使用说明书规定的压力下能注入宽度为 0.1 mm 的裂缝

裂缝修补胶(注射剂)除满足以上安全性能指标相关规定外,还满足以下要求:

①裂缝修补胶浆液黏度小,渗透性、可灌性好。

②裂缝修补胶液固化后收缩性小,固化时间可调节,灌浆工艺简单,固化后不应遗留有害化学物质。

4) 施工流程

(1)表面封闭处理

表面涂抹环氧胶泥时,先将裂缝附近 80～100 mm 宽度范围内的灰尘、浮渣用压缩空气吹净,或用钢丝刷、砂纸、毛刷清扫干净并清洗,油污可用二甲苯或丙酮擦洗一遍。如表面潮湿,应用喷灯烘烤干燥、预热,以保证环氧胶泥与混凝土黏结良好;如基层表面难以干燥时,应用环氧煤焦油胶泥涂抹,并涂刮在裂缝表面。

(2)静压注射法

以一定的压力(一般为 0.2～0.4 MPa),将低黏度、高强度的裂缝修补胶注入裂缝腔内。注射前,应对裂缝周边进行密封。一般情况下,可按以下步骤进行:

①清缝处理:

a.对所有拟处理的裂缝沿缝凿成深 2～4 mm、宽 4～6 mm 的 V 形槽。

b.剔除缝口表面的松散杂物,用气压为 0.2 MPa 以上的压缩空气清除槽内浮尘。

c.沿缝长范围内用丙酮进行清洗,擦清表面。

②黏结注射器底座:清缝处理后,骑缝用环氧胶泥封缝并埋设、黏结注射器底座。间距以 20～30 cm 为宜,原则上缝宽可稀,缝窄宜密,但每条裂缝至少须有一个进浆口和排气孔。

③密封:用修补胶密封底座的周围,并沿裂缝按 5 cm 宽进行密封。

④密封检查:待封缝材料固化后,沿缝涂一层肥皂水,并从灌浆嘴中通入气压为 0.2 MPa 的压缩空气,检查缝的密封效果。对漏气部位进行补封处理。

⑤注胶:安装注射器,注入专用裂缝修补胶液,待相邻注射嘴冒浆时,停止注射并用木塞塞紧,然后进行下一个注射嘴注胶,直至最后一个。

若裂缝长度较长,一次性所需注射胶液较多,也可采用空压机和注胶罐进行灌封,压力以 0.2~0.4 MPa 为宜。施工时,应防止骤然加压对管道造成破坏。

⑥封口处理:注射胶液初凝后,除去木塞,采用环氧胶泥封堵注射嘴。

5)养护成效

该桥所采用的维修方法与《公路桥涵养护规范》(JTG 5120—2021)、《混凝土结构加固设计规范》(GB 50367—2013)的要求及检测评定报告书中的相关建议一致。所选用材料符合《混凝土结构加固设计规范》(GB 50367—2013)的规范要求。裂缝处理质量满足相关质检要求。现场情况显示:裂缝无漏封,封闭表面平整,无再次开裂、脱落现象,粘贴物表面无气泡、空鼓现象,封闭宽度在 60 mm 左右;裂缝灌胶处理后,灌胶嘴皆已清除、封闭胶无大块堆积和流挂,灌胶孔间距在 300 mm 左右。

本章小结

桥梁养护工作结合桥梁的养护检查等级开展。对桥梁初始检查、日常巡查、经常检查、定期检查和特殊检查中发现的病害开展技术状况评定和适应性评定,并及时进行养护维修工作。公路桥涵养护工程分为预防养护、修复养护、专项养护和应急养护。涵洞养护包括日常养护、维修、加固与改建。本章重点介绍桥涵的日常养护、预防养护、修复养护及专项养护的常用方法。

课后习题

5.1　桥梁技术状况评定标准分为哪几个等级?各类桥梁技术状况的评定标准是什么?

5.2　桥梁检查分哪几种?

5.3　桥梁的经常检查包括哪些内容?

5.4　桥梁定期检查包括哪些内容和要求?桥梁定期检查报告的主要内容是什么?

5.5　钢筋混凝土桥梁的日常养护、预防养护包括哪些内容?

5.6　混凝土的常见病害及处理方法有哪些?

5.7　钢筋混凝土梁产生裂缝的原因是什么?如何检查和处治裂缝?

5.8　针对钢筋混凝土及预应力混凝土连续箱梁的裂缝,常用的养护方法是什么?

第6章　隧道养护

【学习目标】

1.隧道的检查与检验:能根据隧道的检查结果进行综合评价、确定技术等级、撰写检查报告;提出养护建议;

2.能对隧道的衬砌结构(如拱或墙的劣化状况和劣化范围)进行评价和分级,并能提出改进措施;

3.隧底破损时运营隧道中多发病害和常见病害,能对隧底破坏产生的原因进行分析并提出针对性措施。

【本章重点】

1.隧道的病害类型;

2.隧道衬砌结构的检查;

3.隧道衬砌结构裂缝的修补施工方法;

4.隧底的检查与维护。

【本章难点】

1.隧道混凝土衬砌结构的检查;

2.隧道混凝土衬砌结构破损状况的评定;

3.隧道衬砌结构裂缝的修补施工方法;

4.隧底的检查与维护;

5.隧道渗漏水的整治。

公路隧道既是道路工程构造物又是地下工程结构。它涉及工程地质、结构力学、空气动力学、光学、自动控制和工程机械等多种学科,技术较为复杂。而且,公路隧道一般都处于崇山峻岭之中,无绕行可能,如果隧道内出现严重渗漏水、衬砌开裂或设施故障等情况,存在较大安全隐患,妨碍交通,甚至使得整个交通完全处于中断状态,造成恶劣社会影响。隧道主体结构为永久性建筑物,我国公路的设计寿命为 30 年,但隧道作为地下工程建设其寿命应该大于 100 年。对公路隧道运营阶段的病害检测与治理应本着"预防为主、防治结合"的方针,加强预防性养护,加强公路隧道技术状况的调查,及时发现和消除隐患,保障行车安全、畅通与舒适,保持公路隧道正常的使用状态。由于公路隧道的规模、交通量、公路等级、地质情况、技术状况等差异性较大,从而其养护要求(内容、项目、频率)存在差异。为适应这种差异性的养护需求,应明确按照不同等级来进行隧道养护工作。同时应对公路隧道进行定期检查,根据检查结果对隧道技术状况进行评定,并根据隧道交通运营状况、结构和设施技术状况以及病害程度、围岩地质条件等,制订相应的养护计划和方案。公路隧道养护时,应建立隧道养护技术档案,运用信息化手段,建立公路隧道管理数据库,实现高效、科学的养护管理,并纳入公路信息化养护管理系统。公路隧道养护应积极采用新技术、新材料、新设备与新工艺,使养护维修达到安全实用、质量可靠、经济合理、技术先进的要求。

公路隧道养护是指为保持隧道土建结构、机电设施及其他工程设施的正常使用而进行的日常巡查、清洁维护、检查评定、保养维修等工作。根据公路等级、交通量、隧道规模、技术状况、地质和气候条件等因素,对公路隧道划分不同等级,实施差异化的养护标准和养护频率等。公路隧道养护范围应包括土建结构、机电设施以及其他工程设施,其中,土建结构包括洞口、洞身、衬砌、路面、防排水设施、斜(竖)井、检修道及风道等土木建筑工程结构物;机电设施指供配电设施、照明设施、通风设施、消防设施、监控与通信设施等隧道运行服务的相关设施。隧道土建结构的病害可以通过采取围岩加固、结构补强、局部更换等措施对其进行处理或加固,恢复其使用功能。

总体而言,我国公路隧道工程养护技术水平还较低、手段落后、信息化程度不高、管理滞后。为提高隧道养护质量和技术水平,有必要积极采用隧道养护新技术、新材料、新设备和新工艺,使我国隧道养护技术尽快达到较先进水平。

6.1　隧道检查

隧道检查主要是对构成公路隧道的土建工程结构物进行结构检查,其养护工作内容包括日常巡查、清洁、结构检查与技术状况评定、养护维修和病害处治等内容。结构检查分为经常检查、定期检查、应急检查和专项检查 4 类。表 6.1 为土建结构技术状况评定标准表。

表 6.1　土建结构技术状况评定标准表

状况值	评定因素			
	缺损程度	发展趋势	对行人、车辆安全的影响	对隧道结构安全的影响
0	无或非常轻微	无	无影响	无影响
1	轻微	趋于稳定	目前尚无影响	目前尚无影响
2	中等	较慢	将来会影响行人、车辆安全	将来会影响隧道结构安全
3	较严重	较快	已妨碍行人、车辆安全	已经影响隧道结构安全
4	严重	迅速	严重影响行人、车辆安全	严重影响隧道结构安全

6.1.1　经常检查

经常性检查是对土建结构的外观状况进行的日常巡视检查并进行判定(表 6.2)。通过经常检查,应及时发现问题,如早期破损、显著病害或其他异常情况,并确定对策措施。宜采用人工与信息化手段相结合的方式,配以简单的检查工具进行。高速公路和一级公路隧道的经常检查频率宜不少于 1 次/月,二级公路隧道宜不少于 1 次/2 月,三级公路隧道宜不少于 1 次/季度。在雨季、冰冻季节或极端天气情况下应加强,发现严重异常情况时,应提高经常检查频率。

经常检查破损状况判定分 3 种情况:情况正常、一般异常、严重异常。检查中发现隧道存在一般异常情况时,应进行监视、观测或做进一步检查;若发现隧道存在严重异常情况时,应采取措施进行处治;对其产生原因及详细情况不明时,还应做定期检查或专项检查。

表 6.2　隧道经常性检查的内容及判定表

项目名称	检查内容	判定描述	
		一般异常	严重异常
洞口	边(仰)坡有无危石、积水、积雪;洞口有无挂冰;边沟有无淤塞;构造物有无开裂、倾斜、沉陷等	存在落石、积水、积雪隐患;洞口局部挂冰;构造物局部开裂、倾斜、沉陷,有妨碍交通的可能	坡顶落石、积水侵流或积雪崩塌;洞口挂冰掉落路面;构造物因开裂、倾斜或沉陷而致剥落或失稳;边沟淤塞,已妨碍交通
洞门	结构开裂、倾斜、沉陷、错台、起层、剥落;渗漏水(挂冰)	侧墙出现起层、剥落;存在渗漏水或结冰,尚未妨碍交通	拱部及其附近部位出现剥落;存在喷水或挂冰等,已妨碍交通
衬砌	结构裂缝、错台、起层、剥落	衬砌起层,且侧壁出现剥落状况,尚未妨碍交通,将来可能构成危险	衬砌起层,且拱部出现剥落状况,已妨碍交通
	渗漏水	存在渗漏水,尚未妨碍交通	大面积渗漏水,已妨碍交通
	挂冰、冰柱	存在结冰现象,尚未妨碍交通	拱部挂冰,形成冰柱,已妨碍交通
路面	落物、油垢;滞水或结冰;路面拱起、坑洞、开裂、错台等	存在落物、滞水、结冰、裂缝等,尚未妨碍交通	拱部落物,存在大面积路面滞水、结冰或裂缝,已妨碍交通
检修道	结构破损;盖板缺损;栏杆变形、损坏	栏杆变形、损坏;道板缺损;结构破损,尚未妨碍交通	栏杆局部毁坏或侵入建筑限界;道路结构破损,已妨碍交通
排水设施	破损、堵塞、积水、结冰	存在破损、积水或结冰,尚未妨碍交通	沟管堵塞,积水漫流,结冰,设施破损严重,已妨碍交通
吊顶及各种预埋件	变形、破损、漏水(挂冰)	存在破损、漏水,尚未妨碍交通	破损严重,或从吊顶板漏水严重,已妨碍交通
内装饰	脏污、变形、破损	存在破损,尚未妨碍交通	缺损严重,已妨碍交通
标志、标线、轮廓标	是否完好	存在脏污、部分缺失,可能会影响交通安全	基本缺失或严重缺失,影响行车安全

6.1.2　定期检查

定期检查是按规定频率对隧道土建结构的技术状况进行全面检查。通过定期检查,应系统掌握结构基本技术状况和功能情况,评定土建结构技术状况,为制订养护工作计划提供依据。检查需配备必要的检查工具或设备,进行目测或量测检查,及时填写定期检查记录表,并保留必要的照片资料。定期检查时,应尽量靠近结构,依次检查各个部位,注意发现异常情况和原有异常情况的发展变化。对于有异常情况的结构,应在其适当位置作出标记,检查结果记录宜量化。检查的周期宜1次/年,最长不得超过1次/3年,检查宜安排在春季或秋季进行。新建隧道应交付使用1年后进行首次定期检查。

表 6.3　定期检查的内容表

项目名称	检查内容
洞口	山体滑坡、岩石崩塌的征兆及其发展趋势;边坡、碎落台、护坡道的缺口、冲沟、潜流涌水、沉陷、塌落等及其发展趋势
	护坡、挡土墙的裂缝、断缝、倾斜、鼓肚、滑动、下沉的位置、范围及其程度,有无表面风化、泄水孔堵塞、墙后积水、地基错台、空隙等现象及其程度
洞门	墙身裂缝的位置、宽度、长度、范围或程度
	结构倾斜、沉陷、断裂范围、变位量、发展趋势
	洞门与洞身连接处环向裂缝开展情况、外倾趋势
	混凝土起层、剥落的范围和深度,钢筋有无外露、受到锈蚀
	墙背填料流失范围和程度
衬砌	衬砌裂缝的位置、宽度、长度、范围或程度,墙身施工缝开裂宽度、错位量
	衬砌表层起层、剥落的范围和深度
	衬砌渗漏水的位置、水量、浑浊、冻结状况
路面	路面拱起、沉陷、错台、开裂、溜滑的范围和程度,路面积水、结冰等范围和程度
检修道	检修道毁坏、盖板缺损的位置和状况,栏杆变形、锈蚀、缺损等的位置和状况
排水系统	结构缺损程度,中央窖井盖、边沟盖板等完好程度,沟管开裂漏水状况;排水沟(管)、积水井等淤积堵塞、沉沙、滞水、结冰等状况
吊顶及各种预埋件	吊顶板变形、缺损的位置和程度;吊杆等预埋件是否完好,有无锈蚀、脱落等危及安全的现象及其程度;漏水(挂冰)范围及程度
内装饰	表面脏污、缺损的范围和程度,装饰板变形、缺损的范围和程度等
标志、标线、轮廓标	外观缺损、表面脏污状况,连接件牢固状况、光度是否满足要求等

定期检查完成后,应编制土建结构定期检查报告,内容包括检查记录表、隧道展示图及相关调查资料,对土建结构的技术状况评价,对土建结构的养护维修状况的评价及建议,需要实施专项检查的建议,需要采取处治措施的建议。

6.1.3　应急检查

应急检查是隧道遭遇地震、洪水等自然灾害、发生交通事故、起火爆炸或出现其他异常事件后,其结构严重损坏时,对遭受影响的结构立即进行的详细检查。应根据受异常事件影响的结构,决定采取的检查方法、工具和设备。检查的内容应针对受异常事件影响的结构或结构部位做重点检查,并掌握其情况。

应急检查的方法与定期检查基本相同,应按定期检查的标准判定,检查结果的记录与定期检查相同。检查的内容比定期检查有所侧重,主要针对异常事件的影响而展开。检查的目的是了解异常事件对结构的影响,掌握结构受损情况,确保人员、车辆、结构和设施的安全,是特别情况下的检查,需尽快实施。检查结果异常或难以判明破损的原因、程度等情况时,应进行专项检查。检查完成后,应编制应急检查报告,总结检查内容和结果,评估异常事件的影响,确定合理的对策措施。

6.1.4 专项检查

专项检查是根据经常检查、定期检查和应急检查的结果,或者通过其他途径,判断需要进一步查明缺损或病害的详细情况而进行的更深入的专门检测、分析等工作。专项检查宜委托具有相应检测资质的专业机构实施。检查人员应对有关的技术资料、档案进行调查,并对隧道周围的地质及地表环境等展开实地调查,以充分掌握相关的技术信息,寻找结构发展变化的原因,探索其规律,确保专项检查结果的准确性。检查的项目、内容及其要求,应根据定期检查或特别检查的结果有针对性地确定(表6.4)。

表 6.4 公路隧道专项检查项目表

检查项目		检查内容
结构变形检查	公路线形、高程检查	公路中线位置、路面高程、缘石高度以及纵、横坡度等测量
	隧道横断面检查	隧道横断面测量,周壁位移测量(与相邻或完好断面比较)
	净空变化检查	隧道内壁间距测量(自身变化比较)
裂缝检查	裂缝调查	裂缝的位置、宽度、长度、开展范围或程度等
	裂缝检测	裂缝的发展变化趋势及其速度,裂缝的方向及深度等
漏水检查	漏水调查	漏水的位置、水量、混浊、冻结及原有防排水系统的状态等
	漏水检测	水温、pH值检查、电导度检测、水质化学分析
	防排水系统	拥堵、破坏情况
材质检查	衬砌强度检查	强度简易测定,钻孔取芯,各种强度试验等
	衬砌表面病害	起层、剥落、蜂窝、麻面、孔洞、露筋等
	混凝土碳化深度检测	采用酚酞液检查混凝土的碳化深度
	钢筋锈蚀检测	剔凿检测法、电化学测定法、综合分析判定法
衬砌及围岩状况检查	无损检查	无损检测衬砌厚度、空洞、裂缝和渗漏水等,以及钢筋、钢拱架、衬砌配筋位置及保护层厚度、围岩状况、仰拱充填层密实程度及其下岩溶发育情况
	钻孔检查	钻孔测定衬砌厚度等,内窥镜观测衬砌及围岩内部状况
荷载状况检查	衬砌应力及拱背压力检查	衬砌不同部位的应力及其变化、拱背压力的分布及其变化
	水压力检查	地下水丰富的隧道检查衬砌背后水压力大小、分布及变化规律

通过专项检查,应完整掌握破损或病害的详细资料,为其是否采取某种处治措施等提供技术依据。对严重不良地质地段、重大结构病害或隐患处,宜开展运营期长期监测,对其结构变形、受力和地下水状态等进行长期观测。监测频率宜取经常检查的频率,发现监测参数在快速发展变化时,观测频率应提高。检查完成后,应编制专项检查报告。报告的内容应包括以下3个方面:

①检查的主要步骤,包括检查的组织实施、时间和主要工作过程等。

②所检查结构的技术状况,包括检查方法、试验与检测项目及内容、检测数据与结果分析以及对破损结构的技术评价等。

③对缺损或病害的成因、范围、程度等情况的分析及其维修处治对策、技术以及所需资金等建议。

6.2 隧道常见病害及处治

隧道维护工作包括洞身、洞门、路面和两端路堑、防护设施、排水系统、洞口减光设施以及通风、照明、标志、标线、监控、消防、防冻、消声等设施的检查、保养、维修和加固。隧道常见病害的原因有 12 种:松弛土压(含突发性崩溃)、偏压、地层滑坡、膨胀性土压、承载力不足、静水压、冻胀力、材质劣化、渗漏水、衬砌背面空隙、衬砌厚度不足、无仰拱。

上述病害原因很少单独出现,大部分为几种原因重复出现,设计的欠缺、材料性质和施工不当常常会引起病害。在选定病害处治方法时,对表 6.5 中各项处治方法要进行综合研究,充分考虑单项和组合的处治方法,并且应考虑施工时的交通管理、安全和工期。若存在结构失稳风险,对施工人员和行人、行车安全均有威胁,则有必要将风险管理引入病害处治工程中,并制订专门的应急预案。

表 6.5 病害处治方法选择表

处治方法	病害原因											病害现象特征	预期效果
	外力引起的变化							材料劣化	渗漏水	其他			
										衬砌背面空隙	衬砌厚度不足	无仰拱		
	松弛压力	偏压	地层滑坡	膨胀性土压	承载力不足	静水压	冻胀力							
衬砌背后注浆	★	★	★	★	★	★	★		○	★	★		①衬砌裂纹、剥离、剥落;②支护结构有脱空	初期支护与岩体、二次衬砌与初期支护紧密结合,荷载作用均匀,衬砌和围岩稳定
防护网								★					①衬砌裂纹、剥离、剥落;②衬砌材料劣化	防止衬砌局部劣化
喷射混凝土	○	☆		☆	☆	○	○	☆	○		☆		①衬砌裂纹、剥离、剥落;②衬砌材料劣化	防止衬砌局部劣化
施做钢带				☆				○			☆		①衬砌裂纹、剥离、剥落;②衬砌材料劣;	防止衬砌局部劣化
锚杆加固	☆	★	☆	★	★	○	☆	○		☆	★		①拱部混凝土和侧壁混凝土裂纹,侧壁混凝土挤出;②路面裂缝,路基膨胀	①岩体改善后岩体稳定性提高,防止松弛压力扩大;②通过施加预应力,提高承受膨胀性土压和偏压的强度
排水止水	○	○	☆	○	○	★	★	○	★				①衬砌裂纹,或施工缝漏水增加;②随衬砌内漏水流出大量沙土	①防止衬砌劣化,保持美观;②恢复排水系统功能,降低水压

续表

处治方法	病害原因												病害现象特征	预期效果
	外力引起的变化							材料劣化	其他					
	松弛压力	偏压	地层滑坡	膨胀性土压	承载力不足	静水压	冻胀力		渗漏水	衬砌背面空隙	衬砌厚度不足	无仰拱		
凿槽嵌拱或直接增设钢拱	★	★	★	★	★	★	★	○					①衬砌裂纹、剥离、剥落;②衬砌材料劣化	增加衬砌刚度,衬砌抗剪、抗压强度得到提高
套拱	○	☆	☆	☆	☆	○	○	☆			★		①衬砌裂纹、剥离剥落;②衬砌材质劣化	衬砌厚度增加,衬砌抗剪强度得到提高
隔热保温							★						①拱部混凝土和侧壁混凝土裂缝,侧壁混凝土挤出;②随季节变化而变动	①由于解冻,防止衬翻劣化;②防止冻胀压力的产生
滑坡整治		☆	★										①衬砌裂缝,净空宽度缩小;②路面裂缝,路基膨胀	防止岩层滑坡
围岩压浆	○	○			○	○	○	☆	☆	☆	☆	☆	①拱部混凝土和侧壁混凝土裂缝,侧壁混凝土挤出;②路面裂缝,路基膨胀	周边岩体改善,提高岩体的抗剪强度和黏结力
灌浆锚固	☆	★	★	★							○	★	①拱部混凝土和侧壁混凝土裂缝,侧壁混凝土挤出;②路面裂缝,路基膨胀	施加预应力,提高膨胀性岩层、偏压岩层的强度
隧底加固		★	☆	★	★	○	☆					★	①拱部混凝土和侧壁混凝土裂缝,侧壁混凝土挤出;②路面裂缝,路基膨胀	提高对膨胀围岩压力和偏压围岩压力的抵抗力
更换衬砌	☆	☆	☆	☆	☆	○	○	★	☆	☆	★	★	①拱部混凝土和侧壁混凝土裂缝,侧壁混凝土挤出;②路面裂缝,路基膨胀	更换衬砌,提高耐久性

注:★表示对病害处治非常有效的方法;☆表示对病害处治较有效的方法;○表示对病害处治有些效果的方法。

6.2.1 有衬砌隧道养护技术

1)注浆养护

①根据专项检查的结果,注浆孔的布置为:当衬砌背面在拱顶附近有较多的空隙时,最佳注浆方式宜将注浆孔布置在拱顶中部;在单向行驶的隧道,当有车道规定时,可采用分上下线的注浆布置。

②注入材料可使用水泥浆、水泥砂浆、加气水泥稀浆、加气水泥砂浆。

③衬砌背面注浆施工,可按在衬砌上钻孔中安装注浆嘴注浆,封闭注浆孔的顺序进行。当浆液从衬砌施工缝、裂缝等处流出,可采用快凝砂浆堵塞流出部位;当不能止住漏浆时,应中断注浆,待浆固结后再继续注浆;当浆液向注浆范围外流失时,应在注浆范围的边界设止浆墙。止

浆墙的间距一般应根据注浆的实际情况适当调整。

④注浆作业应重视材料质量管理和注浆质量的施工管理。

⑤注浆质量检查,可采用钻孔取芯、超声波检测和雷达检测等方式进行。

2)防护网加工技术

当材料劣化导致衬砌开裂时,为防止掉落,可在衬砌表面设置防护网:

①材料可采用$\phi 8$钢筋焊接成钢筋网,网眼尺寸可采用 5 cm×5 cm。

②施工前应凿除衬砌表面已起层、剥离的劣化部分。

③防护网可用锚栓固定在衬砌表面上,应固定牢靠。

3)喷射混凝土处治技术

①喷射混凝土的种类应根据病害程度和施工条件等因素进行选择,其主要类型为素混凝土、钢筋网喷射水泥砂浆、钢筋网喷混凝土、钢纤维混凝土、剥离纤维混凝土。

②喷射混凝土必须有足够的强度和附着率。其配合比应根据处治要求和不同的材料通过实验确定。

③喷射混凝土的施工时,必须使衬砌与喷层紧密结合,形成整体,不得产生分离或脱落,必要时加连系钢筋;采用钢纤维混凝土时,应研究其可施工性和喷射效果,必要时可提高实验确定;当采用钢筋网喷射混凝土时,钢筋必须有合适的保护层厚度,防止金属网锈蚀、喷层裂纹和剥落;当喷射混凝土作业完成后,应对喷射层进行检验,其质量标准及检测方法按表 6.6 的规定执行。

表 6.6　质量标准及检测方法

检查项目	质量标准	检测方法
混凝土强度	28 d 抗压强度不低于 20 MPa	①喷层割出 35 cm×15 cm 混凝土块,加工成 10 cm×10 cm×10 cm 试块,28 d 后检测; ②混凝土试件 45 cm×35(20) cm×12 cm,加工成 10 cm×10 cm×10 cm 试块,28 d 后检测
厚度	大于 60%的孔的厚度符合要求,其余不小于 1/2 设计厚度	以 20 cm 为一断面,以拱顶为准,每 2 m 钻一个孔,测量喷层厚度
黏结力	0.5~1 MPa	养护 28 d 后作辅杆的拉拔检测
外观	无开裂、无漏水、不漏杆、无空响	外观→检测方法→分段检查(敲击、听等)

4)锚杆加固技术

当松弛压力、偏压等引起隧道结构病害时,可采用锚杆进行加固。

①锚杆按固定形式可分为锚头式锚杆和黏结式锚杆。锚头式锚杆只限于硬岩和中等硬度岩层中使用,黏结式锚杆可适用于硬岩和软岩地层。

②锚杆必须保证有足够的锚固力,在施工中应对锚杆作拉拔试验,确保达到设计要求。

③当采用自进式锚杆时,一般可注入水泥砂浆;地质恶化时,可注入聚氨酯、硅树脂,以便岩体得到改善。

5) 套拱加固技术

当隧道或裂缝区域较大,衬砌承载能力严重不足或衬砌厚度不足,年久变质,腐蚀剥落严重,危及洞内交通安全,但隧道净空富余时,可采用套拱加固的方法进行处治。其设计施工方法应注意以下事项:

①套拱设计不得侵入建筑限界。

②为确保衬砌与套拱结合牢固,施工前应凿除衬砌劣化部分,深度一般为 1~2 cm;衬砌内面应涂抹界面剂,并设置联系钢筋;当套拱厚度较大时,可在套拱与衬砌之间设置防水层。

③新旧拱圈间应填满水泥砂浆,必要时可加锚固钉联系。

④为保证隧道的净高符合规定,如加套拱后净高不足,可适当降低洞内路面。

6) 防冻保温技术

在寒冷地区,应在衬砌表面设置防冻保温层防止衬砌产生冻害。防冻层损坏可用同样的轻质膨胀珍珠岩混凝土或浮石混凝土修补;无防冻层的,可在大修、改善时加筑。

7) 综合治理措施

当隧道漏水时,应根据专项检查的结果和对隧道地质环境状况的分析,采用综合治理措施进行漏水处治。

①当隧道局部出现涌水病害时,宜采用排水法处治,排水边沟的设置间距应根据涌水量的大小和位置等情况确定。排水法可采用设置排水管和开槽埋管两种施工方法,其施工应注意:排水管道不得阻塞,排水管材料应具有抗老化性;当采用开槽埋管法时,衬砌表面可用氯丁橡胶等材料覆盖;当采用外置排水管时,可用固定装置将 U 形排水管固定在衬砌表面,将水引入管内排出;外置排水管的设置不得侵入建筑限界,并严禁在设置机电设施的地方开槽排水;设置外置排水管应尽量减少对隧道外观的损坏。

②当地下水沿衬砌施工缝或裂纹以滴水形式漏出时,可用注浆止水法,包括不开槽向裂纹注浆和开槽向裂纹注浆,其施工应注意:注浆应根据现场的漏水情况,选择适合的处理和配合比;注浆的范围应根据漏水的面积合理确定,防止注浆后水从另一处漏出;在裂纹处注浆,应选择可追随裂纹扩展的材料,如有机浆液中的水溶性聚氨酯液;在漏水情况下,应选择亲水性的止水材料。

③当涌水量小且呈表面渗透状时,可设置防水板进行处治。防水板一般有聚氯乙烯(PVC)、聚乙烯(PE)、乙烯醋酸共聚物(EVA)、橡塑、橡胶板等,材料应具有耐热和耐油性。施工时应注意:防水板的设置应根据隧道断面尺寸确定,确保规定的建筑限界;施工前应清除粉尘,并保护好电缆设施;防水板的搭接处理牢固、不漏水;有裂纹需要观察的部位可设置进行检查的观察窗。

④当隧道内出现喷射状漏水时,宜采用衬砌背面注浆的方法处治,施工时应注意以下事项:

a.为使注浆材料能充填背面空隙和岩体裂缝,应选择初期黏度低的注浆材料;

b.材料固化或胶化后,应立即具有高强度、不收缩、不分离和不透水,充分保持稳定;

c.采用拌和应简单易行,固化或胶化时间易于调整;

d.注浆材料严禁含有污染环境的有害物质;

e.注浆压力可能造成裂纹的扩展,应根据衬砌的抗压强度适当控制注浆压力;

f.注浆后为降低地下水位,应在侧墙处设置排水孔,排水孔与水沟之间可用导管连接。

⑤当隧道处于含水地层中时,地下水位较高,可用降低围岩地下水位的方法处治。

⑥降低地下水位可采取设置排水孔、加深排水沟、设置水平钻孔等方法排水。应采用过滤性能良好的材料,防止排水孔的堵塞;应根据地下水位确定排水沟加深的深度;排水孔和排水沟之间应有管道联系;排水钻孔的设置必须根据围岩的地质条件和地下水状况确定。

6.2.2　无衬砌隧道检查与养护

1) 勤检查,及时处理松动、破碎危石

无衬砌隧道的围岩在长期使用过程中,由于岩石松动或受风化、行车振动等影响,围岩发生破碎,产生危石、渗漏水等病害,应及时处治,以保证行车和人身安全。

2) 处治围岩破碎和危石原则

对于无衬砌隧道上的破碎、松动的危石,应本着少清除、多稳固的原则,可采取下列措施:

①发现危石,如能清除的应及时清除,对因清除会牵动周围大片岩石的,则可喷浆或压浆稳固。

②对不宜清除的小面积碎裂,可抹水泥砂浆稳固。

③碎裂范围较大时,根据病害程度及范围,可采用喷射混凝土、锚喷混凝土或挂网锚喷混凝土稳固。

④对不能清除又无法压浆稳固的个别危石,应及时用混凝土或浆砌石垛墙做临时支撑,以确保安全。然后,根据垛墙侵占隧道净空的具体情况、隧道所在的公路性质和交通量大小,研究永久性治理措施。

3) 隧道内孔洞、溶洞或裂缝处理

隧道内的孔洞、溶洞或裂缝均应封闭。封闭前,将松动的岩石清除。对内小外大的孔洞,可在孔洞外石壁上埋设牵钉、挂钢筋网,喷射或浇筑水泥混凝土封闭。对内大外小的孔洞,用素混凝土封闭。有水的孔洞,应预埋泄水孔接引水管,将水从边沟排出。

6.2.3　隧道围岩滑动、破损、坍塌养护技术

①对危及隧道安全的山体滑动治理。修建挡土墙,进行保护性填土,使山体受力平衡;保护性开挖洞顶部分山体,减轻下滑重力;在滑动面以上土体不厚的情况下,可在滑动面下端设置锚固桩抗滑。

②对危及隧道安全的山坡岩石破损的治理。隧道处山坡岩石如节理发育、风化严重或有坑穴、溶洞、裂缝现象时,应对地表做下列防护性封闭:用浆砌片石、石灰土、黏土等填补洞穴、封闭裂缝,整修地表,稳固山坡;地表岩石松散破碎时,可喷射水泥砂浆固结。

③危及洞口安全的山坡坍塌的治理。根据实际边、仰坡岩(土)质及高度,整修坡率,如坡率无法修整,可局部加筑护面墙或挡土墙;根据具体条件,边、仰坡用绿色植物进行防护;增建或疏通边、仰坡的排水系统。

6.2.4　隧道排水设施养护技术

公路隧道病害最常见的病害形式是水害,素来有"十隧九漏"之说。隧道渗漏水、积水,将会造成衬砌开裂或使原有裂缝发展扩大,加重衬砌裂损。当地下水有侵蚀性时,会使衬砌混凝

土产生侵蚀,并随着渗漏水的不断发展,混凝土受侵蚀危害日益严重。在寒冷地区,水是影响隧道围岩冻胀和导致衬砌开裂的重要因素。

1)公路隧道水害

（1）隧道水害的成因

隧道水害的成因是修建隧道破坏了山体原始的水系统平衡,隧道成为所穿越山体附近地下水聚集的通道。在工程勘测设计过程中,若对隧道项目工程地质及水文地质情况了解得不够仔细,对衬砌周围地下水源、水量、流向及水质勘察不全,加之缺乏反映防水材料性能的室内实验数据和对结构抗渗、抗腐蚀的具体要求以及施工和监理中存在的问题、防水材料质量不过关都可能会引发隧道水害问题。

（2）隧道水害的处治方法

隧道治水的具体措施就是防、排、堵、截相结合,刚柔相济,因地制宜,综合治理,使之既能自成体系又能互相配合,形成一个完整的隧道防治水害体系。水害的处治方法主要有以下 8 种:

①完善或者补充地表和地下截水。

②在垭口和地质不利的地方采取截留和引排使水远离隧道。

③贯通隧道内的原有排水系统。

④衬砌背面注浆。

⑤在渗漏水的衬砌设置排水设施,包括引水管、泄水管和引水渡槽。

⑥在衬砌内贴防水层。

⑦在施工缝和变形缝处用止水带、遇水膨胀橡胶等密封防水材料进行封堵。

⑧对严重漏水的隧道应采取套拱加固。

2)公路隧道排水措施

（1）隧道洞外排水设施

①有坡度的隧道上洞口路基边沟及两侧沉砂井应经常清除泥沙杂物,疏导畅通。如地形条件许可,可将边沟纵坡改建成与路面纵坡方向相反,即向洞外方向倾斜,并在适当地点横向排出路基,使上洞口路基排水不会流向隧道,以避免引起隧道内边沟淤塞。隧道上洞口的路堑,如出现路面地表水来不及流入侧沟而流入洞内时,可在洞门外 1 m 左右处设横向截水设施,并将沟水妥善引出。

②沿河隧道在洪水季节可能进水时,可临时封闭两洞口,以确保隧道安全。洪水过后,立即拆除封闭物。

③隧道顶山坡上的地表水应使其迅速排走,尽可能不使水渗入洞身,可采取的措施有:隧道处山坡岩石如节理发育、风化严重或有坑穴、溶洞、裂缝等现象时,应对地表做防护性封闭,修建截水沟、排水沟使水流顺势排至洞口远处;位于隧道顶山坡的水渠,应经常检查其渗漏水状况,发现渗漏水,应及时处治。

（2）隧道洞内排水设施

①增设衬砌背面排水系统,即在边墙内加设竖向盲沟及泄水管,将渗漏水引入隧道的边沟内排出。

②对于裂缝集中处的漏水,可将各漏水缝向选定的排水集中点开凿八字形沟槽,视漏水量的大小,用可透水软管嵌入八字形沟槽内,同时填抹速凝砂浆稳固;排水集中点埋入一段硬塑

管,并用砂浆稳固。在硬塑管外接一排水管,并固定在侧墙上,使漏水排入边沟。

③对于工作缝处漏水,可加设工作缝环形暗槽,将漏水通过暗槽内的半圆管排入纵向边沟。以工作缝为中心,开一个宽 15 cm、深 10 cm 的槽,清槽,涂沥青一遍;布设玻璃布半圆管,用螺栓将其固定在槽壁上,在半圆管外侧涂抹快凝砂浆;在快凝砂浆外侧布设铁窗纱两道。用防水砂浆将槽口封平。

④对少量渗水,可抹防水砂浆封闭,也可在衬砌表面铺一层防水层。防水材料可用水泥或树脂类材料,但应注意不应使其承受水压。防水层外面还可喷一层水泥砂浆或水泥混凝土保护层。

⑤在围岩与衬砌间压注防水水泥砂浆或水泥浆,可掺入早强速凝剂,形成密闭层以防渗漏,但应注意不得在衬砌背面有排水设备的部位压浆。

⑥设表层导流管,即将漏水量大的裂缝走向开凿成喇叭形沟槽,嵌入半圆管接水,管底水泥砂浆稳固,用引水管将漏水排入边沟。

⑦无衬砌隧道需加修衬砌前,应根据隧道渗漏水的具体情况,先做好防水、排水设施,然后加修衬砌。

（3）地下涌水处理措施

对地下涌水可采取的措施有:设横向盲沟并加深纵向排水沟,当涌水量大,必要时还可加修路中心排水沟;修建水泥混凝土路面,并在路面下设隔水层,以阻断地下涌水;在路面与围岩之间压注防水水泥砂浆或水泥浆,在围岩与衬砌之间压注防水水泥砂浆或水泥浆,可掺入早强速凝剂,形成密闭层以防渗漏。

6.2.5　隧道附属设施的维护

公路隧道附属设施包括通风设备、照明、监控、消防、防冻、消声设施等。这些设备、设施应定时保养、检修、更换,以保证正常使用。

1) 通风设施的维护

隧道内保持良好的空气是行车安全的必要条件。隧道是一个管道式的空间,通常只有进出口与大气相通,污染物很难扩散。当隧道内的污染空气积累到一定程度后,就会对人体造成危害,影响行车安全。隧道内空气中的有害物主要是汽车行驶时排出的一氧化碳(CO)。另外,隧道内汽车行驶排放或带起路面上的烟气和粉尘等,都会在隧道内造成空气污染,影响行车的安全。

（1）隧道通风设计应考虑的因素

①隧道长度、线形和交通状况。

②隧道所处地区的地理、气候条件和周围环境的影响。

③隧道内行驶的车辆和所处地层中排放的有害气体。

④隧道内交通事故、火灾等非常情况。

⑤隧道工程造价和维修保养费用等。

（2）隧道内 CO 允许浓度标准

①隧道内工作人员休息室和控制室等人员长期停留的工作间,隧道内 CO 允许浓度为 30 mg/m³。

②正常营运时,隧道内 CO 允许浓度为 187.5 mg/ m³。

③发生事故时,短时间(15 min 以内)隧道内 CO 允许浓度为 312.5 mg/ m³。

(3)通风方式的选择

隧道通风受大气因素影响,其影响程度与通风的要求和方式有关。一般来说,自然通风受大气因素的影响最大,是由大气因素所控制的;而机械通风受大气因素的影响较小。

隧道通风方式的种类很多,选择时最主要的是考虑隧道的长度和交通条件,同时考虑气象、环境、地形及地质条件选择既有效又经济的通风方式。

实测的隧道内 CO 浓度和烟尘浓度低于规定的容许浓度时,可不设机械通风设备,采用自然通风。实测的隧道内 CO 浓度和烟尘浓度高于规定的容许浓度时,应从安全、适用、经济等因素综合考虑,加设机械通风设备。机械通风设计按《公路隧道设计规范 第一册 土建工程》(JTG 3370.1—2018)的有关规定执行。

利用竖井、边窗通风的,应随时检查并清除井内杂物,保护井口及窗下不得灌进雨雪,影响通风。

对于各式通风机、管道、机电、动力设备等,应每月检修一次运转情况,每年全面检修一次。

2) 照明设施的维护

隧道各照明区段的路面亮度可按《公路隧道养护技术规范》(JTG H12—2015)进行设计。未设照明设施的隧道,应在隧道洞门外设置限速标志,降低行车速度,以保证安全。洞外附近地段应尽量保持低亮度;可在洞口设置遮阳栅、减光格栅,或种植常青的大冠树木和铺植草坪,或在洞外路面采用反射系数低的路面材料等。为提高隧道内亮度并诱导视线,可在隧道内路面的标线,或在路缘石和侧墙高 1.2 m 以下部分刷白色反光材料,或在路面采用反射系数高的路面材料等。为降低隧道内的烟尘浓度,提高照明效果,应加强隧道内路面、侧墙、顶棚和照明器具等的清扫(洁)工作。隧道中设置的照明器应防震、防水、防尘,并定期检查,有损坏时应及时进行维修和添补。

3) 监控与消防设施的维护

监控设备主要包括量测监视隧道中车辆运行环境的烟尘浓度测定仪、CO 浓度测定仪、交通量测定装置、监视电视,以及照明、通风、配电设备等自动控制设备和监视控制这些设备运转情况的监控设备。

高速公路、一级公路的长隧道和特长隧道可根据需要设置监控设备,一般公路的长隧道和特长隧道可根据具体情况,适时检测烟尘浓度、CO 浓度及交通量。所有监控设备的维护修理应符合《公路隧道养护技术规范》(JTG H12—2015)的规定。

高速公路、一级公路的长隧道和特长隧道可根据需要设置紧急电话、报警装置、排烟设备、消防给水管网及消防器材库等。长度在 500 m 以上的高速公路、一级公路隧道,宜单独设置存放专用消防器材的洞室,并做明显标志;对存放的消防器材,应定期补充、更换。一般公路的长隧道和特长隧道可根据具体情况,简化设置,但必须在适宜位置设置消防器材库。消防相关设备应定期检查,保持完好状态。

隧道内不准存放汽油、煤油、香蕉水等易燃物品;严禁明火作业与取暖;隧道内的紧急停车带、行车(人)横洞、避车洞及错车道不准堆放杂物。

隧道内发生火灾时,应用紧急电话、报警装置或其他方法迅速向洞外发出信号,阻止车辆驶入,同时将隧道内的车辆引出洞外,以便灭火活动顺利开展。

4)防冻与消声设施的维护

高寒冰冻区的隧道,应注意洞口构造物的抗冻保温。防冻层损坏时,可用同样的轻质膨胀珍珠岩混凝土或浮石混凝土修补;无防冻层的,可在大修、改善时加筑。隧道内的渗漏水应顺利排入边沟,不使路面积水冻结。对于局部易冻结路段的路面,应抓住时机适时撒布防冻药剂或拌砂药剂。隧道内的消声设施如有损坏,应及时按原样修复。

本章小结

本章主要介绍了隧道土建结构的检查与养护维修工作的分类;应掌握常见隧道的病害类型及处治方法;分析论述了有衬砌隧道养护技术方法和无衬砌隧道养护技术方法的区别;介绍了隧道围岩滑动、破损、坍塌及排水设施养护技术,以及隧道附属设施的维护要点。

课后习题

6.1　隧道的病害类型主要有哪些?

6.2　简述有衬砌隧道各种病害处治技术方法。

第 7 章　公路自然灾害的防治

【学习目标】

对突发水毁、大雾、冰冻、雨雪及风沙等灾害具备一定的抢险与养护维修能力。

【本章重点】

水毁的预防、抢修与治理。

【本章难点】

针对不同的灾害特点采取相应的措施。

在公路维护中,对水毁、大雾、冰冻、雨雪及风沙等灾害的预防占有重要的位置。日常的维护工作中,要注意调查研究、积累资料,针对不同的灾害特点采取相应的措施,以"预防为主,防治结合",保障高等级公路的正常运营。

7.1　水毁的预防、抢修与治理

水毁是指暴雨、洪水对公路造成的各种损毁。水毁预防是在雨季和洪水来临之前为防止或减轻暴雨和洪水对公路的危害而进行的工作。防洪应根据当地的水文气候条件、季节特点、公路状况,分析掌握公路、桥涵的抗灾害能力,选择必要的预防措施和应急抢修技术方案。对于重要工程和水毁多发路段,宜事先储备必要的材料和机械设备,一旦发生毁阻,应及时组织抢修,以保证高等级公路正常通行。在抢修时,应充分利用抢修工程,争取抢修时间,降低费用。

7.1.1　水毁的预防

1)洪水前检查及材料储备

(1)洪水前检查和防治的基本经验

公路水毁应坚持以"预防为主,防治结合"的原则,雨前抓预防,雨中抓检查,雨后抓恢复,做到提前预防,积极抢修,彻底根治,从而增强公路本身的抗洪能力。在日常维护工作中,以疏导为主,及时消除堵塞物。从检查水毁隐患入手,思想上高度重视,在人力、物力上提前做好准备。

(2)雨季前应做的准备

①每年雨季前进行一次预防水毁的技术检查,内容包括:

a.河流上游堆积物、漂浮物情况。

b.桥梁墩台、调治构造物、涵洞、引道、护坡基础和挡墙基础有无被冲空或损坏。

c.桥下有无杂草、树枝、石块等杂物堆积,涵洞、透水路堤有无淤塞。

d.河床冲刷情况和傍河路段急流冲击处有无基础被淘空或下沉现象。

e.陡边坡路段的路基有无松裂。

f.边沟、盲沟、跌水等排水系统有无淤塞,路拱度、路肩横坡度是否适当,路肩上的临时堆积物是否阻碍排水。

g.维护管理生产、生活用房屋等沿线设施的基础有无掏空沉陷,墙体有无破裂倾斜、剥落,屋顶有无漏水等现象。

②针对查出的水毁隐患,制定具体防治措施。预防性工程必须赶在雨季前完成,以防患于未然。

③加强日常维护工作,不断完善排水系统和防护设施,发现隐患或薄弱环节,立即消除,做到"堵小洞,防大害"。

(3)雨季应加强观测

①观测洪水的目的:

a.掌握洪水的动态,分析判断洪水对公路的危害程度。

b.注意水文观测中获得的水文资料,可作为以后进行公路改建和加固的依据。

②观测内容:

a.大桥以及处于不良河床上的中、小桥应作水位变化、河床断面、洪水的流速、流向以及洪水通过时特征(如浪高、漂浮物等)的观测。

b.对于一般的桥梁,只观测和记录当年的最高洪水位。

c.对于导流坝、排水坝、丁坝和护岸调治构造物,则要观察其洪水流过时的工作情况。

(4)建立制度,备足材料设备

①每年汛期到来之前,应储备抢修所需用的材料、机具以及救生、照明和通信设备等,以备急需。

②雨季养路要认真贯彻"四防、三勤、二及时"的原则。

a.四防:防塌、防冲、防滑、防浮。

b.三勤:勤保养、勤检查、勤巡路。

c.二及时:及时汇报、及时抢修。

③雨季值班制度。在雨季,各级公路管理部门都要建立日夜值班制度。发生水毁应立即向公路管理部门及上级管理部门汇报,并调配劳力、材料、机具进行抢修。

④雨天巡路制度。在雨天和洪水期间,公路维护部门应建立日夜巡路制度,及时发现和处理小型塌方、缺口和边沟阻塞等。如发现较大的水毁灾情,应立即向上级汇报,在水毁地点两端树立危险警告标志,以保证交通安全。

⑤报告制度。维护管理部门在接到水毁阻车报告后,一面立即派人落实组织抢修,一面向上级主管部门报告,并通知有关运输部门。报告内容包括路线名称、地点桩号、工程项目、水毁情况、损失数量、抢修情况和预计恢复通车时间,以及需要的劳力、机具、抢修费用。

2)防洪中巡查及排险

(1)巡视检查的目的

在防洪中,为及时发现因洪水对公路及其附属设施的破坏和对交通的影响情况,应准确地掌握、收集、分析和判断公路洪期路况和交通信息,以便及时采取相应对策或向上级主管部门汇报,供主管部门及时作出决策,保证交通畅通。

(2)巡查及排险的主要内容

巡视和检查可分为日常巡视、夜间巡视、定期检查和特殊检查4种。

①日常巡视:平常为掌握公路路况和交通运行状况等进行的巡视。

②夜间巡视:为检查夜间照明和标志、标线的技术状况进行的巡视,平时每月进行一次,汛期每周一次。

③定期检查:为掌握公路及其附属设施的技术状况,制订维护工程计划和评定公路使用质量而实施的检查。

④特殊检查:发生大的洪水、台风、地震等自然灾害和有可能对公路及其附属设施造成较大破坏的异常情况时所进行的检查。

7.1.2 水毁的抢修

公路水毁紧急抢修要做到:采取应急措施,不使水害扩大;尽快抢修,维持安全通车。

1)路基水毁抢修

如路基发生一般水毁塌陷,应迅速使用已备好的土料进行修补,如路基行车部分已泥泞难行,应将稀泥挖出,撒铺砂粒维持通车。

(1)路基塌陷的抢修方法

对于靠近河流、湖塘及洼地的路基,因洪水猛涨并不断冲刷路基,使路基发生塌陷时,可以根据具体情况,适当采用以下4种方法进行抢修:

①在受水冲刷的部分抛石笼、砂袋、土袋等。

②在受水浪冲击的部分,用绳索挂满芦苇编成的芦排或带树头的柳树,以防水浪冲打。

③在路基边坡已大部分塌陷毁坏部分,顺路方向每米打一根木桩,桩里面铺设秸料或树枝,并填土挡水或用草袋装上砂石、黏土等材料填筑。

④在被洪水淹没危险时,可在临河一面的路肩上,用草袋或黏土筑成土埂临时挡水。

(2)排水的方法

根据漫水的深度、路基宽窄、材料取运难易,可适当采用以下3种排水方法:

①填土赶水法。路基漫水长度不大,漫水深度在0.3 m以下时,可以直接从两头填土将水赶出,填土厚度要比现有水面再高0.3 m~0.5 m。填土后先将表层维持通车或填砂砾、碎砖、炉渣等矿料,提高路基以维持通车。

②打堤排水法。如路基漫水较长,漫水深度在0.5 m以下时,可在漫水路段的两侧路肩上,用草袋装土填起两道土堤,先将路基上面的水围起来,然后将土堤里面的水排除,露出原路面后,有的可以直接通车。如土壤湿软时,可以再撒铺一层沙或碎砖、炉渣后再维持通车。

③打桩筑堤排水法。如路基漫水深度在1 m左右时,可采取打桩筑堤。每道堤必须先打两行木桩。间距和行距都是1 m左右。木桩直径一般为10~15 cm。打好木桩后,在桩里面铺秸料,然后在中间填土压实,达到堤不漏水。然后再将围起来的水从路上排出,并在原路上铺一层砂料、碎砖等维持通车。

2)桥涵等构造物水毁抢修

漂浮物通过桥下时,用竹竿、钩杆等引导其顺利通过桥孔,防止其聚集在桥墩附近。堵塞在桥下的漂浮物必须随时移开捞起。

桥涵墩台、引道、护坡、锥坡或河床发生冲刷危及整个构造物时,应采取紧急防护措施,如抛石块、砂袋及沉放柴排等,但不能抛填过多,以免减少泄水面积而增大冲刷。抛填块石时,可沿临时设置的木槽滑下,以控制抛填位置。

遇有特大洪水,采取防护措施不能保全的重要桥梁,若遇紧急情况可经上级主管部门批准,可用炸药炸开桥头引道,以增加泄水面积,保护主桥安全度汛。

冲毁的路基、桥涵需立即抢修便道便桥。便道便桥是维持通车的临时措施,能够保证在使用期间的行车安全即可。便桥可用打桩或石笼做桥墩,并不宜过高,应尽量节省费用,以免增加施工困难和拖延时间。

7.1.3 水毁的主要成因及治理对策

1) 塌方、滑坡的成因及治理

(1) 塌方、滑坡的成因

雨季或暴雨过后,由于水的渗入、土的黏聚力降低或坡脚被冲刷掏空,在自重或外界荷载的作用下导致坡面局部失稳出现塌方,情况严重的甚至会出现整体坡面失稳,出现坡面滑塌。

(2) 塌方、滑坡的治理

①排水治理:

a.在塌、滑体上方,按汇水面积及降雨情况,结合地形设置一道或几道截水沟,使地表水全部汇入截水沟,引至路基边沟或涵洞排出。

b.塌、滑体内地下水丰富且层次较多时,可设支撑盲沟,用于排水和支撑。当塌、滑体上方有地下水时,在垂直于地下水流的方向设截水盲沟,将地下水引向两侧排出。

②设置构造物,维持土体平衡:

a.若滑坡体下有坚实基底,且滑坡体推力不大,可设置抗滑挡土墙。挡土墙尺寸应经过计算确定。

b.若滑坡体底部有未扰动层,可打桩阻止塌体滑动。桩的间距及打入深度应经过计算确定。

③稳定边坡:

a.土质边坡可植草皮,风化石质或泥质页岩坡面可植树种草,利用植物根系固定表土,并减少地表水下渗。

b.在岩石风化碎落坡面区,可用表面喷浆、三合土抹面或黄泥拌稻草抹面;土质坡面可采取铺砌块石护坡。

c.根据边坡地形特点和地质条件,采用刷方减缓坡度或在滑坡体上部挖去一部分土体,减轻滑坡体重力,以减少下滑力、增强滑坡体的稳定性。

2) 泥石流的成因及治理

(1) 泥石流的成因

在山岭地区,暴雨或融雪水挟带大量土、石等固体物质汇入沟谷,形成突然的、短暂的、间歇的破坏性水流称为泥石流。

泥石流是在坡面土体疏松、植被稀少、边坡陡峻(30°~35°以上)、细沟微谷发育条件下,由大强度暴雨或融雪水的作用而形成的。

(2)泥石流的治理

①在泥石流形成区,采用平整山坡、填塞沟缝、修建阶梯、土埂等控制水土流失和滑坍发展。

②在泥石流流通区,在地形、地质及储淤条件较好处,可修建拦挡坝或停淤场。

③当桥梁跨过泥石流的山前堆积体离其顶端很远时,可根据实际情况采用挑导坝、丁坝、导流堤相结合的综合调治措施。

④路侧的小量泥石流应在路肩外缘设置碎落台或修建挡土墙,并随时清除冲积的泥沙。

3)沿河路基水毁的成因及治理

(1)沿溪路基水毁成因

①受洪水顶冲、淘刷的路段路基缺少必要的防护构造物。

②路基防护构造物基础处理不当或埋置深度不足而破坏,引起路基水毁。

③半填半挖路基地面排水不良,路面、边沟严重渗水,路基下边坡坡面渗流普遍出露,局部管涌引起路基塌垮。

④风浪袭击路基边坡,边坡过量水蚀而塌垮。

(2)沿河路基水毁治理

①不漫水丁坝防治路基水毁。不漫水丁坝防治沿河路基水毁具有防护长度大、自身遭水毁时易于及时抢修、不造成被保护路基水毁而中断交通的优点。

②漫水丁坝防治路基水毁。漫水丁坝具有坝身短矮、基础埋置深度浅、易于施工、既有良好的防护作用又能提高自身安全的优点。

③浸水挡土墙防治路基水毁。浸水挡土墙既是支承路基填土以防填土变形失稳,又是防止路基因水流冲刷或淘刷而失稳的构造物。

4)桥梁水毁成因及治理

(1)桥梁水毁成因

桥梁受洪水冲击,墩台基础冲空危及安全或产生桥头引道缺、断,乃至桥梁倒塌,称为桥梁水毁。主要成因有以下两个:

①桥梁压缩河床、水流不顺,桥孔偏置时,缺少必要的水流调治构造物。

②基础埋置深度浅,又无防护措施。

(2)桥梁水毁治理

①稳定、次稳定河段上桥梁水毁防治。在稳定、次稳定河段上,桥梁水毁防治措施可根据调整桥下滩流、河床冲淤分布的实际需要,以及水流流向等分别情况加以选择。

②不稳定河段上桥梁水毁防治。在不稳定河段上,桥梁水毁防治可根据河岸条件、河床地貌以及桥孔位置等分别情况采取下列措施:

a.桥梁位于出山口附近的喇叭形河段上,封闭地形良好,宜对称布置封闭式导流堤。

b.引道阻断支岔,上游可能形成"水袋"。为控制洪水摆动,防止支岔水流冲毁桥头引道,视单侧或双侧有岔及地形情况,可对称或不对称设置封闭式导流堤。

c.一河多桥时,为防止水流直冲两桥间引道路基,可结合水流和地形条件,在各桥间设置分水堤。

d.桥梁位于冲积漫流河段的扩散淤积区,一河多桥而流水沟槽又不明显时,宜设置漫水隔坝,并加强桥间路堤防护。

7.2　大雾的危害与防治

7.2.1　大雾对公路的危害

雾是空气中接近地面后水蒸气遇冷凝结后形成的漂浮在大气中的大量粒状水或冰晶,它弥漫在大气中,能见度减弱,使视野不清,难以正确判识路上标志、标线或其他信号,影响汽车行驶在道路上的速度与安全,造成交通阻塞,甚至发生事故,造成财产损失和人员伤亡。高速公路上车辆密度大、车速快,事故发生时会产生连锁反应,形成追尾连环相撞,往往形成多辆车相撞、人员伤亡惨重,造成特大交通事故,迫使高速公路暂时封闭,严重影响高速公路的正常运营。

雾是有地区性、季节性和时限性的,它多在大河、山区和个别特殊地形区域内出现。因此,人们应了解雾的规律性及其特点,采取一定措施加以防范,化解一些不利因素,提高运行的安全度,减少及减轻事故发生。由于大雾部分水蒸气凝结在路面上,造成路面潮湿,冬季易形成一层薄冰,使路面的摩擦系数降低,对高速公路行车造成潜在危险。尤其在桥涵通道上下凌空处,路面薄冰多,也是事故多发地,往往造成车辆追尾和侧向滑移甚至翻倒,这也是冬季雾天防范的重点部位。

7.2.2　能见度及其测量

能见度是正常人的视力在当时天气条件下,将目标物的轮廓从天空背景中区别出来的最大水平距离,能见距离的相应等级称为能见度。根据能见度的不同,将雾划分为 6 个等级,相应推荐的行车速度见表 7.1。

表 7.1　雾的等级表

雾的等级	0	1	2	3	4	5
能见度距离/m	>500	200~500	120~200	80~120	50~80	<50
推荐车速/(km·h⁻¹)	110	100	80	60	40	20

注:路面结冰情况下,最大行车时速不得超过 40 km/h。

一般雾的能见度在 300 m 以上时,虽然路面潮湿,但基本不影响高速公路行车。能见度在200 m 以上,春秋季车辆仍可采取 80 km/h 以上的速度运行。当能见度再低时,因行车视距不能满足,车辆均应降低速度行驶,否则容易发生事故。潮湿路面能见度与推荐车速见表 7.2。

表 7.2　潮湿路面能见度与推荐车速表

能见度/m	推荐车速/(km·h⁻¹)	能见度/m	推荐车速/(km·h⁻¹)
30	30	110	70
40	30	130	70
50	40	150	80
70	50	170	80
90	60	180	90

7.2.3 大雾的防治

1)雾天安全行车的措施

①应加强气象预报,与当地气象部门建立密切联系,以及时得到雾的信息,转告给沿线驾驶员,减速慢行,并打开雾灯通行。

②及时采用可变情报板、可变限速牌,向来往车辆提供雾讯,使其在思想上有所准备,在技术上有所措施。

③在多雾小区内或有雾山区的隧道口、大桥上,安装黄色照明灯具,以增强能见度。

④在事故高发区的路段(如桥涵、通道等处)埋设路面温度感应器和冰探测器,以观测收集多种路面气象资料。如当路面出现薄冰时,会自动在可变情报板中提醒驾驶员降低车速、保持车距、不准超车等信息,以减少事故的发生。

⑤在有薄冰路段,喷洒盐水或盐砂混合物,以降低路面冰点,增强路面抗滑能力。这种措施费用低,且除冰效果良好。

⑥在未设可变情报板的路上,当出现大雾天气时,可在其进口处设置雾警示牌,并在收费口由收费人员通知驾驶员注意行车安全。

⑦在接近雾区200 m处,设立可移动的闪烁式警告标志,并用锥形标和标志牌按规范逐渐变窄车道,降低车速,形成一定间距的车流安全过渡,可防止车辆在刚进入雾区时因紧急制动而发生事故。

⑧在雾天能见度较低的环境开启雾灯,可有效地减少车辆追尾事故发生。高速公路的管理部门、路政人员,应配合公安交警在雾天加强巡逻,监督驾驶员严格保持车距,减速行驶,不得超车。车多时可施行有序疏导的措施,如有事故也可得到及时处理。

⑨在大雾天,为了行车安全,必要时可实行交通管制措施。交通措施可采取全线或分段封闭,也可采取间断放行办法,控制在每分钟放行4辆车的办法,以策安全。

2)雾天行车注意事项

①当能见度在200~500 m时,须开启眩目近光灯、后雾灯和尾灯,时速不超过80 km/h,与同一车道之前车必须保持150 m以上的距离。

②当能见度在100~200 m时,须开启眩目近光灯、后雾灯和尾灯,时速不得超过60 km/h,与同一车道之前车必须保持100 m以上的距离。

③当能见度在50~100 m时,须开启眩目近光灯、后雾灯和尾灯,时速不得超过40 km/h,与同一车道之前车必须保持50 m以上的距离。

④当能见度小于50 m时,则采取局部或全部封闭交通的措施。

7.3 冰害的防治

在寒冷地区,河水冻结可对桥梁浅桩产生冻拔,使小桥涵形成冰塞,引起构造物冻裂。解冻时,大量流冰对桥梁墩台产生巨大冲击,以致形成冰坝威胁桥梁安全。在地下水或地面水漫溢到地面或冰面时,逐层冻结而形成涎流冰。涎流冰覆盖道路,会造成行车道凸凹不平或形成冰块、冰槽等,严重影响行车的安全。若堵塞桥孔,则会挤压上部结构导致损坏。

为防治桥基冻拔,可适当加大桩深。对于冰塞现象,除经常清除涵内冰冻外,必要时可适当加大孔径和涵底纵坡,或在上游采用聚冰池或冰坝等构造物。

为避免因气温突变而解冻的流冰对桥梁墩台、桩的冲击,一般可在桥位上游设置破冰体,并在临近解冻前,在桥位下游对封冻冰面用人工或爆破方法开挖冰池及时疏导。冰池长度为河宽的 1~2 倍,宽为河宽的 1/4~1/3,且不小于最大桥跨。如水面宽度小于 30 m 时,冰池长度宜增加到水面宽的 5 倍,并在接近冰池下游开挖 0.5 m 宽的横向冰沟。在危急时,应在下游将冰块凿开并逐一送入冰层下冲走,在上游将流冰人工撬开或用炸药炸开予以清除。

公路上的涎流冰面积一般有数平方米到数千平方米,有的可达数万平方米,其厚度一般为数厘米到数米。涎流冰主要分布在我国东北大小兴安岭和长白山地区及西藏、川西和西北地区海拔 2 500~3 000 m 的山地和高原上。涎流冰可分为河谷涎流冰和山坡涎流冰,前者主要危害桥涵,后者主要危害公路路面。

对于河谷涎流冰,可采用以下方法防护:

①桥梁上游如有大片地形低洼的荒地,可用土坝截流。

②河床纵坡不大的河流,可于入冬初,在桥下游筑土坝,使桥梁上下游各约 50 m 范围形成水池,水面结冰坚实后,在水池部位上游开挖人字形冰沟,以利于集中水源。同时挖开下游河床最深处的土坝,放尽池内存水,保持上下游进出口不被堵塞,使水从冰层下流动。

③桥位上下游各 30~50 m 的水道中部顺流开挖冰沟,用树枝柴草覆盖,再加铺土或雪保温,并经常检修,保持冰沟不被冻塞,于解冻时拆除。

山坡涎流冰的主要防治措施如下:

1) 聚冰沟与聚冰坑

聚冰沟多用于拦截冲积扇沟口处的泉水涎流冰和地势较缓的山坡涎流冰;聚冰坑多用于积聚冰量较小、边坡不高的堑坡涎流冰,不使涎流冰上路。

2) 挡冰墙

挡冰墙适用于涌水量不大的山坡涎流冰和挖方边坡涎流冰,用以阻挡和积聚涎流冰,防止其上路。挡冰墙一般用浆砌片石、块石筑成,高度须根据冰量而定,一般为 60~120 cm,顶宽 40~60 cm。基础埋置深度按土质、积冰量及当地冰冻深度等情况确定。当积冰量较大时,可与聚冰坑配合使用。

3) 挡冰堤

挡冰堤适用于地势平坦、涌水量不大的山坡涎流冰和径流量不大的小型沟谷涎流冰。挡冰堤修筑在路基外、山坡地下水露头的下侧或沟谷内桥涵的上游,用以阻挡涎流冰,减小其漫延的范围。山坡上的涎流冰,可采用柴草、草皮或石砌的长堤予以拦截。在沟谷内一般采用干砌石堤,以利于排水。挡冰堤的长、宽、高和道数按当地的地形及涎流冰数量确定,基础埋置深度按当地土质和冰冻深度而定。

4) 设置地下排水设施

地下排水设施适用于一般寒冷和严寒地区,常用的有集水渗井、渗池、排水暗管和盲沟等。必要时,在出口处设置保温措施或出口集水井。

5) 涎流冰清除

对流至路面的涎流冰,要及时清除,撒布砂、炉渣、矿渣、石屑、碎石等防清材料或氯化钙、氯化钠等盐类防冻剂,以防止行车产生滑溜,并设置明显标志。当冰层在盐类物质和行车作用下变软时,应立即将冰层铲除,以防止降温时重新冻结,并应重撒防滑材料。

7.4 雪害的防治

各类雪害的防治应通过全面的调查研究,摸清雪害的成因与基本规律,了解现有防雪设施的效果,保持防雪设施的完好,增加必要的防雪设施,以减少雪害对公路及交通的危害。

7.4.1 积雪的防治

受风雪流影响的公路,路基边坡应尽量放缓,与路肩交接处应筑成和保持流线形。清除公路两旁影响风雪流顺畅通过的草木和堆积物等。公路维护材料应堆放在路外的堆料台,堆放高度不得高于路基高程。如需堆放在路肩上时,应堆放在下风一侧,并使料堆顶部呈流线形。受风雪流影响的路段,在路旁一定范围内不得植树,公路的分隔带不得种植有碍风雪流通的树木。防雪林带也应该按规定的位置种植。

风雪流的预防应采取下列措施:

①设置阻雪设施,使风雪通过路基时无大量雪的沉积。

②设置下导风板,以加大路基附近的贴地风速,使风雪流通过路基时不沉积,并吹走路上疏松的积雪。

③迎风或背风山坡的坡角处和距离坡度转折点 5~10 m 处最易积雪,开阔地区低于该地平均积雪深度或草丛深度 0.6 m 的路堑也容易积雪。在有条件的地方,可采取局部改线或提高路基高程的办法解决,否则应根据实际情况增设相应的防雪设施。

④在风雪流影响能见度的路段,为保证行车安全,应在公路一侧设置标柱或导向桩,设置间距在直线段一般为 30~50 m,弯道上可适当加密,在窄路、窄桥处应在两侧同时设置标柱。

⑤在冬季风雪频繁的平原和微丘荒野地区,高速公路可沿公路另建一条平行的辅道。降雪时,立即封闭主线,开放辅道,主线的雪被清除后,开放主线交通,同时清除辅线的积雪,以备下次降雪时使用。

⑥防雪林是防治风雪流的重要措施。其他防雪工程是配合防雪林带的辅助措施,防雪林带应指定专人养护管理,保证林木的成活和正常生长,并控制林带的高度和透风度,使其保持最佳的阻雪状态。

7.4.2 雪崩的防治

雪崩的防治应遵循下列原则:

①原路线,特别是盘线多次通过同一雪崩地带时,应尽量将公路移出。

②对于危害公路的雪崩生成区,应于雪季前和雪季后对防雪崩工程措施(如水平台、稳雪栅栏等)进行维修,保护森林、植被,以充分发挥稳定积雪体的作用。

③对于雪崩运动区,应保持防雪崩工程(如土丘、楔、钢丝网和排桩等)完好,以减缓和拦阻雪崩体的运动。

④对于雪崩的运动区与堆积区,应保持使雪崩体从空中越过公路的工程措施(如防雪走廊)或将雪崩体引向预定堆雪场地的导雪堤完好。

⑤在大的雪崩发生前,制造一些小规模的"人工雪崩",化整为零,以减轻雪崩对公路的危害。

⑥各种防治雪崩的工程措施都应注意保持原有植被和山体的稳定,避免造成人为的滑坡、泥石流与碎落塌方。

山坡坡面上栽植大量树木对雪体的滑移和运动起阻滞作用,是防治雪崩的有效措施。对山坡上树木,应注意加强管理和抚育。在雪崩发生后,应及时清除路面积雪,尽快恢复交通。同时应将发生日期、时间、雪崩量、危害情况及各项防雪崩工程设施的使用效果等详细地记录在技术档案内,为进一步防治雪崩积累资料。

7.5　沙害的防治

在多风沙地区,沙害是公路常见的病害之一。防沙害应贯彻"预防为主,防治结合;因地制宜,因害设防;先治标,后治本,标本兼治"的原则。以工程措施防治沙害能及时解决路线的通阻问题,是治标的措施。采用工程措施必须从沙丘的特点出发,并根据各地区防护材料来源、性能,做到就地取材、因材施用、力求经济、耐用和便于维修。以植物措施防治沙害,是治本的措施,但应具备一定的条件,且见效时间较长。两种措施的采用,可按地区的自然条件和沙区的特点,区分主与辅,并以主辅相结合的原则进行。

防治风沙应先调查流沙的移动方式、方向、年移动距离、输沙量、沙丘形态、风向和风速等,并摸清其变化规律,绘制年风向和风速的玫瑰图。根据积累资料,经过综合分析,制定防治风沙的最优方案。

7.5.1　路基风蚀及防护

1) 路基风蚀

受风力作用,路基表面土层会被风剥蚀,造成路基变窄变低,因此,可将路基表面进行封固,以抵御风蚀。

2) 路基防护

(1)柴草类防护

用稻草、枝条及草皮等覆盖加固路基表面。

(2)土类防护

用黏性土或天然矿质盐等覆盖路基土表面。

(3)砾卵石类防护

平铺砾卵石或裁砌卵石后填砂砾。

(4)无机结合料防护

用水泥土、石灰土以及水玻璃加固土等封固。

(5)有机结合料防护

用石油沥青土、煤沥青土等封固。

7.5.2 路侧沙害防护措施

1）固沙措施

（1）覆盖物固沙

利用柴草、土类和砂砾石等材料覆盖于沙面上来隔离风与沙面的作用。

（2）沙障固沙

用柴草、黏土、树枝等材料设置成沙障，以减小地表风速，削弱风沙流活动能力，并阻挡部分外来流沙，可因地制宜，选用下列沙障：

①草方格沙障。在流动沙丘上，将麦草等扎成 1~2 m 每方的草方格（方格的一边必须与主风向垂直）。这种半隐蔽式沙障，防沙效果良好。

②黏土沙障。用黏土碎块在沙丘上堆砌成小土埂。它不但设置简便、耐用，且固沙与保水性能较好。

③草把子沙障。将芦苇绑扎成束，铺设于流动沙丘上，将束径的 1/2 埋入沙中，以增加地面的粗糙度来阻止沙丘的移动。

④树枝条高立式沙障。用树枝条或芦苇按行列式或格状插入沙内，其外露高度要在 1 m 以上，达到削弱风沙活动能力，并阻挡部分路外流沙侵入。

2）阻沙措施

①采用高立式防沙栅栏。

②采用挡沙墙（堤）。

③采取栅栏与挡沙墙（堤）结合的形式。

3）输（导）沙措施

①修筑路旁平整带。

②设下导风板（又称聚风板）。

③设有浅槽与风力堤的输沙法。

④将路堤作成输沙断面，路堤高度低于 30 cm，边坡坡度采用 1:3；路堤高度大于 30 cm，风向与路线成锐角相交时，边坡坡度采用 1:6。路肩边缘均应作成流线型。

⑤路线与沙垄延长线锐角相交时，可在上风侧 30~40 m 处设置大体与路线平行、尾部稍向外摆的沙障或导沙堤，将风沙流角度做微小的拨动，以便将风沙流导出路外。

本章小结

在公路维护中，自然灾害具有不可预见性，但是可以预防。对于自然灾害水毁、大雾、冰冻、雨雪及风沙等灾害的预防就显得尤为重要。公路水毁应坚持以"预防为主，防治结合"的原则，雨前抓预防，雨中抓检查，雨后抓恢复，做到提前预防，积极抢修，彻底根治，从而增强公路本身的抗洪能力。紧急抢修要做到：采取应急措施，不使水害扩大；尽快抢修，维持安全通车。本章对水毁的主要成因及治理对策进行了阐述。大雾防治应了解雾的规律性及其特点，采取一定措施加以防范，化解一些不利因素，提高运行的安全度，减少及减轻事故发生。本章对雾天安全行车的措施和雾天行车注意事项进行了阐述。本章对病害防治、雪害防治、沙害防治进行了阐述，雪害防治主要介绍积雪和雪崩防治,沙害防治主要考虑路基风蚀和路侧沙害防护。

课后习题

7.1　什么是水毁? 对水毁预防应做哪些准备工作?

7.2　大雾对公路有什么危害? 雾天行车应注意哪些问题?

7.3　简述冰害的防治要点。

7.4　简述雪害的防治要点。

7.5　简述雪崩防治的基本原则。

7.6　简述公路防沙害的主要措施。

第 8 章　公路交通安全设施及其维护

【学习目标】

具备公路沿线设施的管理、养护能力。

【本章重点】

公路的公路标志、路面标线。

【本章难点】

公路标志的养护。

维护公路沿线设施,逐步树立"以人为本,以车为本"的工作理念,保证人们出行的安全,以"消除隐患,珍视生命"为主题,以"安全、经济、环保、有效"为原则,最大限度地降低交通事故死亡率和减少特大交通事故的发生率,为保障行车安全提供良好的公路环境。

公路的沿线设施包括交通标志、交通标线、监控与通信设施、收费设施、服务设施、养护房屋及环保设施等。沿线设施是公路的重要组成部分,它对保障行车安全和交通畅通具有重要意义。因此,公路沿线设施应经常保持完整且处于良好状况。从维护管理方面来讲,沿线设施如有损坏,要及时修理或更换;设施不全或没有设施的,要根据公路的性质、技术等级和使用要求,有计划、有步骤地增设。本章主要介绍公路交通标志、公路交通标线等交通安全设施及其维护。

8.1　交通标志

交通标志是用图形符号和文字传递特定信息,用以管理交通,保证公路交通安全,协助车辆顺利通行的设施。交通标志包括警告标志、禁令标志、指示标志、指路标志等主标志和表示时间、车辆种类、区域或距离、对主标志进行辅助说明等的辅助标志。公路标志的尺寸、形状、图案、文字、颜色和设置地点均按《道路交通标志和标线 第 2 部分:道路交通标志》(GB 5768.2—2022)的规定执行。公路标志主要由标志板和立柱构成。其中,标志板可用薄钢板、铝板、铝合金板或合成树脂类板材(如玻璃钢、硬质聚氯乙烯板)等材料制成;立柱可选用角钢、槽钢、钢管及钢筋混凝土等材料制作,临时性的也可用木柱。钢质立柱应进行防锈处理,钢管立柱顶端应加帽,以防雨水积聚而锈蚀。钢筋混凝土柱应有预埋连接件,夜间交通量大的公路应采用反光标志。属于国际性的和重要的旅游公路,宜同时标注汉英两种文字;对于高速公路和一级公路,宜设置因交通、道路、气候等状况变化可改变显示内容的可变信息标志,其版面和设置位置应根据公路交通状况、标志功能、控制方式等因素进行专门设计。

交通标志设置以后,应认真维护,并使其经常保持位置适当、准确、完整、醒目和美观。

8.1.1　交通标志的检查

交通标志的检查分日常巡视检查和定期检查。如遇暴风雨、洪水、地震等严重自然灾害或交通事故时,应进行临时检查。各种检查内容如下:

①交通标志是否被沿线的树木、广告牌等遮掩。

②牌面及支柱的变形、损坏、污秽及腐蚀情况。

③油漆的褪色、剥落及反光材料的反光性能。

④基础及底座的下沉或变位。

⑤连接螺栓是否松动或焊接缝是否开裂。

此外,还要根据道路条件的变化(如新增或取消路口、新建或改建桥梁、窄路拓宽、局部改线等)或交通条件变化(如增设或变更交通管制等),检查交通标志的设置地点、指示内容及标志相互位置关系等是否适当。

8.1.2　交通标志维护

在检查的基础上,根据发现的异常情况,应采取有效的维护措施,主要内容如下:

①标志如有污秽或贴有广告、启事等时,应清洗干净。

②油漆脱落或有擦痕,面积较小时可用油漆刷补,油漆脱落或褪色严重,指示内容辨别性能明显降低时,应重新漆油漆或更换新标志。

③标志牌变形、支柱弯曲倾斜或松动的应尽快修复。

④破损严重、反光标志性能下降或缺失的应更换或补充。

⑤如标志设置重复,有碍交通或设置地点和指示内容不适当时,应经批准后进行必要的变更。

⑥如有树木、广告牌等遮蔽时,应清除有碍标志显示部分或在规定的范围内变更标志的位置地点。

8.1.3　施工作业区标志

施工作业区标志是按照有关规定和标准专门制作,置于控制作业区或作业车辆尾部明显可见处,提醒或警告过往车辆驾驶人员按规定速度、线路行驶。施工作业标志关系到作业区人员和设备的安全。

1) 前方施工标志

前方施工标志分别放置在作业封闭区前方 1 000 m 处和 300 m 处的路侧硬路肩上。版面提供了前方 1 000 m 和 300 m 施工的信息,版面的颜色为蓝底白字。施工作业图案为黄底、黑图案。框架尺寸和版面外形尺寸按《道路交通标志和标线 第 4 部分:作业区》(GB 5768.4—2017)的规定制作。

2) 车辆慢行标志

车辆慢行标志的作用已不是预告,而是直接提出慢行的要求。框架与版面的尺寸形式要与前方施工标志相同,版面信息内容有两个变化:一是文字内容显示"车辆慢行";二是去掉施工作业图案,在相同的位置处标有"慢"字。在一组标志中,慢行标志有两块;第一块摆放的位置应在封闭区的起点处;第二块在作业区的前方100 m左右。

3)局部封闭标志

局部封闭标志是作业区重要标志之一。它的主要作用是提示车辆左(右)侧已封闭,应沿右(左)侧通行。版面除了明确的文字信息,左端还附有作业图案。这类标志有两处摆放位置:第一处在作业封闭区前方150 m处,应摆在硬路肩上或中央分隔带附近;第二处在施工路段前方200 m处,横向位置在封闭区内边缘处。当高等级公路因维修或事故处理需临时封闭一侧时,会使用中央活动开口,将车流引向另一侧,形成单幅双向行车,在双向行车的一侧,也要使用局部封闭标志。

4)道路施工标志

道路施工标志是配合路栏使用的作业区标志,版面上有施工作业图案和"道路施工"两组内容。位置与路栏并排摆放在施工作业段的前方。如果施工作业路段较长,或者在同一个局部封闭段内有数个较小的作业区段时,每个区段的前部都应该摆放这类标志。

5)作业区的交通管制

高等级公路的作业安全管理有两部分:一是对作业区以外有限范围实行交通管制,目的是避免作业人员、装备与行驶车辆发生冲突;二是对作业区内的作业进行必要的安全管理。交通管制是指因道路维修作业占用行车断面,为使车辆通行有序,保证作业区内人员和设备的安全而对车辆行驶速度、路线、方向采取的强制性管理。这种管理是通过设置在作业区以外路面上的设施和标志来实现的。

按照通行车辆行驶的特点,将交通控制区分为6个部分。

①警告区。警告区的作用是通过设置的标志,对处于正常行驶的车辆发布前方有作业区的警告信息。在作业占用行车道时,这个区的范围应有1 000 m长。在警告区起点及距起点700 m处,在硬路肩上,迎向行车方向设有"前方施工"标志。这种设置方式为通行车辆提供足够的时间和空间,因此,它不需要车辆在这个区域内采取非常措施,只需驾驶人员有思想准备。警示作用可以使车辆在这个区域内顺利调整车速,相同类型的车辆应自动避免强行超车,并逐步调整位置,与前方车辆保持足够的安全距离。行车速度小于70 km/h时,应保持车距不小于70 m。

②上游过渡区。上游过渡区是通过设置道路施工标志和局部封闭标志,警示车辆引入管制的行车路段内。标志要按拦截式的方式摆放。上游过渡区的范围为100~150 m,对车辆的要求是不仅要减速,还要按指示完成改变行车道的操作。

③缓冲区。警告区和上游过渡区都是为安全行车设置的,而缓冲区则是为安全行车和安全作业两个目的设置的。作业占用行车道时,缓冲区的距离应有210 m。作业不占用行车道时,缓冲区的距离可酌情缩短,但不应少于100 m。

④作业区。作业区是控制区中最重要的防范区段,它的长度应能覆盖整个作业的区段。除了标志设施,作业区还要加有另外3套管理手段:一是要用安全锥将作业区邻向行车的界面隔离开来,锥间距适当加密,以车辆不能驶入为准;二是要加设施工警示灯;三是安排专门的看守人员,在封闭区前端守护和警示。这一区段有作业人员和装备,车辆通行断面缩窄,只要加强作业管理,设施完整,摆放正确,行车有序,安全就有保障。

⑤下游过渡区。下游过渡区是解除断面压缩、恢复正常行驶的过渡区域。下游过渡区有

30 m,在过渡区终点,采用安全锥与停车方向成 45°角摆放。下游过渡区以外是行车区域,作业人员不能擅入。

⑥终止区。终止区实际上是一个断面,而不是一个区域,是解除交通管制的分界,位置在下游过渡区的终点断面。

6)作业警示工具

①警示灯具。警示灯具是专门为道路施工作业配置的车载式灯具。灯具发光的颜色为黄色或橙黄色,即使在雨雾天气,也有较强的穿透能力。

②警示车辆。维护施工调动特大型设备、构件或机械编队除雪作业时,应考虑配置警示车辆跟随作业车后,保持一定距离,并使用警示灯或话筒,提醒通行车辆适当避让,注意安全。警示车辆应配置有明显可见的作业标识。

③作业服装。作业服装分为普通作业服和反光作业服。普通作业服视季节的不同采用不同的式样,其面色为橘红色;盔式安全帽的颜色采用橘红色,主要用于有高空或起重作业的现场工作人员佩戴。

8.2　交通标线

交通标线是管制和引导交通的安全设施。交通标线包括路面标线、箭头、文字、立面标记、凸起路标和路边线轮廓标等。交通标线可以和交通标志配合使用,也可单独使用。高速公路、一级公路和二级公路均应设置路面标线。其他等级的公路可根据需要设置,或仅在《公路工程技术标准》(JTG B01—2014)规定的极限值处,如急弯、陡坡、视距不良等地段设置。

路面标线可用路标漆、塑胶标带和其他材料(如突起路标用黄铜、不锈钢、合金铝、合成树脂以及陶瓷、白石头、彩色水泥等)制作。选用标线材料,应尽可能满足下列要求:标线材料应耐久、耐磨耗、耐腐蚀,与路面黏结力强;在恶劣气候条件下,标线材料能具有较好的辨认性;标线材料应尽可能采用防滑材料,保持一定的粗糙度;标线材料应便于施工,对人畜无害。

路面标线的各种维护均应符合规范规定的要求。立面标记应保持颜色鲜明、醒目。维护和修理的主要内容是清除表面污秽,如已褪色或油漆剥落,应及时重新涂漆。路面上的凸起路标应保持反射性能,经常清扫凸起部位周围的杂物,清除反光玻璃表面污秽;保持完好的反射角度,发现松动的应予固定,发现损坏或丢失的应及时修复或更换。

①路面标线导向箭头和文字标记的维护包括以下内容:

a.路面标线污秽影响辨别性能时,应结合日常检查进行清扫或冲洗。

b.路面标线磨损严重,影响辨别时,应重新喷刷或修复。

c.重新喷刷油漆时,应注意避免与原标线错位。

d.路面进行局部修理,使路面标线局部缺损或被覆盖,可采用人工方法进行修补或喷刷。

②高速公路和实施 GBM 工程的公路或路段,应设置路边轮廓标,其他公路可视需要设置。轮廓标的维护和修理包括以下内容:

a.反光矩形色块剥落,应及时补贴。

b.清除标柱表面污秽和遮蔽轮廓标的杂草、树木和物体。

c.油漆剥落的,应重新涂刷。

d.标柱倾斜或松动的,应予扶正固定。如已变形、损坏,应尽快修复。

e.丢失的应及时补充。

8.3 其他交通安全设施及其维护

其他交通安全设施包括供行人、自行车及其他车辆通行的跨线桥(立交桥)、地下通道、护栏、隔离栅、标柱、中央分隔带、遮光栅、声屏障、振颤设施、安全岛、平曲线反光镜、照明设备、反光标志、反光标线等。

8.3.1 跨线桥

跨线桥为上跨式横跨公路的设施,通常设置在有行人、自行车和其他车辆横跨高速公路及一级公路的地点,特别是交通流冲突较严重的地方,如车站、大型商业中心或其他交叉口处。

1)检查

跨线桥应每年定期检查1~2次,如遇暴风雨、地震、大雪等严重自然灾害或被车辆碰撞时,应进行临时检查。各类检查包括以下内容:

①结构检查。参照前述桥梁检查内容进行。

②外观检查。主要检查油漆涂料的剥落、磨损及褪色情况。

③照明设施检查。主要检查线路、灯具及配套设备的损坏情况。

④桥面检查。主要检查桥面系及踏步的损坏程度,以及踏步防滑设施的磨损状况。

2)维护

参照桥梁维护有关内容进行,并及时清理桥面杂物、积水、积雪,确保照明设施绝缘良好,工作正常。

8.3.2 地下通道

1)检查

地下通道应每月定期检查,主要包括以下内容:

①结构物有无渗水、漏水等异常情况。

②排水道有无阻塞或损坏,采用机械排水的应检查排水泵工作是否正常。

③照明与通风设施有无损坏。

④消防、安全等防范设施有无损坏。

2)维护

通过检查如发现异常部位应及时修复,日常维护包括以下内容:

①地下通道要经常清扫,保持整洁。

②墙体应定期整饰,一般每年一次。

③通道地面与踏步应保持完好状况。

④照明、排水、通风及消防设施应定期例行保养。

8.3.3　护栏

护栏是一种重要的交通安全设施,通常设置于公路两侧和中央分隔带,用于防止失控车辆越出路外或穿越分隔带闯入对向车道,同时吸收碰撞能量,保护车辆和驾乘人员生命安全。护栏根据其材料和结构特性分为半刚性护栏、刚性护栏和柔性护栏。半刚性护栏是一种连续的梁柱式护栏结构,具有一定的刚度和柔性;刚性护栏是一种基本不变形的护栏结构;柔性护栏是一种具有较大缓冲能力的韧性护栏结构。

1)检查

护栏检查包括日常检查和每季度定期检查,检查内容如下:

①各类护栏结构部分有无损坏或变形,立柱与水平构件的紧固状况。

②污秽程度及油漆状况。

③拉索的松弛程度。

④护栏及反光膜的缺损情况。

2)维护

经常清除护栏周围的杂草及其他堆积杂物;护栏表面油漆脱落不全时,应及时涂刷;由于交通事故或自然灾害造成护栏缺损或变形的,要及时补充或更换;由于路面补强或调整路基纵断面、使护栏标高发生显著变化的,应对护栏的高度予以相应的调整;锈蚀严重的护栏,应予以更换。

3)常见护栏的养护要求

(1)波形梁钢护栏

①保持波形梁钢护栏的结构合理、安全可靠。

②护栏板、立柱、柱帽、防阻块(托架)、紧固件等部件应完整、无缺损。

③护栏质量符合相关标准要求。

④护栏的防腐层应无明显脱落,护栏无锈蚀。

⑤护栏板搭接方向正确,螺栓紧固。

⑥护栏安装线形流畅,无明显变形、扭转、倾斜。

(2)水泥混凝土护栏

①保持水泥混凝土护栏线形流畅、结构合理。

②水泥混凝土护栏无明显裂纹、掉角、破损等缺陷。

③水泥混凝土护栏使用的水泥、砂、石、水、外加剂、钢筋等材料质量应符合相关标准、规范及设计要求。

④水泥混凝土护栏的几何尺寸、地基强度、埋置深度,以及各快件之间、护栏与基础之间的连接应符合设计要求。

(3)缆索护栏

①缆索护栏各组成部件应无缺损。

②缆索护栏各组成部件应无明显变形、倾斜、松动、锈蚀等现象。

③缆索护栏使用的缆索、立柱、锚具等材料质量应符合相关标准、规范及设计要求。

8.3.4 隔离栅

隔离栅是设置在高速公路及一级公路上的安全防护设施,其作用是防止行人横穿行车道。有的城市道路为渠化交通流或避免人车混行,也设置了隔离栅。

1)检查

隔离栅的检查与护栏相似,包括以下内容:

①结构部分有无损坏或变形。

②有无污秽或未经交通管理部门批准的广告、启事等。

③油漆老化剥落及金属构件锈蚀情况。

2)维护

①污秽严重或张贴有广告、启事有碍交通环境的隔离栅应定期清洗或清理。

②定期重刷油漆,一般2~4年一次。

③损坏部分按原样修复。

8.3.5 标柱

标柱是在积雪严重地段、收费岛、漫水桥或过水路面两侧设置用以标明公路边缘及线形的设施。标柱通常采用金属或钢筋混凝土制作,也可因地制宜采用木料或圬工材料制成。标柱每隔8~12 m安设一根,涂以黑白(或红白)相间的反光膜或反光漆;收费岛上的标柱一般设置在收费亭前后两侧的四个角点外侧。

应经常检查标柱有无缺损、歪斜,并保持位置正确,反光膜或反光漆有无剥落、破损或褪色。维护的主要内容有:及时扶正标柱,修复或更换变形、损坏部分,缺少的应补充,保持标柱位置正确,颜色鲜明醒目。

8.3.6 中央分隔带

在高速公路和一级公路上,按规定应设置中央分隔带,城郊混合交通量大的路段可设置快慢车隔离带分隔双向行驶车辆的交通安全设施,同时也起着引导驾驶员视线的作用。

1)检查

①分隔带和隔离带的排水通道是否阻塞。

②路缘石损坏情况。

③通信井或集水井有无损坏。

2)维护

①及时疏通排水通道。

②清除分隔带或隔离带内的杂物和过高且有碍环境的杂草。

③修复或更换缺损的路缘石。

8.3.7 遮光栅

遮光栅是为使驾驶员免受对向行车灯光的眩光干扰而设置在中央分隔带上的挡光设施。

在日常巡视时,应经常注意遮光栅有无缺损、歪斜,钢质遮光栅有无油漆剥落、锈蚀,支柱有无变形等。遮光栅应定期重新油漆,如发现破损,应及时修复,歪斜的应加以扶正,锈蚀和变形严重的应更换。

8.3.8　声屏障

声屏障是为了减轻高速公路行车噪声对附近居民的影响而建造在公路旁边的墙式设施。在日常维护中,应经常检查其排水通道是否堵塞,墙体有无变形或损坏等情况;应经常清理声屏障周围的杂草、垃圾和泥土等,疏通排水设施;对变形或损坏的隔音墙应及时修复。

8.3.9　振颤设施

振颤设施是设在路面上并高出路面,用以警告驾驶员减速的安全设施。车辆通过振颤设施时受到冲击和震动,从而起到警告驾驶员和强制减速的作用。

由于振颤设施脱落可能会影响车辆通行,因此应定期仔细检查,并加强日常维护。日常检查中应关注振颤设施与路面的固定有无松动,设施本身有无裂缝、损坏。其维护保养的内容有:
①经常清扫设施上的杂物。
②振颤设施因损坏或磨损而影响其性能时,应予以更换或修复。
③发现设施有松动,应尽快加以紧固;紧固不了时,应予以更换。
④对于严重损坏的振颤设施,应予以拆除,重新设置。

本章小结

公路沿线设施是保障行车安全、提供良好的公路环境的重要设施。它对保障行车安全和交通畅通具有重要意义。公路沿线设施应经常保持完整且处于良好状况。通过对本章内容的学习,从维护管理方面来讲,应有能力做到沿线设施如有损坏,要及时修理或更换;设施不全或没有设施的,要根据公路的性质、技术等级和使用要求,有计划、有步骤地增设,以保证公路的安全与畅通。交通标志的养护要掌握好交通标志的检查内容,并根据检查结果开展好维护工作,同时应掌握施工作业区的标志的设置要求以保证养护施工中的作业安全。交通标线的养护要掌握好标线的主要形式、材料要求,并了解规范规程的要求。此外,应该了解跨线桥、地下通道、护栏等其他交通安全设施的养护工作内容及要求。

课后习题

8.1　高等级公路沿线设施包括哪些?

8.2　交通安全设施包括哪些? 如何进行检查维护?

8.3　交通标志包括哪些?

8.4　简述交通标志的检查和维护内容。

8.5　简述施工作业区标志的作用。

8.6　交通作业区管制区有哪几部分? 每部分是如何设置的?

第9章 公路绿化与环境保护

【学习目标】

1.了解公路绿化的意义、特点、基本原则；

2.掌握公路不同部位绿化的基本要求；

3.掌握树木的栽植与管护的主要内容；

4.了解公路环境保护的基本要求与基本内容。

【本章重点】

公路绿化与规划、树木的栽植与管养及环保。

【本章难点】

公路绿化与规划。

9.1 绿化及其规划

公路绿化是绿化国土的重要部分，也是公路建设的组成部分。绿化的目的是稳固路肩、保护路面、美化路容、改善环境、减轻噪声、舒适旅行、诱导行车视线，也是防沙、防雪、防水害的主要措施之一。

9.1.1 公路绿化的意义

公路的修建会破坏大地的原有自然景观，占用大量土地，从而减少大地绿色植物的覆盖面积；汽车在公路上行驶，其噪声、振动、尾气排放也会对自然环境造成污染。因此，在建设和发展高等级公路的同时，必须要重视环境保护和绿化工作。通过绿化，保持自然环境与社会环境的协调，创造舒适的行车环境和生活环境。

公路绿化的功能主要如下。

1) 净化空气功能

绿色植物在光合作用过程中能够吸收二氧化碳，放出氧气，自动调节空气中二氧化碳和氧气的平衡，使空气保持新鲜；同时由于行车的影响，汽油燃烧后排出了大量的废气，这些有毒气体不仅污染环境，还会直接损害人体健康。绿色植物如同空气过滤器，它能吸收大量的有毒气体，对空气起到净化作用。

2) 降低噪声功能

汽车噪声是噪声公害的重要来源，公路绿化的目的也在于降低汽车噪声对环境所造成的危害。这是因为林木有散射声波的作用，能够把投射到叶片上的噪声分散投射到各个方向，造成声能消耗使其减弱;枝叶表面的毛孔、绒毛,能像多孔纤维吸音板一样,把噪声吸收掉。生长茂盛的野牛草,叶面积相当于它占地面积的 19 倍左右,茂密的叶片形成松软而富有弹性的表面,可像海绵似的吸收声能,减缓噪声危害。

3) 美化路容功能

绿色环境是人类生存和发展的物质基础,在绿色的环境中,会使人精神振奋、思维活跃。而车辆在高速行驶时,人的信息几乎都是由视觉传递的,因此改变驾驶员的视野环境极为重要。长时间、高速行驶在高等级公路上,会在精神上、视觉上产生疲劳,对行车安全非常不利。通过五颜六色的花卉及高低不同、形态各异的乔灌木景观,可以吸引驾乘人员的注意力,给驾乘人员以美的享受,从而达到调节视觉、消除精神疲劳的目的。

4) 保持水土功能

植物的根系纵横交织,十分发达,能有效增加土壤机械固着能力,对提高抗冲、防蚀能力,保持水土、稳固路基非常有效。它可以截流、阻挡雨水直接冲击坡面,加大坡面的粗糙度,减少地表径流,防止路基变形及坡面坍塌。另外,路基的稳定与含水量有很大关系,路基含水量过大,是造成路面破坏的重要原因之一。尽管在路基设计中,考虑到一定的排水和隔水的措施,但若将工程措施与生物措施结合起来,稳定路基的效果会更佳。植物通过蒸发作用不仅能消耗土壤中的有效含水量,而且能通过毛细管水的输导作用,大量地消耗地下水,从而抑制地下水的上升,增加路基的强度和稳定性。

5) 防止光污染功能

高等级公路车速快、流量大,夜间对向行驶的车辆由于前照灯相互对射的影响,极易造成驾驶员的眩目,对行车安全十分不利。利用中央分隔带植物防眩遮光,既可节省资金,保证安全,又美化了公路环境。同时,汽车灯光会使高等级公路附近住户、居民和机关、学校等单位受到光污染干扰,如在这些地方种植树木挡住灯光就可防止光污染的危害。

6) 视线诱导功能

利用绿化种植来预示高等级公路的出入口及道路的线形变化,可以引导驾驶员的安全操作。高等级公路上的护栏、轮廓标及其附着在上面的导向体系,通常可以起到很好的视线诱导作用。但这种千篇一律的诱导设施比较单调,如在隧道、桥梁、服务区等一些特殊部位的出入口用适宜的绿化来加强线形变化的警示,其视线诱导的效果会更好。

7) 隔离栅功能

由于高速公路为全封闭的道路,不允许人或动物在其中自由穿行,因此在高速公路的两侧种植刺绿篱等荆棘植物以代替栅网,也有很好的效果。

9.1.2　高等级公路绿化的特点

高等级公路的绿化不同于一般公路的绿化,更有别于城市绿化。出于高等级公路设计上的考虑,小气候的特殊性以及"高速""安全"的要求,给高等级公路的绿化工作增加了难度,也决定了高等级公路绿化应具有的特点。

①整体景观要适应车辆高速行驶的需要。

②在保证安全运营的前提下,实现绿化美化,并且要充分利用绿化带的作用,为行车安全创

造条件。

③不宜栽植行道树,靠近车行道的任何部位不能栽植高大乔木。

④以美化路容、路貌,生物防护为主,突出花草、灌木的地位。

⑤以大环境绿化为依托,与大环境绿化相融合。

⑥全线绿化风格在统一的前提下,局部富有变化。这里有必要说明的是,栽种距离相等、色调单一的行道树会使视觉变得狭窄,缺乏新鲜感,阳光下高大乔木投射到行车道的阴影,极易造成视觉疲劳。一旦遇到风雨天,高大乔木折枝甚至倒伏在路上,不利于交通安全,也可能造成交通中断。

目前,鉴于建设资金限制,我国高等级公路占地范围内能够用来进行大规模绿化的有效土地很少。由于高大乔木的栽植又必须远离车行道,而以草坪和低矮绿色植物为主的公路绿化难以做到与大环境绿化的衔接与配合,如果两者结合则可共同构成连续不断的、比较完整的绿化体系。所以,在具备土地条件的地方,在规划和设计时就要充分考虑预留绿化用地;否则,应由社会绿化来进行补充。这种大环境绿化应是以乡土树种为主的自然式绿化组合,绿化面积可大可小,绿化边界线完全依地势和需要随意变化,树种可混杂,高矮错落有致。

总之,缺乏高大乔木的高等级公路绿化只有以大环境绿化为依托,才能形成完整的、生机盎然的高等级公路绿化体系。

在国外,尤其是西欧一些高等级公路发达的国家,他们非常重视大环境的绿化,将大地绿化作为改善环境和保持生态平衡的重要措施。高等级公路绿化则十分重视自然式的绿化组合,即通常讲的模仿自然,不拘泥于规格的组团式绿化。树木、草坪的规划布局、面积大小、品种多少、植株高矮、颜色深浅都不一致,连续的、间断的变化构图给人以情趣。高等级公路两侧到处可以看到苍松翠柏巍然挺立,奇花异草争奇斗艳,乔木、灌木、草坪与周围的大环境融为一体,举目望去,给人以清新秀丽、心旷神怡的感觉。

9.1.3 公路绿化的基本原则

绿化是公路设施的组成部分,绿化必须充分考虑到行车要求、交通安全、环境状况、自然条件及道路维护等问题。绿化时应遵守下列基本原则:

①保障车辆在高速运行情况下的交通安全。

②保证视线良好,视野开阔。

③以生物防护为主,以美化路容、路貌为主,广种植被,不使土壤裸露。

④高标准,低造价,美观实用。

⑤绿化植物的选择、配置要适应自然条件,要因地制宜。

⑥绿化效果要体现见效快、寿命长,景观富于变化。

⑦要与路上设施功能紧密配合,通过绿化加强设施功能的发挥。

⑧要方便公路设施的维护维修,应考虑机械化作业的操作。

9.1.4 公路不同部位绿化的基本要求

1)中央分隔带的绿化

中央分隔带绿化要保证道路功能所规定的视距、建筑界限,还要求通视良好,开阔宽敞,主要以草坪等植被类和矮树配合种植为标准。当种植有效宽度不足 1 m 时,从树木的培育与维护管理上看,将会出现困难。因此,确定建筑界限时,分隔带可能种树的宽度,原则上需要 1.5 m 以上。

中央分隔带植树防眩既可节省资金、防眩遮光、保证行车安全,同时还能发挥绿化植物特有的美化作用。如果中央分隔带宽度超过 8 m 时,即使没有其他设施,也有充分的防眩效果。防眩植树可选用常绿树或植株较高的花灌木。常绿树、花灌木分段栽植,使景观有所变化,冬季也有绿可观,无萧瑟之感。

防眩树可与道路平行栽植成连续不断的树篱,防眩效果很好,但栽植工程量大、投资大,后期养护管理中的修剪量也很大。当车辆发生事故撞毁护栏时,树篱也会同时受到破坏,及时修复补栽难以实现,在观瞻上给人以不舒服的感觉。与道路平行的树篱,为达到防眩目的完全没有连续栽植的必要。在中央分隔带不太狭窄的情况下,树篱可与道路平行间断地栽植,或与道路成直角方向栽植,或单株栽植,但它们垂直于道路的宽度必须足够用以防眩。如果栽植宽度越宽大,相应地可将树篱间隔扩大。

防眩树要适时修剪,根据车灯位置及扩散角度控制树的高度,一般在 1.5 m 即可。防眩树过高会妨碍驾驶人员观察对方车辆的行驶情况;过矮就难以遮掩会车灯光,失去防眩的作用。

防眩树的侧枝也要以修剪的方法进行控制,最好与护栏之间留有一定的距离,以便护栏的维修,不致影响护栏板上反光标志发挥效能。

2) 环境设施带的绿化

(1)种植原则

环境设施带包括路缘带、边坡、边沟、护坡道、隔离栅平台等。通常,环境设施带的绿化规模较大,原则上以草坪覆盖地面为主,以高、中、矮树木混合为自然形式的绿化。

①乔木的栽植要与行车道保持足够的距离,以树木的成树高度确定栽植位置,即树木在遇到风雨灾害而倒伏时不致影响交通。否则,一旦发现树木的长势有可能因倒伏而影响交通时,要立即砍伐更新,以确保交通安全。

②大面积绿化种植时,树坑与树坑之间应全部填平,并种植覆被植物。

③对不易除草的区域应考虑种植藤本植物或者灌木。

④隔离栅可用栽植灌木绿篱代替,最好栽植多刺类,但应考虑到不与农作物争水、争肥,避免发生不必要的纠纷。

⑤应考虑到有关植物栽培的某些特点,如对盐碱的承受程度。

⑥地面覆被植物应与沟渠保持距离。

⑦对于架空或地下设施,应选择合适的植物进行绿化。

⑧应考虑到割草机的有关操作问题(包括机械券型、旋转半径等)。

⑨在选择绿化植物种类时,还应考虑到如水土状况、空气污染程度以及路面反射的热量影响等因素。

⑩可考虑栽植经济类植物,既能起到绿化、美化的作用,又能够增加经济收益。

(2)边坡草坪的种植方法

边坡绿化以草坪为主。草坪生长得好坏与土质有很大关系,砂质土容易干燥,播种时不易发芽,但发芽后由于土颗粒空隙多,空气容量大,根部容易吸收,致使根部发达,能够充分吸收下层的水分和养料,生长也就茂盛。黏性土则由于含水率高,发芽虽比砂质土容易,但根在土中难以深入,根部生长不良,对水分与养料吸收差,一般茎与叶的成长也受到影响。由于人工撒播草种的草坪很难获得成功,所以,边坡草坪应采用人工栽植或液压喷播的方法进行种植。

①人工栽植。将在苗圃播种培育2~3年的草皮移植到边坡上,带土栽植使之扎根。方法是将由苗圃带土铲下来的草皮分撮呈梅花状栽植,每撮20~30棵,间距15 cm,成活后每平方米可保有40~45撮草。在缺少土壤的多岩斜坡上,可铺植方块草皮,即像贴膏药或放绒毯一样,将培育出来的草皮,铺放在地表上。为使之迅速固定、成活,必须创造有利的生长条件:在剥离草块时,剥离的厚度为3~5 cm,并将草根剪短一些,以促其萌蘖。

人工栽植草皮存在以下难以克服的缺点:

a.斜坡上劳作非常吃力;

b.边坡上不易存水,北方干旱地区浇水困难,而缺少水分则难以使栽植的草皮成活;

c.为保证人工栽植草皮成活和生长所需的水分,北方干旱地区应在雨季栽植,但由于在栽植操作中使边坡表面稳定性受到破坏,极易遭受雨水冲刷。

②液压喷播法。液压喷播法是将草种、有机复合肥料、覆盖材料、土壤固着剂、土壤改良剂和色素等通过机械均匀混合,而后靠机械液压原理将其高压喷洒到所要绿化的区域。施工前,首先对施工路段的土壤进行酸碱度的测试,根据试验结果添加适量改良剂及决定草种的选用、配合。该方法省时、省工,草坪成活率高,并可减少大量的人工浇水。使用液压喷播法,成坪速度快且施工效率高,每天一台机器可植草坪5 000~10 000 m。喷播时,数种特性各不相同的草种混合同时播种,含有多种混合营养,保护薄膜可以起到催芽、保温、防雨水冲刷、防风吹的作用。4~5天后,种子撑破护膜拔土而出,再适时养护,实行不定期浇水和追肥,及时打药除虫,使各种草取长补短,优势互补尽快形成植被,以起到保持公路边坡水土的作用。喷播草种要达到发芽率高、成活率高的目的,必须以具有足够含水量的湿润土壤为基础,所以,在北方干旱地区应在雨季实施。

3)互通式立交区的绿化

互通式立交区的绿化是指互通式立交匝道所环绕分割而形成区域的绿化。匝道多为小半径弯道,一般均系坡路,设计时速很低。因为内、外侧均设有防撞护栏,路面有标线,能够起到良好的视线诱导作用,不必考虑以绿化来进行视线诱导。

由于车流方向的不同,互通式立交匝道会在同一地点造成数个面积大小不同、平面形状各异的独立的绿化区域,它们相互独立又相距不远。这些区域最适合于以自然式绿化组合方式造成景点,使其成为地形、构造物、绿色植被相互有机结合的风景小区,使地形与植被形成趣味盎然的景观空间。

所谓自然式绿化组合,是将多种大小不等的树木花草按不等间距组团布置,使树木花草等植物群轮廓形成非整形绿化。所以,风景空间的绿化要以草坪为主,根据空间的大小,适当配栽高矮不等的常绿树和花灌木。要组团栽植,栽植位置要随意、自然,切忌造成死板、对称。在面积较大的地方,也可在远离车行道的部位栽植高大乔木,选择观赏性强的树种,体现立体感。但是,栽植必须保证匝道视距,其视距应遵循有关规范要求。

互通式立交区的绿化重在有立体感的美化造型,期望能够给予人们在车辆行驶过程中视觉上美的享受。但因高速公路上不允许停车休息游览,所以,不论绿化面积大小,不能像城市园林一样设置亭榭等休息设施。

在互通式立交匝道包围区可与工程构造物和草坪、花木、盆景组成各式图案,各类植物以不同层次、颜色,不同品种,不同开花季节,结合地形高低、植物群落的大小、行株间距,拼凑成各式各样图样或文字,在有条件时可采用地方性图案,来体现当地地方的特色。

4)服务区、管理区、收费站的绿化

高速公路应在适当地点设置服务区,以解决过往车辆的休息、加油、修理、吃饭、住宿等需要。服务区的绿化就必须与服务区的功能紧密配合,使旅行者能够在短暂的停留中增加兴趣,消除疲劳。而管理区是高速公路人员办公、生活的场所和设备存放地点,可进行庭院式绿化。因此,这些地方房屋四周及停车场周围应栽植乔木,也可在场内不同地点栽植独立的大树冠乔木,为停靠休息的车辆提供荫凉。在其他空间和建筑附近要设置草坪和花坛,以及观赏价值高的常绿树木。在面积较大的绿化空间可设置园林小品、亭榭等宜于休息的设施,使整个区域空间形成各种绿色植物的绿化组合,让人们感觉舒适、清爽、精神振奋,迅速解除疲劳,开始新的旅程,并改善生活气息。

对于收费站的绿化,因限于场地,一般以花卉盆景、草坪为主,并提前进行摆放与种植,以增强绿化效果。

9.2　树木等的栽植与管护

9.2.1　公路树木的栽植

公路植树位置要按《公路工程技术标准》(JTG B01—2014)和《公路养护技术规范》(JTG H10—2009)的规定栽植,在公路路肩上不得植树。

公路上植树,乔木及灌木的株行距一般要根据不同树种和冠帽大小来确定:速生乔木,株距4~5 m,行距3~4 m;冠大慢生的树木,株距8~10 m,行距至少4~6 m;灌木的株、行距以1 m为宜;灌木球的株、行距以6~8 m为宜。

各类树木的行距,应以品字形交错栽植,同一树种的路段不宜过长。具体的栽植推荐横断面可按《公路养护技术规范》(JTG H10—2009)选取。

9.2.2　树木的管护

绿化的管护包括两方面的内容:一是养护,根据树木生长需要和某些特定的要求,及时采取浇水、施肥、整形修剪、防治病虫害等技术措施;二是管理,对绿化植物进行看管、养护、清除杂物、防止机械和其他原因所造成的损伤。做好公路树木的管护是绿化工作中的一项重要工作,也是实现公路绿化的成败关键。要做好公路树木的管护,着重做好以下几项工作。

1)浇水

高等级公路树木养护不能单纯依靠天然降水,必须借助人工浇水。但水分过多也会使树木生长发育不良,长期水泡还会造成全株死亡,因此相对低洼部位,人工排水也很重要。

当树木养护缺少水源,需远距离运水时,必须抓好浇水时机,使浇水起到关键作用。浇水分为新植幼树期浇水、休眠期浇水和生长期浇水3个时期。

（1）新植幼树期浇水

新植幼树期包括成活期和恢复期。

①成活期。树木定植后,应立即浇水一次,在半个月内总共浇水 2~3 次,每次都要浇足、浇透,这 3 次水称为定根水,也就是树木移植后促发新根的阶段。

②恢复期。也可称"重点抚育期"浇水。这一时期,黄河以北地区因气候干旱,会持续 3~5 年;尤其第一年的雨季前,应每 10 天浇一次水。江南沿海地区可酌减。

（2）休眠期浇水

休眠期浇水是在初冬和早春进行。我国东北、西北、华北地区雨量少,冬春又寒冷干旱,树木易受干冻损伤甚至死亡,所以在树木落叶后土壤封冻前,11 月上、中旬浇一次封冻水,以保证树木安全越冬,防止早春干旱。早春,树木上部因气温回升,树液开始活动,而地下根部系仍处于封冻休眠状态,往往出现生理干旱,引起"抽条"。为防止出现这种情况,在土壤即将解冻,树木发芽前的 3 月上旬,浇一次"解冻水"或称"返青水",以利于新梢叶片的生成。

南方春季即开始进入雨季,值"黄梅雨"时期,春末夏初不必浇水,但须加强排水。

（3）生长期浇水

生长期浇水,即在树木生命活动最旺盛的时期进行,这是树木最需要水分的时期,切勿因干旱而影响其长势。

2) 施肥

树木在生长发育过程中,需要从土壤中吸取大量的养料,而能够供给其所需的天然养料是极其有限的。养分不足会限制树木生长、开花,这就需要人工施肥。按照肥料的化学成分,可分为有机肥料、无机肥料和细菌肥料。

①有机肥料:含有大量的有机质和氮、磷、钾等多种营养元素,肥效持久,适宜用作基肥,如人粪尿、厩肥、绿肥等。

②无机肥料:不含有机质,仅含一种或两种元素,即通常使用的化肥,如硫酸铵、过磷酸钙、氯化钾、硫酸钾、尿素等。

③细菌肥料:如根瘤菌、固氮瘤、抗生菌等。

3) 整形修剪

整形修剪是树木养护管理中一项非常重要的技术工作。整形,是在满足树木功能前提下改变树体结构形态的技术措施;修剪,是指对树木的茎叶、枝、芽等营养器官进行剪截和删除的操作。整形是通过修剪来实现的,修剪是在整形基础上按一定要求施行的。

4) 防治病虫害

树木的病害是指树木受到外界不利条件的影响,导致细胞、组织或器官的破坏,甚至引起树木死亡的现象。树木的虫害是正常生长发育的树木,遭受地上地下种类繁多的昆虫的危害,影响树木各部分营养器官,甚至引起全株死亡的现象。

为了保护树木和清洁环境,必须对树木病虫害进行深入细致的调查研究,掌握其发生发展的规律,采取有效的防治方法,控制或消灭病害的蔓延。尤其是花灌木,极易受到尺蠖、蚜虫等虫害的侵袭,也极易与周围大环境中的树木、庄稼和虫害相互感染传播,要及时准确地做好病情、虫情预报,预防为主,防重于治。

9.2.3　草皮、草坪的种植与管护

草皮在高等级公路及城市道路绿化中应用较多,主要用于路肩、边坡、路堤、分隔带、交通岛及沿线窄地等。公路种植草皮能防尘固沙,防止水土流失,巩固路基,调节气候,吸附有害物质,达到绿化、美化、净化公路环境的效果,从而有助于提高安全、舒适、优美的行车环境。

在道路边坡、护坡道、中央隔离带和其他绿化空间的草地,都可称为草坪。草皮是指人工培植草坪时,从异地连土带苗一起挖来,用于草坪定植的繁殖材料。在城市园林绿化中,草坪是一种常见的绿化形式,作为园林绿化的延伸,城市近郊的高速公路、一级公路上也已开始建造草坪。

建好、养好、管好草坪,使高等级公路沿途绿草如茵、花木相间、充满生机,可起到良好的供人们观赏和环境保护的双重作用。

1) 草坪补栽

草坪是多年生草地,一次栽植,多年利用,但必须有足够的株数以获取良好的覆盖度,才能达到使用和绿化观赏的目的。

在草坪栽植以后,由于种种原因往往造成缺苗断行,株数减少,竞争力减弱,给杂草的大量滋生创造了条件。这不仅降低观赏效果,进而引起退化以至废弃。因此,要经常检查苗情,及时补栽,保持成活率在 90% 以上,使之有旺盛的生命力。

草坪草生长到一定年限后,其长势便日渐衰退,抗寒力降低,容易受冻死亡,严重的春旱更会引起大批死亡。为此,草坪草春季返青时,要经常检验苗情,发现根已腐烂或全株枯死时,要随即补栽,缺多少补多少,力求全苗。

2) 拔除杂草

拔除杂草是草坪草能否良好生长的关键性措施。草坪杂草轻则会使草坪草因草害而生长不良,绿化效果不佳;重则杂草丛生,所植草被吃掉而弃为荒地,造成极大的浪费。草坪草栽植的头两年最易受草害,及时拔除杂草是关键,必须抓紧进行。形成草层以后,虽然草层覆盖地面,能够抑制杂草的生长,但杂草也会随时乘虚而入,除草工作是不可放松的。

杂草有草本的,也有木本的,种类庞杂,故称杂草。它们分属于 3 个类群,即一年生杂草、越年生杂草和多年生杂草。不论是哪一个类群的杂草,都对草坪危害很大。为维护草坪的正常长势,须采取下列措施:

①栽植人工草皮前,要将原有杂草拔除干净,能够施行耕耘的地方,要进行耕耘,晾晒杂草草根,断其蘖生根源。

②在人工草皮栽植后的生长过程中,要随时拔除杂草,不能使其种子有成熟的机会。属多年生杂草一定要连根一起拔除。

③在杂草种子成熟前适时而又多次修剪。

④清除草坪边旁隙地的杂草,切断感染源。

3) 灌溉和排水

草坪灌溉是草坪养护管理中一项经常性的工作。对于我国北方干旱和半干旱地区的草坪应进行及时灌溉,供给充足的水分尤为必要,以确保草坪植物良好生长发育。草坪植物所需的水分主要为大气降水和地下水,但其数量远不能满足草坪植物生育期的需要,尤其是干旱地区,

蒸发量往往大于降水量,降水量不足是草坪植物生长发育最大的限制因素。

草坪植物水分不足,生长缓慢,茎叶不发达,分蘖分枝减少,覆盖度和密度降低,甚至被枯死,从而大大降低绿化观赏效果。解决草坪植物水分不足最有效的办法就是灌溉。公路上的平坦草坪,如中央分隔带、护坡道、互通式立交区、绿化景点等处地势都比较平坦,进行灌溉比较容易。而大量的边坡草坪的灌溉十分困难,必须采取不致引起冲刷的喷灌。一次浇灌难以浇足浇透,必须经常性地反复进行,才能显示出浇灌效果。

春季天气干旱少雨,草坪植物返青发芽所需水分难以从雨水中获得,要在大地解冻后立即灌溉返青水,使草坪植物在随着天气变暖而发芽返青时能够得到足够的水分供应。进入冬季以后,草坪植物茎叶变得枯黄,停止生长,所需水分也相对减少,大气降水和地下水一般即可满足其所需水分,但在大地封冻前必须浇透一次冻水,以保证草坪植物根部越冬所需水分,减少其越冬死亡率。

草坪的灌溉虽很重要,但雨季排水也不能忽视,尤其护坡道、隔离栅带草坪,极易受到边沟积水的影响。如果草坪土壤水分过于饱和或长时间积水浸泡时,会导致草坪植物倒伏、烂根以至成片死亡。所以,一定要使边沟排水通畅,所汇集的雨水能够迅速排除,确保草坪植物存活。

4) 草坪修剪

草坪修剪也称为垂直刈割,或简称为剪草。草坪植物生长到一定时期就进入老化阶段,旁枝增多,绿度降低,以致枯黄而进入休眠状态,从而缩短绿色观赏期。剪去老草和枯草之后,可促进再生,很快长出新叶和嫩枝,颜色变得翠绿,从而提高绿化的观赏价值。草坪修剪也可以防止草坪植物退化,延长草坪利用年限。尤其是有的草坪,草坪植物品种不一,植株高矮不同,如果任其自然生长时,往往长势高矮不齐,杂乱无章,如同荒草一般甚不美观。修剪后可整齐划一,变成美丽的毯状草坪。草坪植物修剪次数的多少与草坪植物生命力强弱、寿命和草坪利用年限有密切关系。

正确的修剪次数取决于当地的气候条件、草坪植物的种类、生育期和生长状况等。按草坪植物生长度达 20 cm 就要修剪的要求,则南方植物生育期较长,一年可修剪 4~5 次,而北方植物生育期较短,则一年修 2~3 次或 3~4 次为好。一般第一次修剪后再生力较强,生长较快,修剪间隔日数较短;第二次修剪后再生力逐渐减弱,修剪间隔日数也逐渐延长。修剪的留茬高度由草坪植物的类别和当地条件决定,一般剪去生长高度的一半即可。

5) 草坪整理

草坪整理的目的在于清除草坪中的废弃物、杂物和枯枝落叶等。车辆行驶中,驾乘人员常将瓜皮、碎纸、空易拉罐、废旧塑料、罐头盒、空瓶等及其他废旧物弃于公路上,堆集散布在中央隔离带、护坡道、边坡草坪中,不仅有碍观瞻,还会覆盖草坪植物,阻碍通气透水,妨碍草坪植物生长。对于这些杂物,除平日要经常清理外,每年应集中清理两次。尤其是清明节前后,要进行一次大清理,清理的方法是用短齿耧耙紧贴地面,将废弃杂物及草坪植物的枯枝落叶一并清除干净。这样做不仅使草坪清洁整齐,也可以使地面的覆盖层减薄,更多地接受阳光照射,提高地温,促使草坪植物发芽返青。

此外,还需进行打孔松土。对老龄衰退的草坪每年打孔一次,不仅可以增加草坪植物的绿度,还可以延长草坪的利用年限。

6) 病虫害的防治

草坪植物种类繁多,病虫害也多。禾本科草坪植物锈病的发生可使茎叶失绿枯黄;豆科草坪植物白粉病的发生也导致生长衰退,降低绿化观赏效果,害虫可给草坪植物带来巨大损害。因此,在草坪的养护管理中,要时刻注意病虫害的发生,要早期发现,及时防治。

9.3　环境保护

9.3.1　公路环境保护的基本要求

环境保护是指人类有意识地保护自然资源并使其得到合理利用,防止自然环境受到污染和破坏,对受到污染和破坏的环境必须做好综合治理,以创造出适合人类生活、工作的环境。而公路环境保护是基于生态可持续发展原则,调节与控制"公路工程与路域环境"对立统一关系的发生与发展。公路环境保护应执行国家环境保护法规及有关规范,按如下的基本要求开展工作。

1) 以防为主、防治结合

保护公路环境最有效的措施是路网规划和路线布设时考虑环境因素,通过全面规划和合理布局,将环境影响降至最低程度,在此基础上,采取必要的环境治理措施,实现环境保护目标。

2) 执行环境影响评价制度

编制环境影响报告书或环境影响报告表是国家对建设项目(包括新建、改扩建)实行强制性环境保护管理的制度,是对建设项目从环境方面做可行性研究报告,对建设项目具有一票否决权的作用。环境影响报告书或环境影响报告表是建设项目工程设计中的环保工程设计、环境保护设计、施工期和运营期的污染防治措施及环境管理的依据。

3) 技术、经济合理

实施环境保护措施时,应做多方案分析论证,以达到技术可靠、经济合理,使环境效益和社会效益最佳。此外,还应使环境措施可能产生的负面影响最小,或为防止负面影响的投资最小。

4) 实行"三同时"原则

根据《建设项目环境保护管理办法》的规定,经环境影响评价及有关部门审批确定的环境保护措施,如管理处、生活服务区、收费站等的污水处理设施及其他环保设施,应与主体工程同时设计、同时施工、同时投入运营。由于道路交通噪声对环境的影响与交通量有关,根据环境影响预测评价,噪声防治设施可采取分期实施方案。

5) 加强环境管理

环境管理工作是环境保护的关键。在我国,由于道路交通环境保护工作开展较晚,环境管理有待加强。首先应建立和健全各级环境保护机构,明确职责;其次是制定相关环境管理法规,明确道路交通建设各环节的环境管理要求与目标,使环境保护工作切实有效。

9.3.2　公路环境保护的工作内容

环境保护是一项基本国策,我国公路建设项目的设计和施工历来十分重视对自然环境的保护工作。公路作为主体工程从前期工作一开始就不可忽视对环境的影响。在设计阶段就应重视环境保护工作,妥善处理好主体工作与环境之间的关系,尽可能从路线方案、技术指标的运用上合理取舍,而不过多地依赖环境保护设施来弥补。当公路工程对局部环境造成较大影响时,应进行主体工程方案与采取环境措施间的多方案比选,将重点放在预防措施或方案上,充分体现环境保护工作的主动性。也只有这样,才能做到公路建设与环境保护的协调发展,才能保护公路建设的可持续发展。

公路工程线长、面广,在施工期间与运营期对沿线自然环境、生态环境、社会环境、声环境、环境空气、水环境以及水土流失等均会产生不同程度的负面影响。公路环境保护应贯彻"以防为主、以治为辅、治理综合性"的原则,并结合工程设计开发利用环境,尽可能地改善和提高公路环境质量,在公路工程建设项目的各个阶段进行环境规划,开展相应的环境评价和水土保持工作,做好环境保护设计。如可行性研究阶段应进行环境预测评价;初步设计阶段应针对环境影响评价报告书(表)中的环境保护评价意见,进行环境质量现状评价,拟定环境保护总体设计方案并进行论证,提供水土保持大纲;在施工图设计阶段应根据审定意见提供环境保护工程设计(包括水土保持报告)等。目前,很多专家学者提出公路营运一段时间后,还应进行环境后评价。

公路环境保护必须贯彻"经济效益、社会效益与环境效益统一"方针,各种环境保护设施应因地制宜,做到技术可行、经济合理、效益显著。环境保护设施的设计年限应与该公路的远景设计年限一致,声屏障等部分环境保护设施可视交通量增长情况分期实施。

1)对公路建设项目管理环境保护的工作项目

①项目可行性研究阶段:项目的环境影响评价,提交项目环境影响报告书。

②项目初步设计及施工图设计阶段:环境保护设计。

③项目招投标阶段:在招标文件、工程合同及监理合同中纳入环境保护条款。

④项目施工期:环境保护设施的施工及环境保护监理。

⑤项目竣工和交付使用阶段:环境保护设施验收、环境后评价。

⑥公路运营期:环境保护设施的运行、维护及处理环境问题投诉。

2)公路项目的环境保护工作

公路项目的环境保护工作可分为公路建设期的环境保护工作和公路运营期的环境工作,其中公路建设期的环境保护工作又可分为项目前期工作的环境保护和公路施工期的环境保护工作。

(1)公路建设项目前期工作的环境保护

①项目建设前期工作的环境保护主要涉及的就是环境评价和环境工程设计。环境评价的目的和意义可概括为:

a.从环境角度出发评价公路选线的合理性,对路线方案的可行性和项目的可行性提出评价意见和结论;

b.提出必要的环保措施,使项目对环境的不利影响减少到可接受的程度;

c.预测项目的环境影响程度和范围,为公路沿线社区发展规划提供环境保护依据。

按国家的有关规定,建设项目的环境影响评价工作应在项目可行性研究阶段完成。但考虑到公路项目工程可行性研究阶段与初设阶段的线位可能有较大的变化,国务院在《建设项目环境保护管理条例》中的第九条又作了专项规定,即"铁路、交通等建设项目,经有审批权的环境保护行政主管部门同意,可以在初步设计完成时报批环境影响报告书或环境影响报告表"。这样做可以提高环境敏感点的预测评价精度,提高环境保护措施的可行性,从而进一步提高环境影响评价工作的有效性,便于落实环境保护"三同时"。

②公路项目设计阶段的环境保护设计应按《公路环境保护设计规范》(JTG B04—2010)的规定,对于高速公路、一级公路以及有特殊要求的公路,如从风景名胜区、自然保护区、林区等区域经过的公路,应重视保护环境与自然环境的协调,必须在主体工程设计的同时进行环境保护设计。

公路项目的环境保护设计贯穿于项目各个设计阶段和主体设计的各个组成部分。从公路路线设计、路基设计、路面设计、桥涵设计、沿线设施设计都无不与环境保护或水土保持有关系。要做好公路的环境保护工作,应执行国家和行业主管部门颁发的相关法律和法规。环境保护设计方案与公路沿线农业生产、城镇分布、自然及人文景观、社会经济发展水平等环境特征相关,还与地形、地貌、公路等级、工程投资规模等建设条件相关。环境保护方案设计应综合分析上述因素,在主体工程设计的同时作出切合实际的安排,保证总体设计的同时兼顾专项设计。

(2)公路施工期的环境保护概要

在项目施工过程中实行环保监理,是项目全过程环境保护管理不可缺少的环节,也完全符合国家关于环境保护"三同时"的原则。

公路施工期的环境保护监理,实质就是施工活动过程中的环境管理工作。要实施环境保护监理,必须与整个项目的施工组织管理紧密结合。要以项目的环境影响报告书、环境保护行动计划及相关的环境保护及资源保护的法律法规为依据,强化工程管理人员、监理工程师、承包商和施工人员的环境保护意识,使环境保护管理工作制度化、规范化、合理化。

环境保护监理的主要工作环节有:

①承包商编制环境保护措施报告表,上报监理工程师审核批准。

②监理工程师核查环境保护措施的实际情况,作为工程验收的考核内容。

③对施工现场进行环境监理,以便掌握环境质量动态,及时调整环境监控力度或环境保护措施。

④公路完工后,在进行公路工程竣工验收前,业主应向批准项目环境影响报告书的环境主管部门申请进行环境保护设施专项验收。

(3)公路运营期的环境保护

在高等级公路运营管理中,应将环境保护作为一项重要任务,其主要内容有:

①对已建设的环境保护工程进行经常性养护,以保持这些工程保护环境的作用。如对声屏障、挡土墙、护坡、绿化带、泄洪沟等应经常检查、养护,发现破坏应及时维修和补救。

②对运营中出现新的环境问题进行调查、分析,提出处理方案。

③当高等级公路交通量增加到一定程度,其产生的空气污染及噪声对两侧环境将产生影响。必要时,应建立对周围空气及噪声监测的体系进行适当监测,以便采取相应的防护措施。

④对服务区、加油站、修理所、洗车场所产生的污染物,如废水、漏油、垃圾、杂物等,应有完善的处理方案,不得任意抛弃。

⑤高等级公路上通过危险物品车辆,应按危险物品运输处理。

⑥当油类、危险化学药品因事故洒落到路面上时,应妥善处理,不得任意流失。

⑦装散货(如煤、矿、石灰、垃圾等)车应有盖棚,不得任意飞扬,否则应禁止其通行。

⑧不得在高等级公路上及两侧烧秸秆、杂物等引起烟尘污染。

⑨尽力避免洒盐水融雪。禁止将含盐污水直接排入灌溉渠、人畜用的河湖中。

⑩经常清扫高等级公路路面,清洗护栏、隔离墩、护网、桥梁栏杆、各种标志牌,保持路容美观。

⑪尽量利用空地扩大绿化面积,使高等级公路成为绿色长廊、带状花园。

本章小结

公路绿化是公路建设的组成部分。公路绿化的功能主要包括净化空气、降低噪声的、美化路容、保持水土、防止光污染、视线诱导以及隔离栅。绿化必须充分考虑到行车要求、交通安全、环境状况、自然条件及道路维护等问题,并考虑不同部位绿化的要求。公路上植树,乔木及灌木的株行距一般要根据不同树种和冠帽大小来确定,各类树木的行距应以品字形交错栽植,同一树种的路段不宜过长。绿化的管护包括养护和管理。草皮在高等级公路及城市道路绿化中应用较多,主要用于路肩、边坡、路堤、分隔带、交通岛及沿线窄地等。公路环境保护应执行国家环境保护法规及有关规范,并按照"以防为主,防治结合,执行环境影响评价制度,技术、经济合理,三同时,加强环境管理"基本要求开展工作。

课后习题

9.1 公路绿化的意义是什么?

9.2 公路绿化的特点有哪些?

9.3 公路绿化的原则是什么?

9.4 公路环境保护的基本要求是什么?

9.5 公路运营期环境保护的主要内容有哪些?

参考文献

[1] 中华人民共和国交通运输部.公路工程技术标准(JTG B01—2014)[S].北京:人民交通出版社,2014.

[2] 中华人民共和国交通运输部.公路养护技术规范(JTG H10—2009)[S].北京:人民交通出版社,2009.

[3] 中华人民共和国交通运输部.公路桥涵养护规范(JTG 5120—2021)[S].北京:人民交通出版社,2021.

[4] 中华人民共和国交通运输部.公路隧道养护技术规范(JTG H12—2015)[S].北京:人民交通出版社,2015.

[5] 中华人民共和国交通运输部.公路水泥混凝土路面养护技术规范(JTJ 073.1—2001)[S].北京:人民交通出版社,2001.

[6] 中华人民共和国交通运输部.公路沥青路面养护技术规范(JTJ 5124—2019)[S].北京:人民交通出版社,2019.

[7] 中华人民共和国交通运输部.公路技术状况评定标准(JTG 5120—2018)[S].北京:人民交通出版社,2018.

[8] 中华人民共和国行业标准.公路桥梁技术状况评定标准(JTG/T H21—2011)[S].北京:人民交通出版社,2011.

[9] 中华人民共和国交通运输部.公路水泥混凝土路面设计规范(JTG D40—2011)[S].北京:人民交通出版社,2011.

[10] 中华人民共和国交通运输部.公路沥青路面施工技术规范(JTG F40—2004)[M].北京:人民交通出版社,2004.

[11] 中华人民共和国交通运输部.公路路面基层施工技术细则(JTG/T F20—2015)[M].北京:人民交通出版社,2015.

[12] 中华人民共和国交通运输部.公路交通安全设施施工技术规范(JTG F71—2006)[M].北京:人民交通出版社,2006.

[13] 中华人民共和国交通运输部.公路交通安全设施设计规范(JTG D81—2017)[S].北京:人民交通出版社,2017.

[14] 中华人民共和国交通运输部.公路养护安全作业规程(JTG H30—2015)[S].北京:人民交通出版社,2015.

[15] 中华人民共和国交通运输部.高速公路交通工程及沿线设施设计通用规范(JTG D80—2006)[S].北京:人民交通出版社,2006.

[16] 中华人民共和国交通运输部.公路建设项目环境影响评价规范(JTG B03—2006)[S].北

京:人民交通出版社,2006.

[17] 中华人民共和国交通运输部.公路桥梁加固设计规范(JTG/T J22—2008)[S].北京:人民交通出版社,2008.

[18] 中华人民共和国交通运输部.公路桥梁加固施工技术规范(JTG/T J23—2008)[S].北京:人民交通出版社,2008.

[19] 中华人民共和国交通运输部.公路桥梁承载能力检测评定规程(JTG/T J21—2011)[S].北京:人民交通出版社,2011.

[20] 中华人民共和国国家质量监督检验检疫总局,中国国家标准化管理委员会.道路交通标志和标线 第4部分:作业区(GB 5768.4—2017)[S].北京:中国标准出版社,2017.

[21] 彭富强.公路养护技术与管理[M].北京:人民交通出版社,2016.